U0726277

儿童视角的实践研究丛书

从主题墙到主题海报

王海英◎主编

浙江教育出版社·杭州

编 委 会

主　　编: 王海英

副 主 编: 胡辰方　李毅恒

编　　委: 吴燕飞　周洁蕾　沈杉杉　王　玮
徐　丹　李青青　李　炜　陈秋芳
朱静燕　沈　彧　叶心怡　姚小清

版式设计: 高　玮

丛书编写说明

有人曾说:“世界上最美的表情是孩子的微笑，最美的舞蹈是孩子的蹒跚学步，最美的语言是孩子的牙牙学语……”随着“以儿童为中心”的教育观念逐渐得到教育工作者的广泛认同，我们看到了幼儿带给我们的惊喜，他们的奇思妙想让我们拍手叫好，他们的童言稚语令我们忍俊不禁，他们的古灵精怪使我们啧啧称奇，幼儿以竹为马，以枝为剑，驰骋在自己的世界里，乐此不疲，他们诚挚地邀请我们走进他们的世界，与他们一同嬉戏。

可是，犹如在茫茫大海寻找前行的灯塔，在浩瀚沙漠寻找一处美丽的绿洲，进入儿童世界的通道并没有想象中的那么平坦顺畅。我们常常在行动中迷失了方向，在摸索中走错了道路，南辕北辙，离我们心里期盼的儿童立场渐行渐远。迷路的我们着急、无奈、困惑，我们想早些找到通向儿童世界的大门，走近他们，与他们一道分享成长的喜悦与烦恼，但是，我们该怎样前行呢?

于是，“儿童视角的实践研究”丛书应运而生，这是一套兼具指导性、支持性和研究性特点的丛书，由南京师范大学“儿童视角下的幼儿园实践研究团队”联合众多有丰富教学经验的优秀教师编写而成。这套丛书包括了《我是小小设计师》《我的思维小地图》《我的资源小地图》《我是幼儿园小公民》《我是小小观察员》《从主题墙到主题海报》《儿童视角户外环境创设》《儿童视角的课程故事》等八本著作，全方位、立体化地呈现了儿童视角下的幼儿园实践案例。丛书既可以为不同地区、不同水平的教师提供教育指导，也可以通过展示以儿童为中心的幼儿园系列活动，为关注儿童立场的研究者们之间的交流提供原动力。

我们认为，这套“儿童视角的实践研究”丛书，在以下几方面具有突破意义的研究成果。

1. 回归儿童生活，挖掘儿童生活中的教育点

儿童生活是儿童生命过程的重要组成部分。强调儿童的生活，即是在强调儿童是他本身生活和学习的主人，应充分发挥其自觉性和主动性。而只有当教育实践与儿童生活产生连接，实践才具备深厚的土壤。可以说，儿童生活是教育实践活动的出发点与归宿。自2012年《3~6岁儿童学习与发展指南》颁布以来，众多幼儿园逐渐树立了“一日生活皆课程”的教育理念，幼儿园以生活化教育理念为导向，开展了各种各样的活动。以儿童生活为中心的课程开展对教师的专业能力提出了越来越高的要求，已经成为现阶段课程发展的重点和难点。鉴于以上原因，本丛书第一次对幼儿周边生活中可作为教育契机的事物进行了梳理，通过关注儿童的兴趣点，帮助他们组织零散的生活经验，使得经验系统化、完整化。书中所呈现的每一个具体案例均根植于幼儿鲜活而具体的生活情境和问题情境，展现了对儿童生活充分的尊重、接纳和信任。

2. 理解儿童经验，呈现对儿童生长的反思性认识

“在万物的秩序中，人类有它的地位；在人生的秩序中，童年有它的地位；应当把成人看作成人，把孩子看作孩子。”18世纪启蒙运动思想家卢梭在他的著作《爱弥儿》中提出这样的论断。皮亚杰则在心理学上解释了儿童的理解具有不同于大人的独特性，学习的本质是经验的建构过程。然而怎样才算是把“孩子”看成“孩子”，理解孩子的理解呢？在过去若干年的实践中，我们逐渐认识到当今的幼儿园教育实践应当重视儿童的经验，即要落实“以儿童为中心”的教育理念和教育行动，需要教育者不断研究儿童的经验，研究儿童的思想和观念、

研究儿童的体验和情感等。这样的理念从头开始就蕴含在本丛书的打造之中。为了回应这一问题，丛书真实展现了儿童不加修饰的作品记录、儿童的话语，并做出了相应的反思和解释，努力从内容和形式上都能够达到思考儿童的思考、体验儿童的体验。

3. 支持儿童探究，为儿童的自主学习搭建支架

儿童视角的实践研究包括了相互联系且融为一体的两个方面，即儿童的实践和教师的实践。儿童的实践意味着教师退居舞台的后方，由儿童自主自发地与环境互动产生系列经验，进而实现其发展的目的。教师的实践则意味着教师为儿童实践开展所做的系列准备以及对儿童的观察、指导和研究等。我们认为：教师不是在儿童的实践之外做准备，也不是为了某个外在的教育目的而指导儿童，儿童的实践和教师的实践应当完全融合在一起。所以尽管本套丛书的主角是儿童，但是丛书使用了小贴士、教师反思等形式解释了教师如何帮助儿童不断建构和提升知识经验，还呈现了基于儿童视角的教师实践应当如何准备和进行的实践案例。

目前，呈现在读者面前的这套丛书是“儿童视角的实践研究成果”的阶段性小结，由八本著作构成，包括了儿童视角下的主动探究、儿童视角下的社会互动和儿童视角下的教师实践等三个系列。

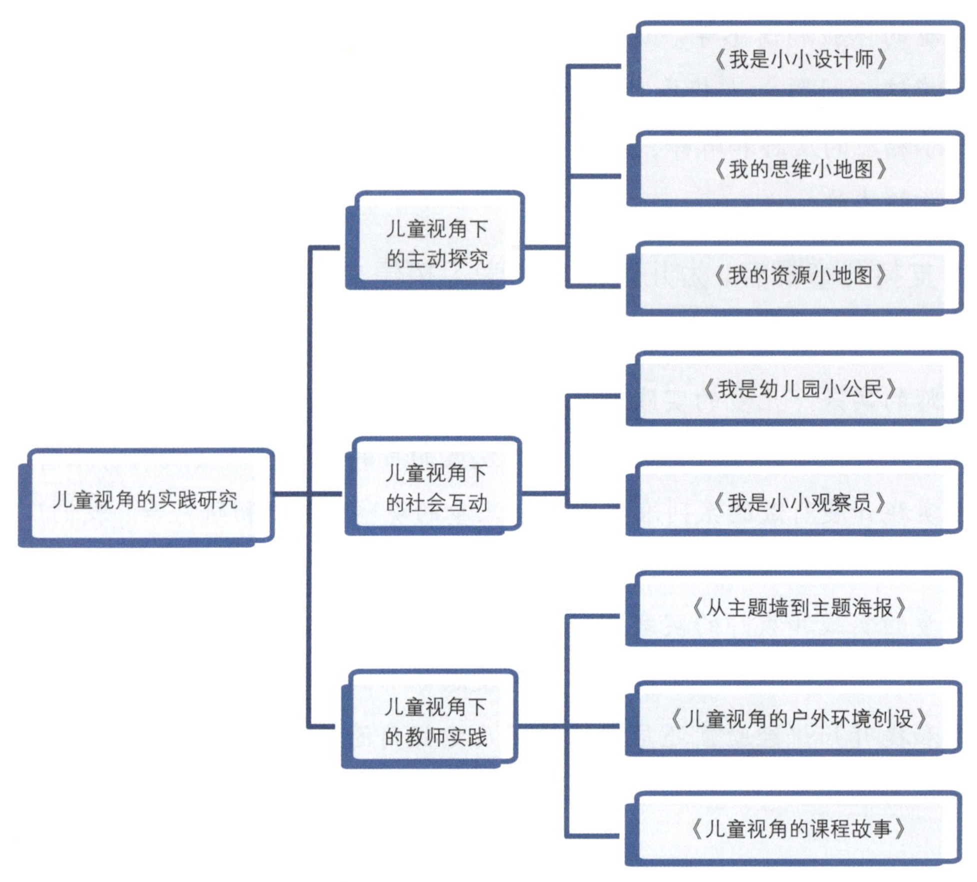

“儿童视角下的主动探究系列”强调儿童如何与周围环境互动产生经验，旨在理解并发展儿童的探究能力，并帮助教师运用相关方法，支持儿童的思考和问题解决。

《我是小小设计师》一书将“儿童是幼儿园的主人”理念落实于行动当中，儿童对有限的空间环境进行无限的想象和创造，从而打造了真正的儿童空间，体现了儿童的潜力和创造力。从案例中，读者可以发现幼儿在自我决策、自主操作、合作互助中持续生长的状态，并可借此反思现有的教育实践问题。本书为幼儿园空间回归儿童立场，铺展了新的路径，并提供了方法实操的指导。

《我的思维小地图》一书在理论层面梳理了目前有关思维导图、深度学习等热门理论，在实践层面以儿童自主创作的思维导图为着力点，力求在儿童如何进行个性化表达、不同年龄段儿童的表征有何特点、教师如何和幼儿互动以实现儿童的深度学习等层面与读者对话，针对当前教育实践中的普遍性困惑提出指导建议。

《我的资源小地图》一书强调幼儿对身边资源动态化、多元化的利用和改造，其中既包括幼儿对幼儿园物种的调查、分析和统计，也包括幼儿对园所空间的挖掘、利用和互动。在本书的案例中，读者将会看到资源不仅仅是具有装饰性、观赏性作用的静态物质环境，而是真正进入儿童视野，成为儿童学习过程的重要组成部分。

“儿童视角下的社会互动系列”强调人与人之间的相互作用，旨在理解并感受儿童与儿童、儿童与世界之间的关系，由此关心儿童生活的现实意义，并帮助教师运用相关方法，支持儿童的社会合作和互动。

《我是幼儿园小公民》一书通过反思现阶段幼儿园活动中成人—儿童对立的怪圈，提出实践活动要彰显儿童权利，展示儿童的参与意识和责任感。在该书的案例中，儿童通过系列活动，参与和自己有关的园中事务决策，确认了自我存在感以及公民意识，同时一种尊重儿童权利的文化也在慢慢形成。

《我是小小观察员》一书介绍了儿童如何以“支持者”的身份介入到与同伴的交往当中。在本书的案例中，读者可以看到儿童教育儿童、儿童鼓励儿童、儿童指导儿童等诸多鲜活案例。本书旨在通过“观察员”这一角色，捕捉儿童与儿童互动的“哇”时刻。观察员的诞生和形成不仅能够使被观察儿童受益，也让观察儿童本身成长为“有能力的同伴”。

“儿童视角下的教师实践系列”强调儿童视角下的教师行动。在以儿童为中心的教育实践中，教师必须考虑到儿童的需求，一切措施也必须真正围绕儿童展开。

《从主题墙到主题海报》一书旨在对主题墙进行重新定义，通过案例探索如何帮助教师摆脱以教师为中心的主题墙创设、如何将环境交还给儿童。以案例为依托，书中涵盖了主题海报思维

导图、教师海报、儿童海报等概念的内涵、特点，如何分析及操作等的相关信息，对于运用主题海报这一工具来说非常有必要。

《儿童视角的户外环境创设》一书关注户外环境与儿童发展的关系。一方面强调了户外环境对儿童发展的价值，另一方面通过对户外环境区域设置的实例描写，聚焦场地区域化的合理利用，从而打破了传统印象中对幼儿园户外场地“只是运动场地”的刻板印象。作为理论与实践兼备的指导用书，读者在阅读和思考中不仅能够拓宽视野，而且能够将指导方法应用在实践中。

《儿童视角的课程故事》一书旨在考察儿童在课程故事中所起到的主导及推动作用。当课程故事引入儿童的视角，处处充溢着儿童留下的智慧而机敏的话语时，当课程故事随着儿童的不断尝试、不断体验而得以被推动时，读者也会跟随儿童的步伐，与书中的儿童对话，不断提升教育的敏感性。本书所列举的课程故事并没有那么让人惊喜与完美，但重要的是，这是孩子自己的故事。

当然，通往儿童世界的道路远不止这些，我们期待这套丛书能带给愿意走进儿童世界并与儿童一起成长的您一些思考和灵感，帮助您在幼儿教育的实践中找到适合自己的坦途。

前言

从主题墙到主题海报：

一场解放教师、成就儿童的探险之旅

当我们走进幼儿园，置身于幼儿所处的主题环境中时，我们不由得会思考，幼儿能否真正拥有属于自己的环境？能否真正自主地参与到主题活动里？能否真正做着自己想做的事情，说着自己想说的话？假如，幼儿所面临的不再是一成不变的环境，不再是一堵难以触及的墙，而是处于一个完全由自己主导、自主创设、自我生成的环境中时，幼儿能否承担起作为活动主体的责任，并获得新的知识、新的经验、新的发展？或许，面对这些疑问以及当下主题环境中的困境，我们可以尝试着做出一些改变。

一、探索缘起：主题墙的伤与痛

《3~6岁儿童学习与发展指南》指出："幼儿园要创设丰富的教育环境，最大限度地支持和满足幼儿通过直接感知、实际操作和亲身体验获取经验的需

要。”主题墙作为幼儿园中如影随形的“环境资源”，一直借助着图片、文字信息以及色彩、构图等艺术表征形式，对教师与幼儿在主题活动中的发展和探索轨迹进行呈现和记录，它承载着幼儿的活动体验和情感表达，成为幼儿园主题活动不可或缺的组成部分。

然而，在与众多一线老师进行对话时，我们很诧异地发现，主题墙已经变为教师们额外的工作负担，繁忙的教学活动之余，教师还要绞尽脑汁地去装饰，去打扮一排排硕大的墙面。而在幼儿的眼里，主题墙则变成了“高高在上”“触不到”“看不懂”的“隔离墙”。墙面上的一切事物尽管都是经过精心布置的，但是却仍然无法唤起幼儿的认同感，就好像，墙面上的一切都与“我”无关。

（一）教师的负担：与活动脱节的“任务墙”

一次偶然的教研机会，我们有幸接触到了来自各地的一线幼儿教师。在与教师们的交流中，我们总是无法绕开一个难题——脱离实际情况的活动和幼儿的“主题墙”该何去何从？对话中，教师们纷纷表达出了自己的担忧，许多园所中的“主题墙”无论是从设计到装饰，还是从记录到呈现，都不自觉地成为教师的任务；“主题墙”不再是幼儿和教师对主题活动轨迹进行梳理呈现的载体，而只是一个具有装饰价值的冰冷墙面。联想到近几年我们所搜集到的相关活动案例，可以发现当前教师们所面临的“主题墙困境”似乎有着一些共性。

首先，主题墙自身“静止的”“单一维度的”（无法移动，空间有限，只有平铺开来的墙面）建筑结构特性，使得教师无法及时有效地将“动态生成的”“多元化的”（如活动中的精彩瞬间，每个幼儿的探索活动历程）活动发展轨迹在主题墙上进行表征和呈现。

其次，对教师来说，主题墙更像是独立于主题活动之外，为展示活动成果和完成环境创设而必须开展的任务。因为，专注于幼儿活动的教师实在无暇花费多余的精力去单独构思如何创设一面白花花的墙壁，久而久之，主题墙就成为以作品展示为主，侧重于装饰技巧的展览工具。如图1所示，活动开始前，教师就已经对主题墙的类型、板块、呈现内容进行设计，待到活动结束，教师只需将幼儿的作品在空白处进行张贴，至于活动中幼儿的探索、体验以及教师的观察和思考显然已经不在这面主题墙的包含范围里了。

以展示性为主的主题墙已经与活动发展过程相脱节，也远离了凸显主题环

图1　活动前，教师布置的植物主题墙“模板”

境教育价值的初衷。主题墙成为教师在百忙之中为完成环创和教学计划被迫承担的“任务墙”。

（二）儿童的无奈：触不到的“隔离墙”

我们不得不承认一个事实，如今幼儿园中主题环境创设的主体依旧是教师，本应该成为主题环境主宰者的幼儿处于被边缘化的尴尬境地。

图2　幼儿触不到的“隔离墙”

如图2所示，我们可以看见教师苦心孤诣地装饰着每一寸墙面，虽然一切看起来很精致且富有艺术性，但这只是我们用成人的视角去挤压着、填充着本该属于幼儿自主探索、主动承担的活动空间，这种疏离感自然也无法引起幼儿参与创设的兴趣和热情。当然，很多教师也试图将幼儿引入主题墙的创设活动中，但是多数时间里，幼儿还是在教师的牵引下裁剪了多样的“花边”，涂画了绚丽的“艺术字”，摆拍了各种姿势的

"活动图片"，按照指令和任务要求绘制了教学计划里的"创意画"……幼儿看似在整个主题墙的制作过程中亲力亲为，但是自始至终都在遵循着属于教师的教学逻辑。幼儿感知的是脱离自己生活经验的知识，操作的是整齐划一、按部就班的程序模式，体验的是成人眼中的"精美艺术"，至于幼儿本身的兴趣和需要，已经被成人所忘却。

一个横亘在幼儿面前，举头三尺才能仰望到的主题墙，当它无法成为幼儿抒发活动体验、记录探索活动、表征创意思维的舞台时，便会成为幼儿难以企及，无法感触的"隔离墙"，这种疏离感最终也会成为幼儿发展的阻碍。

于是，一种能够冲破"墙面阻碍"，将活动权利和责任还给幼儿的主题活动记录形式呼之欲出。

二、尝试转变：主题海报的诞生

在我们苦苦思索着如何摆脱我们所陷入的"主题墙困境"时，幼儿将我们拯救了出来。在一次"马拉松活动"的筹划中，几位幼儿将自己所想探究的"马拉松活动"用思维导图的形式联结呈现，并且根据各自的兴趣分工合作，用自己擅长的表征方式在一张张海报纸上记录着自己的问题和反思。整个活动中，幼儿伴随着自主探索的路径自我创生、自我卷入，而教师也抛下了自己的"上帝视角"，作为参与者和幼儿一起以海报为载体融入活动中。在这里，幼儿真正成了活动的主人。

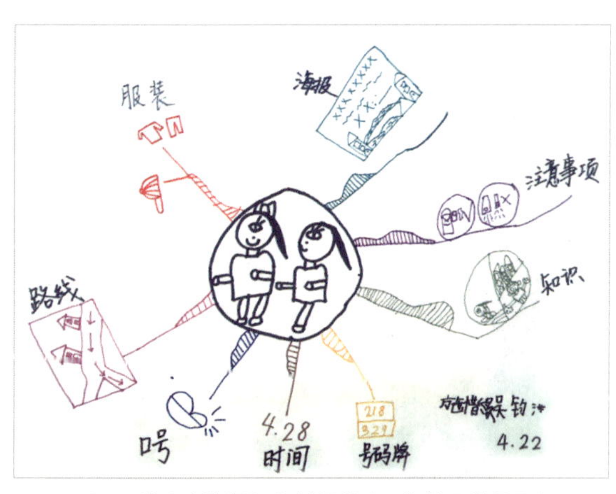

图3　幼儿在海报纸上创设的"马拉松思维导图"

借助这个启发，我们开始尝试着从主题墙到主题海报的三个转变：

第一，海报内容的转变，即从原来的完整的主题演进故事，变成儿童在主题演进过程中的“魔法时刻”“精彩瞬间”或“认知结”。

第二，海报设计逻辑的转变，即从原来的教师的教学逻辑变成儿童的好奇心逻辑。

第三，海报制作策略的转变，即从原来教师一个人的设计制作，变成“1+x”，即一张教师海报，x张儿童海报。

（一）“儿童视角”下的“教师海报”

与按照成人视角装饰，具有浓厚展示性意味的教师主题墙不同的是，教师海报是在主题活动的准备阶段，教师从儿童视角出发，以幼儿的兴趣和需要为“抓手”，结合主题活动的基本目标，与幼儿共同商讨，针对幼儿的讨论成果和兴趣所在对主题活动的内容和时间线进行大致的规划，以大量的教师留白和幼儿自主生成活动为主要呈现内容的主题活动形式。

值得注意的是，教师海报所遵循的是“幼儿心理发展逻辑”，因为，整个主题活动的发展和推进的主要责任者依旧是幼儿，教师仅仅是以支持者的角色参与在活动中；教师在海报上设置了大量的留白空间，打破了对幼儿的自主探索和发散思维的束缚，也为教师提供了充分的思考和观察时间，教师和幼儿一样作为活动的探索者和参与者在活动中共同合作和学习。

如图4所示，在“玩转帐篷节”主题活动的准备阶段，教师和幼儿共同商定了“帐篷节”的主题，至于在后续的主题活动中围绕着“帐篷节”可以开展什么样的活动，怎么开展，持续多久，教师并不急于给出答案，而是在教师海报上提供了大量的留白空间，并和幼儿一起带着疑问去思考：“是否先要设计帐篷？”“设计什么样的帐篷？”“怎样设计自己的帐篷？”……幼儿在教师的支持下，结合事物的特点和自己的探索习性生成了一系列活动，教师海报也伴随着这一系列的生成活动不断完善，促进儿童海报的不断创生，而活动中的幼儿也获得了许多预料之外的发展。

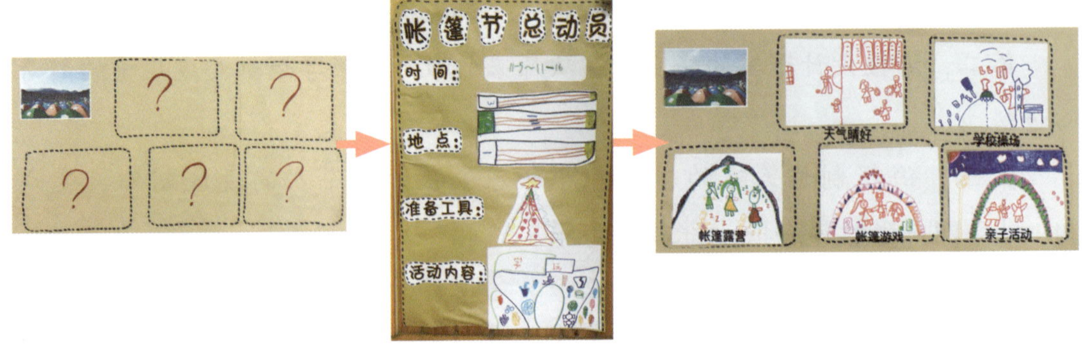

图4 “玩转帐篷节”教师海报

（二）“儿童视角”中的“儿童海报”

“儿童视角”中的“儿童海报”是幼儿从自己的视角出发，利用自己的笔触和所擅长的表征方式对活动轨迹进行记录，对活动体验进行呈现的形式。它不再拘泥于固定的、有限的展示性墙面，而是以各种动态的、多元的表征形式呈现幼儿的探索过程。

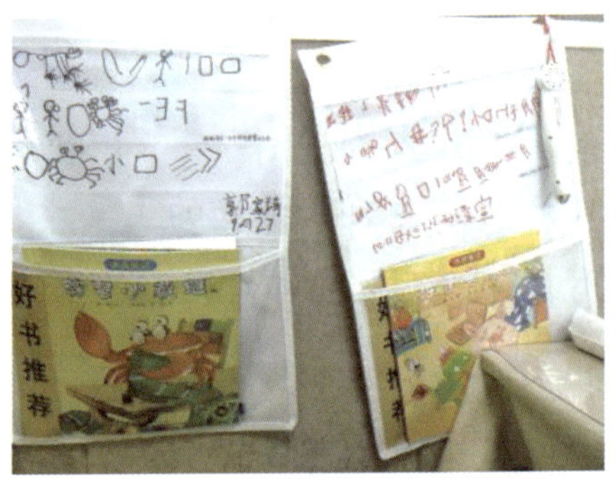

图5 某中班“动物世界”主题活动中的读书笔记海报

图5是某中班“动物世界”主题活动中，幼儿阅读绘本后所做的读书笔记海报。幼儿巧妙地利用图片、文字简洁生动地描述了绘本的内容，并将其绘制在A4纸上，夹放在文件袋中，以活页的形式呈现在语言区里。通过读书笔记海报，幼儿摆脱了书写（识字量较少）和分享形式（单独的分享场所、特定的分享活动和时间）的限制，可以用自己擅长的方式把自己喜爱的故事向大家讲述，并且可以自由阅读和交流他人的分享和记录。同时，随着活动的开展，读书笔记海报也会持续激发幼儿的阅读兴趣，鼓励幼儿和同伴分享自己的所思所想。

图6是对“小小DIY蛋糕师”活动前期儿童海报的简单呈现。在活动的初始阶段，幼儿将自己脑海中关于“蛋糕”的经验以海报为载体进行汇集整合，经过

幼儿将“吃蛋糕”“买蛋糕”等生活经历整合，在分享各自的经历中，大家对制作蛋糕产生了浓厚兴趣，提出制作蛋糕的想法。

怎么制作蛋糕呢？幼儿根据自己的经验提出了几个建议：“用鼻子闻”“看视频”“参观蛋糕店”，经投票表决，学号最多的一栏“参观蛋糕店”中标。

在参观蛋糕店之前，幼儿提出并记录了自己的一系列问题：“糖珠是怎么放上去的？”“蛋糕花是怎么贴上去的？”“蛋糕上五颜六色的东西是什么？”……

教师支持幼儿的决定，带领幼儿参观了蛋糕店，幼儿怀揣着问题去蛋糕店里探索，并记录下了自己的发现。

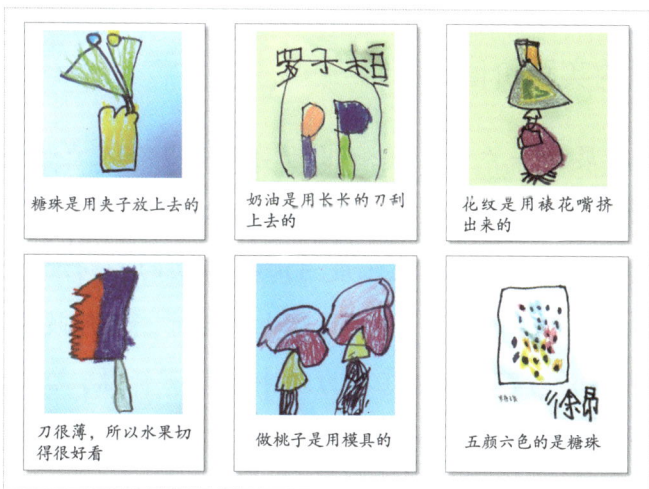

糖珠是用夹子放上去的

奶油是用长长的刀刮上去的

花纹是用裱花嘴挤出来的

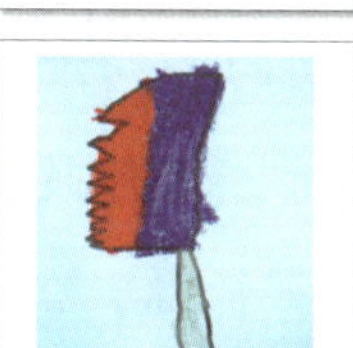

刀很薄，所以水果切得很好看

做桃子是用模具的

五颜六色的是糖珠

幼儿仔细观察了蛋糕师制作蛋糕的技巧和流程，并认识了一系列的“蛋糕器具”，主动将这些活动发现与自己的问题进行联结，得出自己的结论，并用简洁生动的笔触表现了出来。

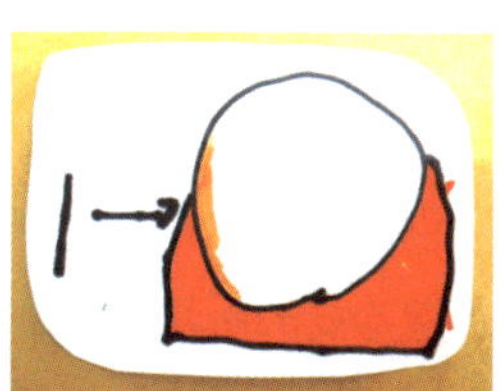

幼儿再度审视和梳理了之前的探索发现成果，对蛋糕制作的流程进行系统的归纳和总结，并将自己的探索发现进行提炼和浓缩，决定了后续活动的探索流程“做蛋糕——挤奶油——放水果——切开分给大家吃”。

图6 “小小DIY蛋糕师”儿童海报活动部分剪影

商讨并投票表决出大家所认可的探索方案。随后，幼儿依据自己在蛋糕店中的活动记录进行反思，对参观活动中所产生的疑问尝试进行解决，最终幼儿总结归纳出了一套适合自己的“蛋糕制作流程”。

上述活动案例只是“儿童海报”主题活动的一个缩影，从中我们可以看出，活动中的幼儿一直在以自己的节奏、自己的经验基础、自己的探索方式对活动进行挖掘和探索，尽管活动中遇到了许多挑战，但是幼儿主动承担起了学习责任，借助教师与同伴的支持反复尝试，在充满磨砺和自主学习的活动过程中，幼儿获得了成长。

随着活动的推进，儿童海报不再仅仅是幼儿记录和反思学习活动的工具，而且成为幼儿学习活动的重要组成部分。

三、积极转变：主题海报的实践价值

从实践结果来看，我们所开展的一系列主题海报活动无疑是令人喜悦的，然而整个活动过程并非一帆风顺。有时，我们会担心大胆的放手是否会使活动“无疾而终”；而当幼儿面临探索低潮时，教师也几度对海报活动的去向没有把握……但是，我们最终还是选择了相信幼儿，当幼儿活动受挫时，教师鼓励幼儿再尽力一试；当幼儿需要搜集材料时，教师也在尽力地丰富教育资源，给予幼儿充分支持，在这种努力和尝试中，我们惊喜地看到了幼儿与教师积极的转变。

（一）幼儿的加法：从“被动执行者”到“主动参与者”

幼儿经验的更新并不是一蹴而就的，它需要在活动中慢慢地积累；幼儿学习的过程也并非匀速向前，幼儿有时会陷入停滞甚至向后退却。因此在有限的活动时间里，幼儿应当拥有充分的主动学习机会。

主题海报活动中，幼儿要学会对自己的研究计划和活动过程负责，当面临一个个困难时，幼儿也需要反复思考是否有别的解决方案，怎样和小伙伴们一起合作，是否实现了自己的目标。幼儿不再只是空等老师的指令和驰援，而是积极探寻、尝试各种可能的途径，即使挑战失败，幼儿也会从类似的经验中不断学习、反思。活动中，幼儿从一个被动的教学计划执行者变成了主动的活动筹划、实施者，以海报为载体，幼儿构思自己的方案，表达自己的创作思路，记录自己的发现成果，在自我创生的活动氛围中获得全方位的提升。

（二）教师的减法：从“活动掌舵者”到“活动护航者”

主题海报活动中的教师是“隐身人”吗？答案是否定的，主题海报活动中教师的角色定位恰恰是活动关键所在。我们可以看到，案例中的教师，时而是给予幼儿充分资源支持的人，时而是挑战幼儿思考的人，更是放手鼓励幼儿勇敢克服困难，解决问题的人。教师不再是对活动程序锱铢必较，手把手拖拽着幼儿完成教学计划的“活动掌舵者”，而是成为给幼儿的自主探索提供机遇，为幼儿的创造性表达提供充足的留白空间，和幼儿一起面对挑战、解决困难的“活动护航者”。

主题海报活动中的教师，不再需要忧心忡忡地提防幼儿偶然间冒出的问题，也无须在紧张焦虑的氛围中拼命牵引幼儿遵循固定的活动计划，而是主动卸下了“不信任”的思想包袱，将活动的主导权还给幼儿，站在幼儿身后，成为幼儿坚定的支持者，教师也在不知不觉中获得了精神和任务上的减压。

猜猜我有多爱你

一、主题海报思维导图……2
二、主题说明……3
三、主题目标……4
四、教师海报……4
五、儿童海报……5
六、反思:“第三类接触”下“爱的表达”……20
七、主题海报的可持续发展……22

小番茄,快快长

一、主题海报思维导图……24
二、主题说明……25
三、主题目标……26
四、教师海报……26
五、儿童海报……27
六、反思:依托主题海报,落实《指南》精神……37
七、主题海报的可持续发展……38

我们的公交车

一、主题海报思维导图 …… 40
二、主题说明 …… 41
三、主题目标 …… 42
四、教师海报 …… 42
五、儿童海报 …… 44
六、反思：主题海报中的教师与儿童 …… 68
七、主题海报的可持续发展 …… 70

雾霾的秘密

一、主题海报思维导图 …… 72
二、主题说明 …… 73
三、主题目标 …… 73
四、教师海报及教师思维导图 …… 73
五、儿童海报 …… 76
六、反思：拨开“雾霾”，重见“天日” …… 86
七、主题海报的可持续发展 …… 88

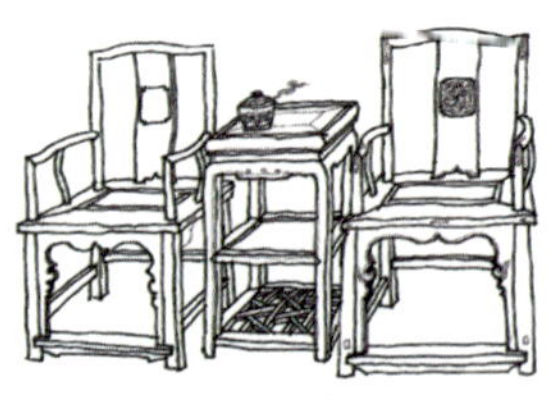

有趣的椅子

一、主题海报思维导图 …… 90
二、主题说明 …… 90
三、主题目标 …… 91
四、教师海报 …… 92
五、儿童海报 …… 93
六、反思：儿童的主题，儿童的海报 …… 112
七、主题海报的可持续发展 …… 112

消防车大探秘

一、主题海报思维导图……114
二、主题说明……115
三、主题目标……116
四、教师海报……116
五、儿童海报……117
六、反思：幼儿和教师的身份转变……152
七、主题海报的可持续发展……154

带着地图去徒步

一、主题海报思维导图……156
二、主题说明……157
三、主题目标……158
四、教师海报……158
五、儿童海报……160
六、反思：主题海报的另一种打开方式……168
七、主题海报的可持续发展……170

小小DIY蛋糕师

一、主题海报思维导图……172
二、主题说明……173
三、主题目标……174
四、教师海报……174
五、儿童海报……175
六、反思：让问题成为幼儿前进的“垫脚石”……201
七、主题海报的可持续发展……203

玩转帐篷节

一、主题海报思维导图 …… 206
二、主题说明 …… 207
三、主题目标 …… 208
四、教师海报 …… 208
五、儿童海报 …… 209
六、反思：幼儿的“加法”，教师的“减法” …… 222
七、主题海报的可持续发展 …… 224

迷你马拉松

一、主题海报思维导图 …… 226
二、主题说明 …… 227
三、主题目标 …… 228
四、教师海报 …… 228
五、儿童海报 …… 230
六、反思：兴趣是儿童最好的老师 …… 243
七、主题海报的可持续发展 …… 244

再见了，幼儿园

一、主题海报思维导图 …… 246
二、主题说明 …… 247
三、主题目标 …… 248
四、教师海报 …… 248
五、儿童海报 …… 250
六、反思：儿童在主题中，主题在儿童里 …… 276
七、主题海报的可持续发展 …… 277

后　记 …… 279

猜猜我有多爱你

浙江省绍兴市上虞区第一实验幼儿园　吴燕飞　小班

一、主题海报思维导图

- 主题海报生成过程
  - 主题说明
    - 主题缘起
      - 幼儿引发 + 教师推动
    - 主题类型
      - 围绕幼儿自身、社会环境和生活开展的主题活动
    - 主题意义
      - 对幼儿：学做能“看见爱”，并学会“表达爱”的宝贝
      - 对教师：理解搭建“目标”和“内容”的内在联系，思考主题的正确开展
      - 亮点：立足于真实的生活情境，让彼此的爱都看得见
  - 主题目标
    - 见主题目标板块
  - 教师海报
    - 基于目标 依托儿童经验 遵循儿童心理逻辑
      - 这是我妈妈
      - 妈妈爱我这么多
      - 我爱妈妈这么多
  - 儿童海报
    - 我为海报出主意
      - 主题导入下儿童的前置经验
        - 妈妈的样貌
        - 妈妈的职业
      - 主题进行时儿童的新疑问
        - 妈妈的工作是什么样的?
        - 妈妈小时候是什么样的?
        - 妈妈喜欢什么?
        - 妈妈每天都在干什么?
        - 妈妈为我做了什么?
        - 我可以为妈妈做什么?
      - 主题情境中海报内容的催生
        - 妈妈是怎样工作的?——感受妈妈的辛苦
        - 妈妈为我做了什么?——体验妈妈的爱
        - 我可以为妈妈做什么?——表达对妈妈的爱
    - 制作海报看我的
      - 感受妈妈的辛苦
        - 集体海报
          - 我的妈妈长什么样?
          - 工作中的妈妈是什么样的?
        - 个体海报——忙碌的妈妈……
      - 体验妈妈的爱
        - 集体海报——妈妈陪我们一起长大
        - 个体海报——和妈妈一起……
      - 表达对妈妈的爱
        - 小组海报
          - 为妈妈做事情
          - 送妈妈一朵花
          - 给妈妈表演节目
        - 个体海报
          - 我爱大肚子妈妈……
          - 我们是妈妈的好宝宝……
    - 我们的海报长这样
      - 成果展示：集体、小组、个体海报的完整呈现
      - 后续效应：儿童与自创海报的再互动
        - 同伴间的互动——增加了与同伴的交流
        - 区域中的互动
          - 丰富了语言区的阅读材料
          - 拓展了美工区的游戏内容
  - 反思：主题海报中的教师与儿童
    - “第三类接触”下“爱的表达”
      - 特点
        - 多元海报形式整合，满足不同幼儿的表达需求
        - 融合真实生活情境，唤起幼儿关键经验
      - 局限——家长资源利用不够
  - 主题海报的可持续发展
    - 让“关爱之情”得以延续
      - 对“妈妈之爱”延伸到对家庭成员之爱
      - 对动物的关爱，从而生成下阶段主题“小鸟快快来”
    - 让“家园共育”不断推进
      - 主题海报亲子分享展示会
    - 让“同伴交往”更上一台阶
      - 同年段分享
      - 不同年段分享
      - 与老师、来访客人分享

二、主题说明

（一）主题缘起："我的妈妈不爱我了！"

班上有一个小男孩叫凯凯，他的妈妈是自由职业，在家照顾孩子的时间较多，对孩子也很宠爱。有一天，她来接凯凯时，因为忙着做家务而忘了给凯凯买恐龙玩具。为此，凯凯大发脾气，还用脚踢妈妈，愣是要妈妈把玩具买来才肯回家。一一看见了说："凯凯好凶啊！"希希说："不能打妈妈的。"乐乐说："爸爸妈妈总是很小气，我妈妈上次也不给我买玩具，所以我不喜欢她了！"

听了幼儿的议论，我意识到：目前班上的独生子女太多，尽管家长为他们付出了很多，但孩子却感受不到这份爱，认为这些都是"理所当然"的。且正逢"三八"妇女节来临之际，按主题前审议计划，"猜猜我有多爱你"这一主题即将开启，于是，我们思考如何在这一主题中融入相关的系列活动，让小班幼儿能更深刻地感触和体会到妈妈对自己的爱，并尝试表达自己对妈妈的爱。

（二）主题类型

围绕着幼儿自身、社会环境和生活展开的主题类型。

（三）主题意义

1 对幼儿——学做能"看见爱"，并会"表达爱"的宝贝

对小班幼儿来说，妈妈是最熟悉和亲近的人。为此，在"三八"妇女节来临之际，我们开展"猜猜我有多爱你"这一主题活动，试图从幼儿最亲近的人出发，支持幼儿通过了解妈妈——感知妈妈的爱——表达对妈妈的爱，以此延伸到对其他家庭成员的爱。

2 对教师——基于幼儿兴趣，搭建"目标"和"内容"的内在联系

遵循"幼儿的兴趣"是以往我们主题内容的确定依据。但这一主题的实施，让我们更清晰地看到了教师的作用：首先，捕捉幼儿的兴趣；其次，依据主题目标甄别价值；最后，和幼儿共同决定主题内容。

3 亮点——立足真实的生活情境，让彼此的"爱"都看得见

在本主题开展过程中，我们避免采用"说教"的方式，而是站在儿童的视角，支持幼儿从真实的生活情境中，通过记录妈妈爱自己的点点滴滴，借助主题海报的多种形式，化抽象为具象，从而真真切切感受到妈妈对自己的爱，并尝试向妈妈表达自己的爱，让彼此的"爱"都看得见。

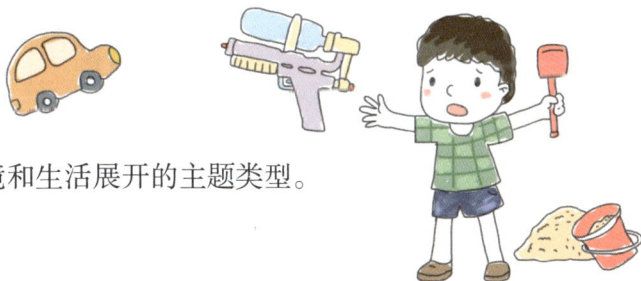

三、主题目标

1.愿意和同伴分享自己妈妈的外貌特征、爱好、职业等，知道自己的妈妈是与众不同的。
2.通过参观妈妈的工作单位，回忆妈妈日常的生活状态，了解妈妈的辛苦。
3.通过观察、记录、谈话等方式发现日常生活中妈妈对自己的爱。
4.喜欢和妈妈在一起，感受和妈妈彼此关爱的快乐和甜蜜。
5.知道“三八”节是妈妈等女性长辈的节日，尝试在老师的帮助下和同伴一起策划并庆祝“三八”节活动，初步萌发感恩意识。
6.喜欢参加艺术活动，尝试用自己喜欢的方式创造性地进行艺术表现活动，并学习表达对妈妈的爱。
7.学习用“ABAB”“ABBABB”等表述模式创造性地为妈妈等女性长辈制作礼物，并乐在其中。

四、教师海报

建构主义心理学派认为，“只有具有生活价值的知识才是有意义的知识”。绘本《猜猜我有多爱你》的核心价值正是启发幼儿在关注与妈妈共同生活的点滴中，深切体会到“妈妈的爱”，并将这种最纯粹的直观感受与自主探索中的发现注入自己鲜活的艺术作品中，创造性地表达出对妈妈最真挚的爱。但是，对于小班的幼儿来说，“爱”是抽象的，传统的“教学”“主题展示”无法有效地调动引发幼儿的经验和情感共鸣。因此，在与儿童互动商讨的过程中，作为儿童在主题活动中经验整合的载体、搜集记录并萌生灵感的“数据库”、情感表达的寄托，海报这一主题活动形式自然而然地开始渗入主题活动的全程中。

小班幼儿的自我意识、归纳推理能力发展并未完善。因此，本次主题活动伊始，教师遵循幼儿的经验及心理发展逻辑，以“基于经验—丰富、拓展经验—巩固、提升经验—过程”为推进脉络，大致勾勒出“这是我妈妈”（了解妈妈的外貌特征、职业等）、“妈妈爱我那么多”（感受妈妈对我的爱）、“我爱妈妈这么多”（表达对妈妈的爱）的教师海报发展线索，以此为导引启发儿童海报的自然创生。

这是我妈妈　妈妈爱我那么多　我爱妈妈这么多

五、儿童海报

（一）我为海报出主意

1　主题导入下儿童的前置经验——“妈妈的样貌”“妈妈的职业”

妈妈是孩子最亲密的家人，班级中常常可以听到幼儿自豪地向同伴以及老师介绍妈妈的外貌特征。有的说我的妈妈眼睛很大很大，有的说我的妈妈是卷头发的，很漂亮……对于妈妈的外貌特征，幼儿不仅有话说，而且乐意说。当然，在谈论中，也有很多幼儿会自然而然谈到妈妈的工作，大部分幼儿能说出妈妈的职业，但对于妈妈具体做什么工作，他们不清楚，也表述不清。

2　主题进行时儿童的新生疑问——“每天妈妈做什么事”“我可以为妈妈做什么事”……

幼儿对于妈妈还想了解哪些内容呢？通过谈话，我们了解到幼儿还想了解妈妈在哪里工作，具体是做什么的，妈妈喜欢什么，妈妈小时候是什么样的，每天妈妈做什么事，我可以为妈妈做什么事……

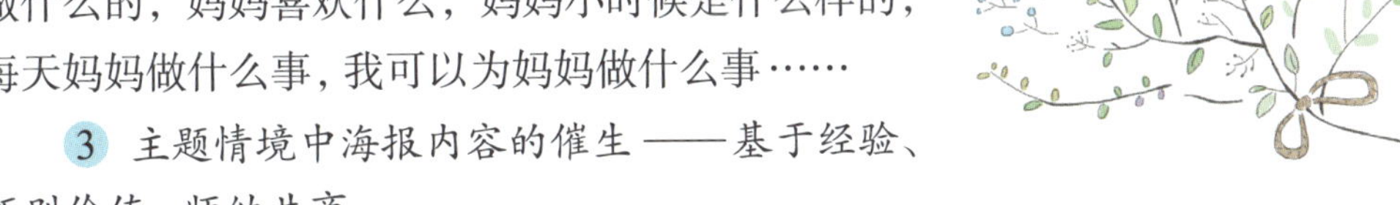

3　主题情境中海报内容的催生——基于经验、甄别价值、师幼共商

在立足于幼儿的经验，与幼儿交流协商中，我们不难发现，幼儿对妈妈的印象停留在单一的、表象的特征上，并且幼儿也未能有意识地深入体验并整合“我与妈妈”一起生活的点滴，因此，对幼儿来说，妈妈还有着许多“不为人知”的一面。如何在有限的、单维的海报空间上对已有经验进行统合，并借此追踪探究自己抛出的疑问，成为幼儿前进的关键。

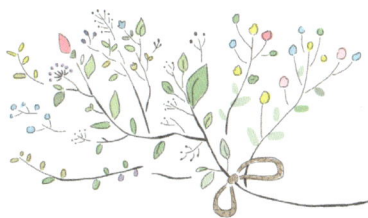

以下为一次师幼点评环节的讨论过程，整个过程轻松愉快，看似任由幼儿漫不经

心地讨论，但是教师自然地引导幼儿筛选、过滤观点，最终让幼儿在同伴之间的磋商中精炼自己的探索目标、确定自己的海报呈现内容。

教师：小朋友们想知道的事情这么多，但是我们到底能画些什么呢？

一一：我会把妈妈画出来给大家看，这样大家都会认识我的妈妈啦！我妈妈很漂亮的。

虫虫：我也要画画自己的妈妈，我的妈妈也很漂亮！

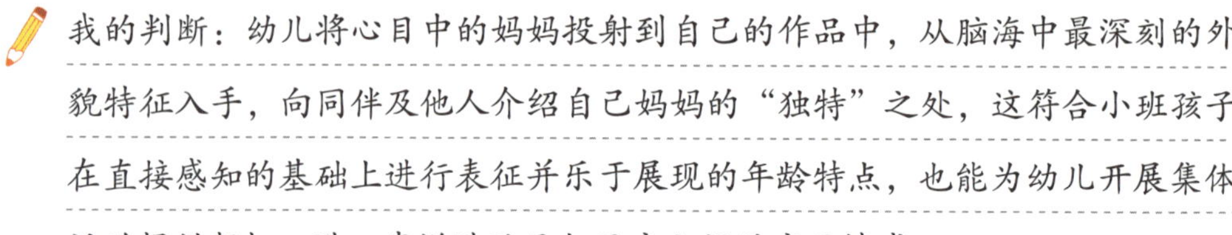
我的判断：幼儿将心目中的妈妈投射到自己的作品中，从脑海中最深刻的外貌特征入手，向同伴及他人介绍自己妈妈的“独特”之处，这符合小班孩子在直接感知的基础上进行表征并乐于展现的年龄特点，也能为幼儿开展集体活动提供契机，进一步增进孩子与母亲之间的亲子情感。

教师：嗯，好的，画好后我们可以来介绍自己的妈妈。

辰辰：我妈妈是老师，我想把妈妈的工作也画出来，这样大家就知道我妈妈是干什么的了。

我的判断：幼儿不约而同地对妈妈的工作环境有着浓厚的兴趣。妈妈的工作究竟是什么样的？幼儿怎样把动态的工作情景在纸面上呈现出来？这就是对幼儿后续集体合作、小组分工、个体创设活动的考验。这个问题的价值不仅在于诱发幼儿的探究欲望，而且能为幼儿日后的情感表达积累真实直观的素材。

教师：很棒！我们还可以把妈妈的工作画在自己的海报上。但我们用什么方式画呢？妈妈工作的样子能画出来吗？

乐乐：老师，不会画的可以拍照……

教师：好主意，那妈妈每天下班后和我们一起做了些什么事情？妈妈为我们做了哪些事情呢？我们能不能把这些事情也都画下来，一起看看妈妈们为我们做了些什么？

涛涛：我们可以把妈妈给我们做的事情画下来。

正正：我们要为妈妈做的事情也要记录下来。

通过讨论，大家决定将我们海报的制作内容定为：妈妈的样子和工作，妈妈为我做的事情，我为妈妈做的事情。

（二）制作海报看我的 ①

1 妈妈是什么样的呢？（基于经验）

问题1 我的妈妈长什么样？

妈妈是孩子每天接触的对象，在与幼儿的交流中，我们发现幼儿对自己妈妈的观察都比较仔细，有的说妈妈的眼睛很大，有的说妈妈长得很高，大家基本都能说出自己妈妈的明显特征。尽管幼儿的绘画能力有所差异，有些绘画还是“蝌蚪人”，但从幼儿稚嫩的画笔中可以看出幼儿对自己妈妈的外表还是非常了解的，能尝试将妈妈的主要特点表征出来。

集体海报的表征方式

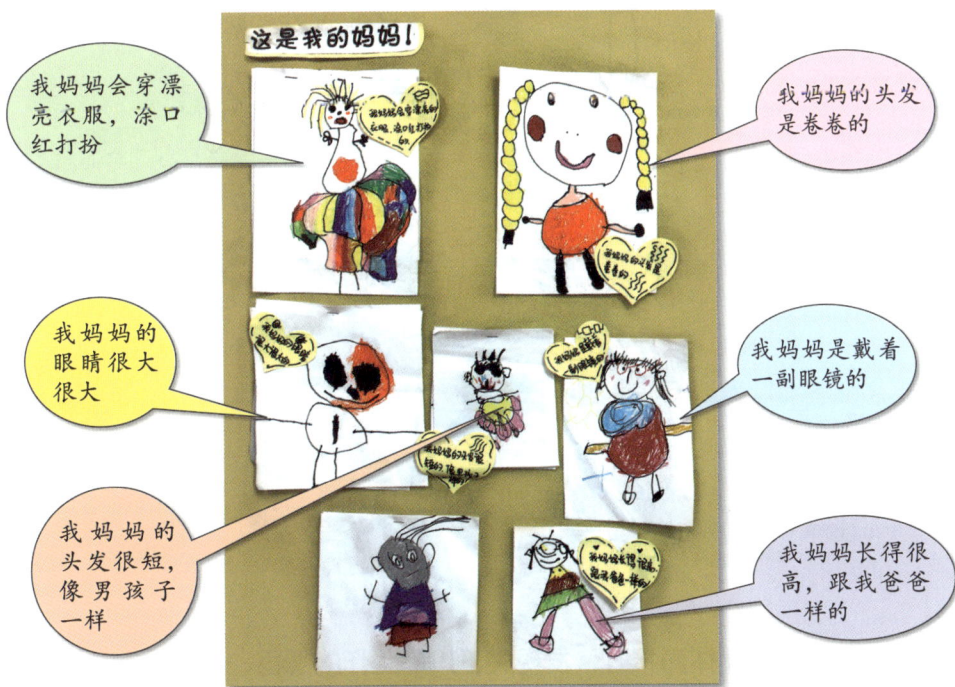

这是我的妈妈！

我妈妈会穿漂亮衣服，涂口红打扮

我妈妈的头发是卷卷的

我妈妈的眼睛很大很大

我妈妈是戴着一副眼镜的

我妈妈的头发很短，像男孩子一样

我妈妈长得很高，跟我爸爸一样的

注：① 这一板块为幼儿集体合作、小组分工、个体创设制作海报的过程

问题 2 工作中的妈妈是什么样的呢？

前期的讨论环节中，幼儿对妈妈的职业的了解并不深入。为进一步了解工作中的妈妈，有的孩子在家长的带领下参观了妈妈的工作场所，体验妈妈工作的一天是怎么度过的；有的孩子在和妈妈的谈话中了解了妈妈的工作。此外，为加深对妈妈工作的印象并向同伴们分享，幼儿采取绘画表征、相片记录、视频录制等方式搜集整理素材，并用集体海报（交流分享）和个体海报（自主总结和探索）的形式呈现出来。

1 集体海报的表征方式："我的妈妈是……"

问题聚焦： 制作集体海报时，发现关于妈妈工作的图画、贴纸、照片太多了，太杂了，海报里放不下，怎么办？

幼儿都将妈妈工作的照片、图片、贴画收集了起来，可是太多了，大半张桌子长的海报里都放不下了，不同“工作”类型的照片摆在一起也太杂了，怎么办？

教师：我们有什么办法让别人看的时候能一下子知道哪些小朋友的妈妈是老师，哪些小朋友的妈妈是医生呢？

凯凯、乐乐：把所有老师妈妈都放在一起，所有医生妈妈也放在一起不就好了吗？

于是，在幼儿的提议下“老师妈妈”“医生妈妈”分类摆放，放不下的我们订成了图片书，放在旁边，在封面上画上老师和小朋友、打针的标记，这样别人一看就知道这些妈妈都是老师，或是医生，或者其他的职业，而且这样每个人的妈妈的照片也都能放得下了。

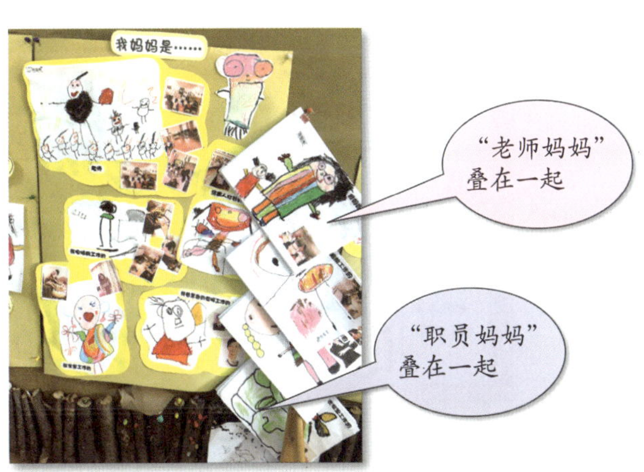

教师反思：

海报制作中所遇到的问题正是幼儿集中智慧、展开联想的契机。面对这一难题，教师抓住了问题的“泉眼”，即引导幼儿学会归类，并根据有限的空间展开合理的布局。在教师的鹰架教学下，幼儿开始对所认知的妈妈的职业进行分类，并最终采用堆叠、装订成册的方式完成集体海报的布局，突破了空间不足的局限。幼儿不仅在海报制作的技巧上积累了宝贵的经验，并且为日后活动的开展建立了自己的“数据库”。

2 个体海报的表征方式:“忙碌的妈妈”

幼儿在参观完妈妈的工作场合、体验了妈妈的工作内容后制作了个体海报，展现了他们的探索过程及参观后的所思所想。通过直观感受，幼儿获得了具体经验，大家对于自己妈妈的工作情况有了深入的体会，也形成了自己的思考。大家都不约而同地认为妈妈很忙碌、很辛苦。

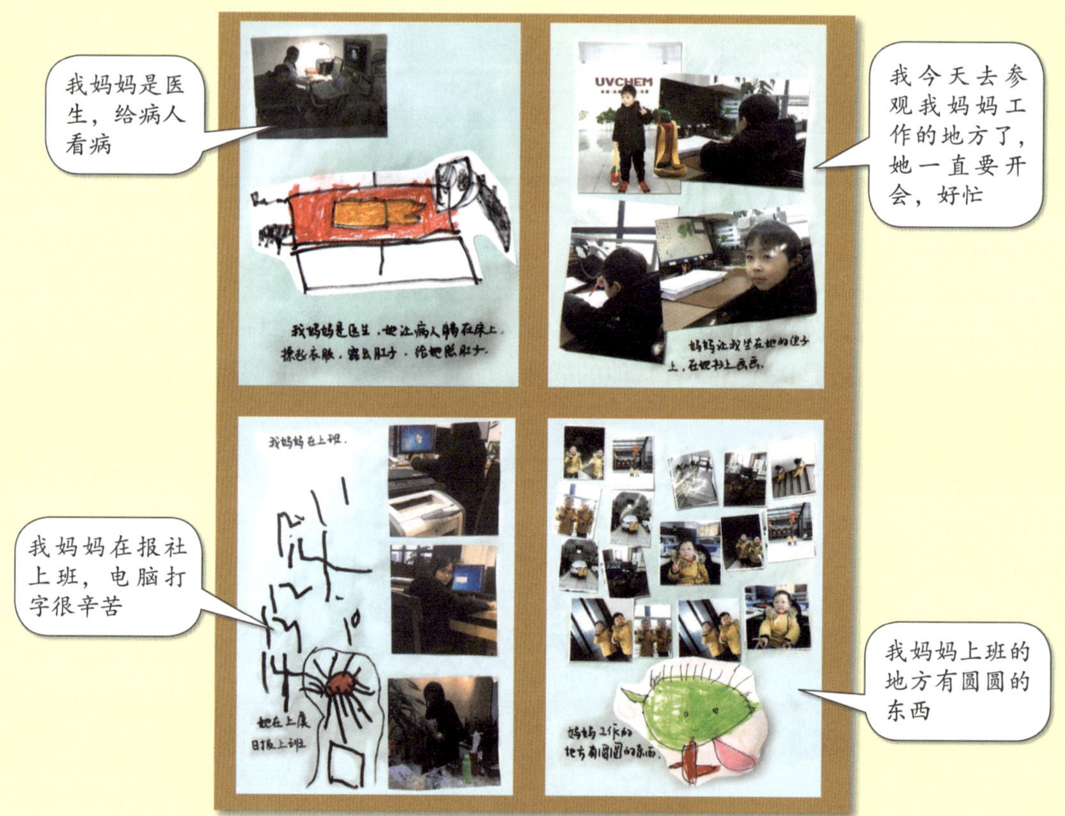

我妈妈是医生，给病人看病
我今天去参观我妈妈工作的地方了，她一直要开会，好忙
我妈妈在报社上班，电脑打字很辛苦
我妈妈上班的地方有圆圆的东西

教师反思：

“妈妈的特征”“妈妈的职业”“妈妈的工作场合”这些幼儿在日常生活中获得的零散的、碎片的经验如何在即时生成的活动中进一步统合和提升，需要幼儿借助直观的、整体的表征方式对新旧经验进行糅合与建构。在这一板块中，幼儿通过亲身感受、实地参观，将自己感受到、体验到的“我的妈妈”的核心特征采用各种材料和绘制方式生动地呈现在集体海报上，使每个幼儿的个体兴趣点变为集体的关注点，为后续活动中幼儿在进一步的交流、分享中发现问题、解决问题埋下“引线”。

2 妈妈为我做了什么？（丰富、拓展经验）

参观了妈妈工作的地方后，幼儿有很多话想说。他们觉得妈妈要为那么多的哥哥姐姐上课，要给病人看病，好辛苦啊。有的幼儿说：“我的妈妈下班后还要烧饭，给我做好吃的。”那除了工作，妈妈还为我们做了哪些事情呢？于是我们开展了讨论……幼儿还通过观察记录了妈妈为自己做的事，联想到辛勤工作中的妈妈，他们的内心更加触动，相比于抽象的文字“妈妈的爱”，海报中展示出的鲜活事例叩开了幼儿的心扉。

1 集体海报的表征方式：“妈妈陪我们一起长大”

妈妈爱我
妈妈带我一起坐旋转木马
妈妈在软软的被子里给我讲故事
妈妈在家里扫地拖地
妈妈陪我一起长大，很辛苦

教师反思：

“妈妈对我的爱”，仅凭这一抽象的文字概念是无法触及幼儿的内心世界的。从先前的集体海报中聚焦的“妈妈的基本特征”出发，幼儿进一步深入自己的生活情境进行思考：“妈妈在繁忙的工作之余，为我做了什么？”“我和妈妈一起做了哪些事情？”幼儿着眼于生活中的点滴、细微之处，将这些鲜活的事例串联起来，更加深切地体会到了妈妈的关怀和辛苦。

2 个体海报的表征方式："和妈妈一起……"

集体海报呈现的内容引发了幼儿的共鸣。很多幼儿看了集体海报后，纷纷说：我的妈妈也带我去海洋公园玩了；我的妈妈在家里也扫地、拖地……那妈妈每天到底为我们做了哪些事呢？于是教师顺应幼儿的需求，适时引导幼儿将自己的妈妈每天为自己做的事记录在纸上，并以连环画的方式呈现。当幼儿打开这本连环画的时候，直观地感受到了"纸"长"情"长的妈妈的爱。

妈妈陪我在奶奶家—妈妈开车带我去外婆家—妈妈和我一起吃蛋糕

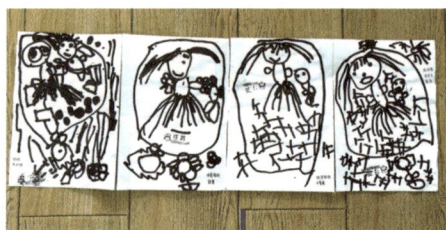

妈妈在扫地—妈妈为我跳舞—妈妈给我买蛋糕—妈妈带我去看病

妈妈陪我买新椅子—妈妈陪我过生日—妈妈陪我看花

妈妈为我做了好多好多的事情……

教师反思：

以上是幼儿做的个体海报，根据幼儿的年龄特征和语言表达习惯，我们采用了具象的海报表征形式——连环画。上面的每一幅长条图都记录了妈妈每天为孩子做的事。通过连续的跟踪记录及直观生动的展现方式，小班幼儿不仅形成了及时梳理和归纳的探索习惯，而且能够从一系列的亲子互动中真切地体会到妈妈的关爱和呵护。"原来妈妈爱我那么多！"这一板块中的情感积淀也进一步催生出幼儿对妈妈的感激之情。

3 我为妈妈做什么呢？（巩固、提升经验）

1 小组海报的表征方式："献给妈妈一朵花"

"妈妈很辛苦，我不想让妈妈那么累！"油然而生的感激之情催生了幼儿的念想：我可以为妈妈做什么呢？有的说："我要给妈妈吹头发。"有的说："我送给妈妈一朵花。"……根据幼儿的想法，教师和孩子一起进行分类梳理，幼儿自由组合，分工合作，按照"制订计划——行动——反思"的行动逻辑展开，并制作了小组海报。

①小组海报1：为妈妈做事情

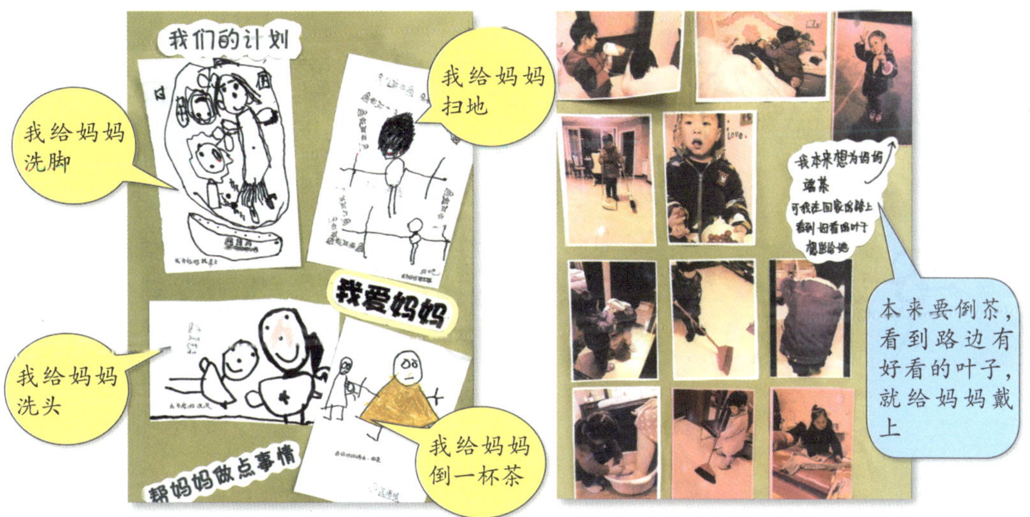

②小组海报2：送妈妈一朵花

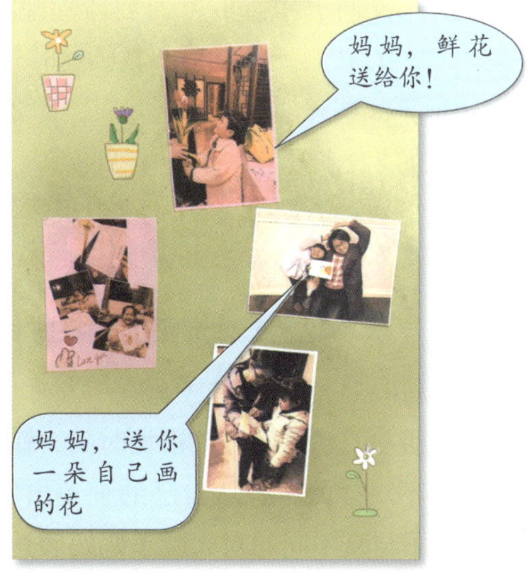

③小组海报3：给妈妈表演节目

完成了！
为什么没完成？
我本来想给妈妈表演节目
可是我还没想好表演什么
所以我给妈妈剥她最爱的粑粑柑
我没想好表演什么，所以我还是给妈妈剥她喜欢的粑粑柑

教师反思：

通过小组海报，各组幼儿依据共同商讨的计划开始进行“设计—实施—总结”，借助自己中意的方式创造性地表达出对妈妈的爱，“一次扫除”“一朵花”“一个节目”……活动后，教师适时地启发幼儿反思自己的行为，请幼儿说说自己完成了哪些计划，哪些未完成，什么原因导致的。这不仅增强了活动的目的性，也让幼儿学会思考问题，并和同伴商讨、接纳、实施、调整计划，更加投入地参与后续的活动。当然，教师也可以根据活动实况适切地引导幼儿调整小组计划。

2 个体海报的表征方式：“我爱我的妈妈……”

①个体海报1：我爱大肚子妈妈

一一小朋友的妈妈已怀孕很长时间，就快要生宝宝了。她对妈妈“辛苦”的认识和其他孩子是不一样的。她从自己的视角出发记录了大肚子妈妈在生活中的辛苦点滴，并由此萌发了与众不同的对大肚子妈妈表达爱的方式。

动来动去
妈妈洗
手吃饭
不方便
妈妈睡觉
我来讲
故事
榴莲
粑粑柑

我妈妈的肚子很大，上面有一条线，肚子里有一个小妹妹在里面动来动去。

我妈妈肚子里有小妹妹，肚子很重，睡觉的时候很难受；洗手、吃饭的时候肚子都碰到了桌子，很难受；上厕所她都蹲不下去了。

我给妈妈剥她最喜欢吃的粑粑柑，让爸爸给她买榴莲。我还讲故事给妈妈肚子里的小妹妹听，小妹妹会很开心的，这样妈妈睡觉就安稳多了。

②个体海报2：我们是妈妈的好宝宝

鱼鱼小朋友通过创绘自己和弟弟“小虾”在妈妈肚子里的新奇画面向大家传达自己对妈妈的爱。瞧！她把妈妈的肚子想象成一个舒服的大房间，里面有窗户，有喜欢的滑梯，还可以游泳……

这是我
这是我弟弟
小虾

我和小虾在妈妈的肚子里很舒服，里面有滑滑梯、窗户，太好玩了。我们还可以在妈妈肚子里游泳！

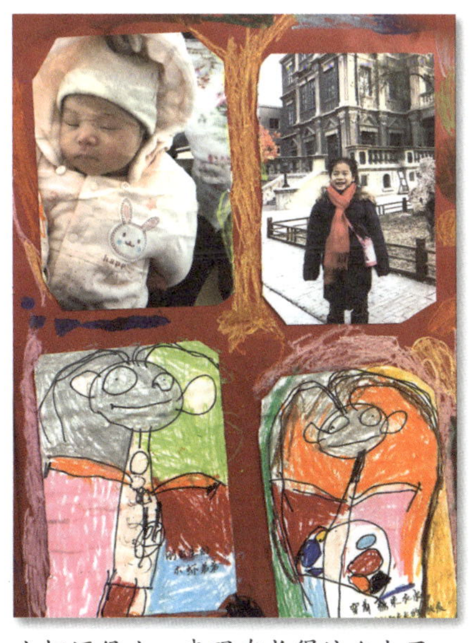

小虾还很小，我现在长得这么大了，妈妈很辛苦。妈妈还给我们买各种颜色的衣服，很漂亮。

教师反思：

上述两例为小班幼儿自主创设的个体海报，从海报的立意、裁剪到绘制均由幼儿独立完成。两位幼儿一位有着可爱的弟弟，一位即将成为姐姐。尽管两位幼儿的绘画作品还处于绘画的象征期，谈不上有多少绘画技巧，绘画风格也非写实，但是他们尝试着将生活经验、天马行空的想象、纯真的情感代入一张张平面的海报中，使原本充满“拙稚感”的海报散发出动人的生命力。随着主题海报的制作与呈现，幼儿的时空概念(肚子里、肚子外；弟弟小、我长得高大)、语言表达、创造力、动手操作能力获得了长足的进步，核心经验“感受妈妈的爱”也得以充分实现。

(三)我们的海报长这样

1 成果展示：集体、小组、个体海报的完整呈现

1 集体海报

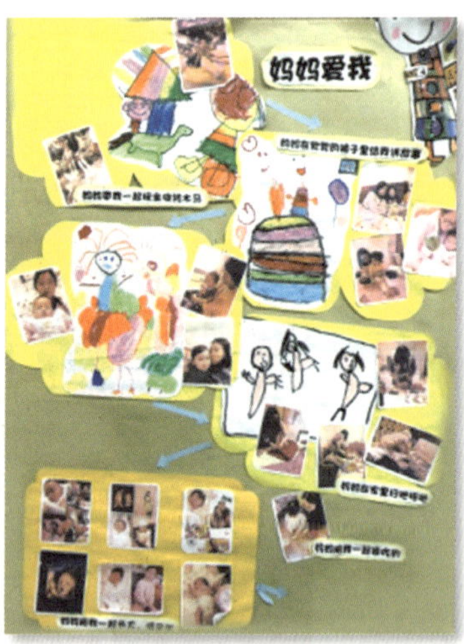

2 小组海报

①小组海报1：为妈妈做事情

②小组海报2：给妈妈送花

③小组海报3：给妈妈表演节目

给妈妈表演，让她开心

完成了！
为什么没完成？
我本来想给妈妈表演节目
可是我还没想好表演什么
所以我给妈妈剥她最爱的粑粑柑

3 个体海报

我妈妈是医生，她让病人躺在床上，撩起衣服，露出肚子，给他照肚子。
妈妈让我坐在她的位子上，在她的桌上玩。
我妈妈在上班。
她在上虞日报上班
妈妈工作的地方有圆圆的东西。

单页式个体海报

连环画式个体海报

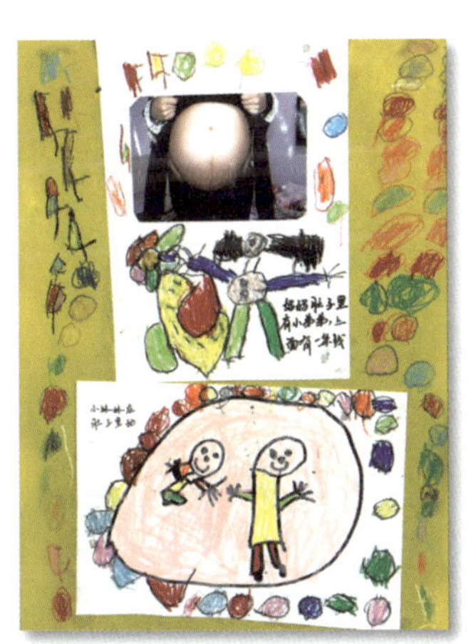

故事书式个体海报

2 后续效应：儿童与自创海报的再互动

(1)增进了与同伴的交流

集体海报呈现后，幼儿都围在海报前互相观察、交流自己妈妈的外貌特征，并会主动询问同伴的妈妈是做什么工作的。同时幼儿会在晨间谈话、餐后活动等空余时间向同伴介绍自己的小组海报、个体海报，大大增进了同伴间的交流与互动。

(2)丰富了语言区的阅读材料

在区域活动时间里，幼儿还会自主地将自己制作的海报拿到语言区进行展示和分享。由于是自己亲力亲为制作的海报，幼儿不仅可以滔滔不绝地讲述，还可以乐此不疲地向每个人介绍。随着海报数量不断增多，班级里语言区的材料也处于不断丰富和更新的状态，吸引小朋友每天参与到语言区的倾听和讲述中。

(3)拓展了美工区的活动内容

小班孩子还有着强烈的模仿欲望。当幼儿看到同伴做的单页式个体海报时，大家也纷纷表示想自己动手做出属于自己的海报。于是，每天我们总是可以在美工区里看见小小的身影在忙碌，他们或在制作连环画式的个体海报书，或在装饰海报的背景，又或在涂色……

六、反思："第三类接触"下"爱的表达"

根据儿童心理学家珀金斯的"三类接触理论"，第一类接触为儿童看到了、认识到了事物；第二类接触是儿童学会与事物共处，并尝试操作；第三类接触是儿童与事物建立起良性互动关系，在真实情景中相互作用实现各自价值。本次主题活动就是幼儿以儿童海报为载体，将关于"妈妈"的经验进行整合，完成对"我与妈妈"生活点滴的记录，利用海报活动中迸发生成的想象力、创造力为妈妈献上最真诚的"爱的表达"。

从幼儿对主题海报进行构思、创制、呈现以及教师反思的过程来看，我们可以发现本次活动突出了以下特点：

(一)多元海报形式整合，满足不同幼儿的表达需求

在整个主题行进过程中，我们采用了集体海报、小组海报、个体海报相结合的形式，较好地呈现了孩子在主题开展过程中的发展轨迹及心理变化。教师能顺应幼儿的需求，并根据主题行进的需要引导幼儿采用集体、小组、个体海报并存的方式来表达自己在主题中的所思所想。活动中，教师能积极鼓励小班幼儿自己动手制作个体海报，记录自己在主题开展中的所思所想及变化，并允许个体差异的存在，不强求所有幼儿都进行个体海报的制作。在本主题中我们不难发现小班幼儿也有制作个体海报的能力，因此，我们需尽量放手，鼓励幼儿去尝试，幼儿也会自然而然地展示出自己了不起的一面。

(二)融合真实生活情境，唤起幼儿关键经验

教师适时、适切的介入是活动得以延续的重要保障，也是幼儿发挥主动性、创造性的最佳推力。在主题开展过程中，我们避免采用传统的“说教”，而是站在儿童的视角，捕捉幼儿在主题开展过程中有价值的话题。如当幼儿在谈论妈妈的外貌特征进而延伸到妈妈的工作时，教师及时鹰架幼儿去探究妈妈的工作环境、工作内容等，从而帮助幼儿进一步了解妈妈，感受妈妈工作的辛苦。同时教师支持幼儿借助主题海报的多种形式，在真实的生活情境中，通过记录妈妈爱自己的点点滴滴，化抽象为具象，让彼此之间的“爱”都看得见，丰富幼儿的积极情感，启发幼儿主动学习，尝试协调合作、解决问题，锻炼幼儿观察和表达能力。

但是本次海报创设活动也存在以下不足：

在主题活动中，尽管我们充分利用了生活资源，通过记录生活点滴来发现妈妈的爱，但家长资源的利用是不够的。在整个主题开展中，家长只是被动的配合者，而不是积极的参与者。在以后的主题开展前期，教师可以将主题目标等与家长进行沟通，使家长明确活动的走向，从而引导家长积极参与到主题活动中。如在主题开展过程中，可以请家长配合记录幼儿的点滴进步，并邀请家长来园分享在家时与孩子的亲子互动故事，肯定孩子的进步。幼儿则会在积极的情感互动中体验到付出的快乐，感受到妈妈等长辈对自己的认可，从而让触动内心的这份小小的爱不断蔓延。

七、主题海报的可持续发展

（一）让“关爱之情”得以延续

本主题海报采用了集体、小组、个体相结合的形式，既运用了前一主题中集体、小组海报的经验，又初次尝试了个体海报，这种运用多种形式的主题海报来推进主题活动的方式，将“爱”这一抽象的物体具象化，从而使幼儿真正感受到了爱并由内而发地去表达对妈妈的爱。在此基础上，幼儿将这份爱延续到了家庭其他长辈的身上。幼儿充分运用个体折叠式主题海报的记录方式，每天在家也会记录爸爸、爷爷、奶奶等家人为自己做的事及自己为家人做的事。幼儿从理解感受到妈妈的爱，逐渐延伸到对家人的爱以及同伴的爱等。与此同时，幼儿对小动物的关爱也在后续活动中得以体现，当小鸟飞过我们的小树林时，幼儿就想着给小鸟做窝，由此在后一阶段便生成了班本主题“小鸟快快来”。

（二）让“家园共育”不断推进

主题开展后呈现的大大小小、形形色色的主题海报，幼儿都能如数家珍，因为这里记录着幼儿的喜怒哀乐，记载着幼儿的成长历程。为此，开设“主题海报亲子分享展示会”就显得尤为重要。幼儿自己布置展示会，将本主题中所有的海报进行了展览和讲述，向家长展示了自己近阶段的所思所想，与家长进行了积极的情感交流。展示会在展示主题成果的同时增进了亲子情感，使家园共育保持在同一频道。

（三）让“同伴交往”更上一台阶

主题海报以翻页式故事书、折叠式故事书的形式在各年龄段进行传阅，幼儿有机会也会讲述给前来参观的客人老师听。教师鼓励幼儿走出教室去接触更多的伙伴，借助主题海报锻炼幼儿的大胆交往能力和讲述能力，增强幼儿的自信心，使同伴交往更上一层台阶。

小番茄，快快长

江苏省无锡市侨谊幼儿园金科园　周洁蕾

小班

一、主题海报思维导图

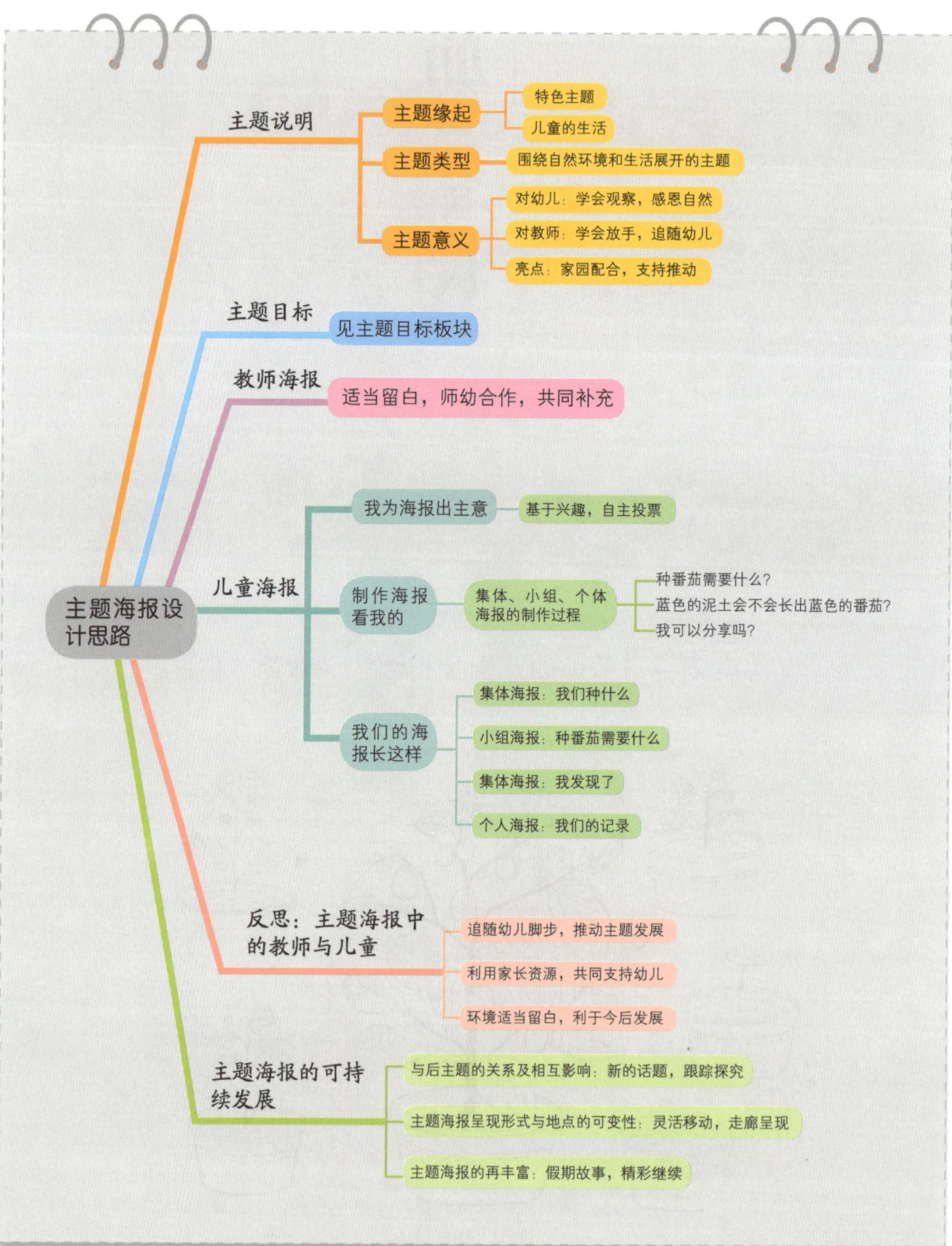
主题海报设计思路
主题说明
主题缘起
特色主题
儿童的生活
主题类型
围绕自然环境和生活展开的主题
主题意义
对幼儿：学会观察，感恩自然
对教师：学会放手，追随幼儿
亮点：家园配合，支持推动
主题目标
见主题目标板块
教师海报
适当留白，师幼合作，共同补充
儿童海报
我为海报出主意
基于兴趣，自主投票
制作海报看我的
集体、小组、个体海报的制作过程
种番茄需要什么？
蓝色的泥土会不会长出蓝色的番茄？
我可以分享吗？
我们的海报长这样
集体海报：我们种什么
小组海报：种番茄需要什么
集体海报：我发现了
个人海报：我们的记录
反思：主题海报中的教师与儿童
追随幼儿脚步，推动主题发展
利用家长资源，共同支持幼儿
环境适当留白，利于今后发展
主题海报的可持续发展
与后主题的关系及相互影响：新的话题，跟踪探究
主题海报呈现形式与地点的可变性：灵活移动，走廊呈现
主题海报的再丰富：假期故事，精彩继续

二、主题说明

（一）主题缘起

幼儿是乐于与自然亲近的，他们有更敏锐的感受自然的能力。于幼儿而言，在与自然的互动中习得某些经验是有意义的。在万物复苏的春天里，金科园的幼儿迎来了第三届“播种节”。“播种”对于小班幼儿来说是个抽象的概念，于是，我们便思索如何将抽象含义具象化以帮助幼儿理解。在“播种节”主题活动的开展中，我们关注并追随幼儿兴趣，尝试将实施主题的权利交给幼儿，由此，“小番茄，快快长”这一主题活动生成了。

（二）主题类型

围绕自然环境和生活展开的主题。

（三）主题意义

在小班下学期伊始，我们便尝试以幼儿推动主题、以主题海报的形式呈现主题，作为抛开“教师主导”的初步探索。由于小班幼儿的年龄小，我们多数情况下会理所当然地认为他们需要更多支持与帮助，而忽略了他们的愿望与能力。但实际上，无论“儿童视角”或是“儿童中心”，都应当贯穿于幼儿园的三年生活里。在这一主题中，教师不再是传统意义上的发起者，而是以观察者与支持者的身份时刻与幼儿站在一起，支持他们的主动探究，并尝试与他们共同探索新问题。既然生活并不会为小班幼儿提只属于小班的问题，我们就应当转变现有的教育观与儿童观，为幼儿靠自己的能力去解决问题提供时间与空间。

三、主题目标

1. 感受春天的美好和大自然的神奇，愿意亲近大自然中的花草树木，有积极的情绪体验。
2. 初步了解观察事物的方法，尝试用喜欢的方式表征事物。
3. 感知种植的基本方法，能在教师与家长的提醒下尝试照顾植物。

四、教师海报

我们在主题中以幼儿为主角并不意味着教师的缺席，相反，在尝试由幼儿来推动的主题活动中，教师定位是我们不断思考的。教师海报是主题海报中唯一一个以“教师”为主体的修饰词，也是主题海报的第一部分，在主题海报的尝试中，我们发现它有两种不同作用：第一，教师海报先于幼儿表征、行动出现，它有预设，有留白，实则是为幼儿生成提供空间，旨在以预设促生成；第二，教师海报在儿童海报完成后产生，这时的教师海报实为幼儿创制主题海报过程的步骤图，旨在潜移默化地引导幼儿进行归纳和总结，也能与幼儿共同梳理自发现问题到解决问题的全过程。考虑到小班幼儿的年龄特征，本主题中的教师海报框架先于幼儿创制海报产生，具体内容则由师幼共同讨论后以幼儿表征来补充完善。我们期望幼儿能够在自己已有水平的基础上敢于尝试探索，并推动主题活动不断深入。

五、儿童海报

（一）我为海报出主意

★集体海报：我们种什么？

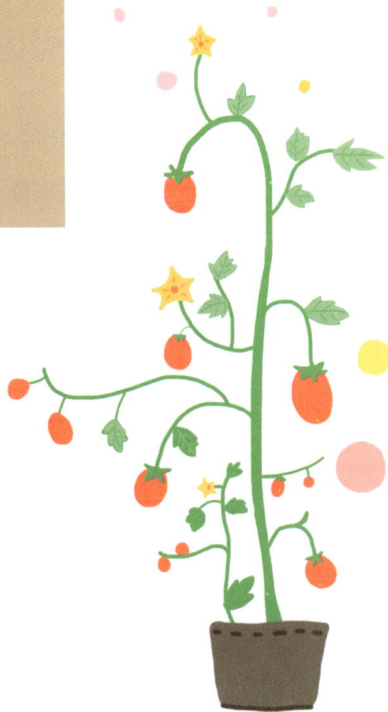

晨间谈话时，老师和幼儿就播种节种什么展开讨论。

豆豆："我想种胡萝卜，因为可以给小兔子吃。"

囡囡："我想种土豆，上个学期我种了土豆，我还想种。"

冠宇："我想种番茄，我有很多番茄苗。"

毛毛："我想种大蒜，大蒜炒菜很好吃。"

"我想种番茄""我也想种""我不想种番茄，我想种土豆"……大家各抒己见，聊得热火朝天。考虑到小班幼儿以无意注意为主，且注意广度有限，教师引导幼儿聚焦种植种类，最终大家决定以投票形式来决定种什么，一番投票后，小番茄胜出。

（集体海报：我们种什么）

教师反思：

对于自我中心意识仍较强烈的小班幼儿来说，无论是采纳他人意见还是与同伴共同讨论完成某项活动都非易事，加之小班幼儿的语言表达与表征能力都尚在发展，主题海报的进行较之中大班更有挑战，但也更具意义。本环节是主题海报的起点，面对幼儿的不同想法，我既非全盘接纳、顺其自然，也非以己度人、强迫改变，而是选择以提建议的方式请幼儿考虑是否聚焦、如何聚焦。投票的方式由幼儿提出，他们手舞足蹈地用不太丰富的词汇表达“投票”的选项，最终确定了集体种植的植物。如今幼儿获取信息的渠道越发多样，因此教师不能再以旧眼光在脑海中想象这一群体，他们有被年龄阶段限制的现实状况，但也有超出成人的想象与创造力。

（二）制作海报看我的

1 小组海报：种番茄需要什么？

冠宇妈妈听说班级决定种番茄后，主动请缨提供材料。番茄苗进入班级时，大家都异常兴奋。

“它绿绿的！”

“它有叶子！”

“它下面有根须，还有点营养土！”

……

“那需要什么东西才能种番茄呢？”悠悠突然发问。

教师：“你们和小伙伴们讨论看看吧。”

幼儿三两聚集，开始讨论。不一会儿，悠悠找到我。

悠悠：“老师，我们可以画想的东西吗？”

教师：“当然可以呀。”

悠悠：番茄苗

肉肉：泥土

小汤圆：太阳

当当：营养水

源源：我的照顾

辰辰：花盆

垚垚：水

咪咪：剪刀

弘宇：小铲子

多多：爸爸妈妈的帮助

教师反思：

当番茄苗呈现在幼儿面前时，他们立刻被这株细小的植物吸引了。兴趣与好奇触发幼儿的观察行为，激起幼儿的表达欲望，甚至引发幼儿进一步思考，继而提出疑问。困惑引发讨论，讨论创生海报。尽管讨论环节多为幼儿兴高采烈地自言自语，但在畅所欲言的过程中幼儿自由想象，头脑中有画面，从而产生了表征的想法，海报的创作成为可能。尽管小班幼儿的绘画能力尚不足以绘画出完整的、令人一目了然的主题海报，但我们仔细观察便不难发现，他们实则抓住了想表达的每个事物的最典型特征，或是颜色，或是形态……主题海报不仅仅记录主题，更能反映幼儿的年龄特点、呈现幼儿的思维。它帮助幼儿梳理经验，也帮助我们换个角度理解幼儿。

2 集体海报：我们的小番茄长这样

种下小番茄的第二天，小汤圆在晨间观察时和同伴聊起了天。

小汤圆："你们知道吗？我发现我种番茄的泥土和你们的不一样。"

肉肉："泥土有什么不一样的？"

小汤圆："我的泥土是蓝色的，你们的都是棕色的。"

"哇！蓝色的泥土啊！""好漂亮啊！"

小汤圆："蓝色的泥土会不会长出蓝色的番茄呢？"

小汤圆分享之后，其他幼儿也你一言我一语地说着关于自己种的番茄的发现。

教师："听起来真是太有趣，太好玩了，但我记性不太好，怎么才能把你们说的都记住啊？"

有了前两个环节的经验，幼儿都决定将自己看到的小番茄画下来。

小汤圆：我种番茄的泥土是蓝色的，会长出蓝色的番茄吗？（3月18日）

陈思辰：番茄苗上的叶子有大有小。（3月19日）

淇淇：番茄苗的叶子毛茸茸的。（3月22日）

洋洋：番茄苗长出了黄色的小花。（3月25日）

毛毛：番茄苗长出了绿色的小番茄。（4月8日）

昊昊：我的花儿蔫儿了，要掉下来了。（4月12日）

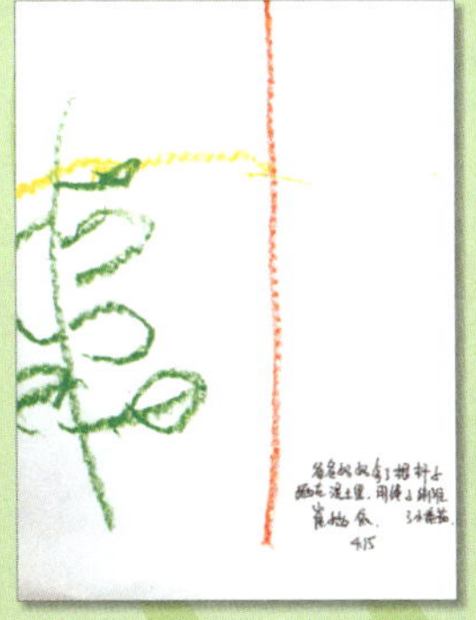

肉肉：爸爸妈妈拿了根杆子插在泥土里，用绳子绑住了小番茄。（4月15日）

马宝：我的小番茄长大了一点儿。（4月29日）

小顾：小番茄上有深绿淡绿，渐变的颜色。（5月5日）

小顾：我的小番茄红了。（5月13日）

教师反思：

如何在主题海报创制中提供适宜的支架给小班幼儿是我们一直思考的问题，在每一环节的进行中我们不断调整语言、行为，期望真正达成主题海报生成于幼儿、主题进展由幼儿决定的目标。本环节中，幼儿最初并未有创制海报的想法，但他们的语言描述已经极其生动形象，富有画面感。考虑到幼儿已有创制海报的经验，我便加入讨论并抛出问题，果然引发幼儿提取旧经验。也许有人认为，在讨论中提出海报创制建议也未尝不可，如此说话是否太绕圈呢？直接将创制海报的建议告知幼儿表面看似乎无大问题，但这样一来，从幼儿讨论到海报创制便不再连贯，他们便不再能享受“讨论—思考—决定”这样完整又自然的思维过程，那么他们的表征愿望还会和之前一样强烈吗？由此来看，教师的关键引导非常重要。

③ 亲子海报：小番茄的成长之旅

6月初的一天，小顾带来了他和妈妈共同制作的亲子海报。在种植小番茄的几个月里，一有发现，小顾就和妈妈共同记录：小顾负责画和说，妈妈协助用文字记录。

我带小番茄苗回家，我和妈妈一起把它种在泥土里。（3月18日）

小番茄苗开出了一朵黄色的小花。（3月29日）

番茄花在白天和晚上是不同的。（4月1日）

开出了第二朵小花。（4月7日）

结出了4个小番茄。（4月17日）

结出了6个小番茄。（4月28日）

结出了10个小番茄。（5月3日）

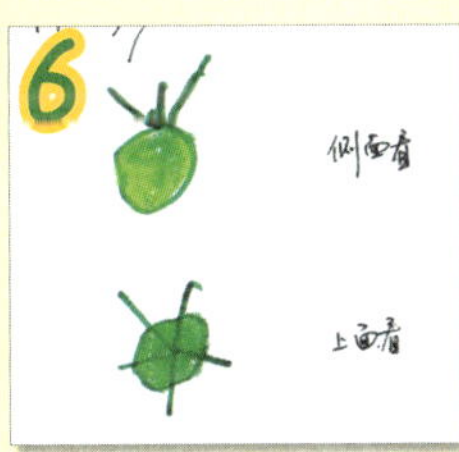

绿色的小番茄侧面看和上面看是不一样的。（5月7日）

结出了14个小番茄，有一个变橙色的了。（5月10日）

结出了18个小番茄，有一个红啦！（5月14日）

第一个剪下送给冠宇，这样就只有17个小番茄了。（5月16日）

从上面看，小番茄的分布。（5月22日）

又红了两个小番茄。（5月22）

一共20个小番茄。（5月27日）

剪下两个，自己吃一个。（5月29日）

一切四，我一块，妈妈一块，外婆一块，太太一块。（5月29日）

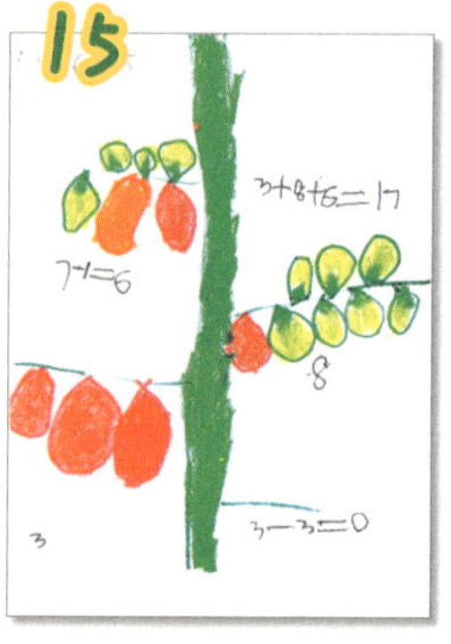

今天的小番茄是这样的。（6月5日）

教师反思：

在幼儿的要求下，种植小番茄的活动同时在班级和家庭中进行，在幼儿能力不及之处，家长便主动进入主题，成为主题海报创作小组的成员之一。小顾的语言表达及绘画表征能力略高于小班幼儿的平均水平。在妈妈的支持和帮助下，他以表征形式呈现小番茄的成长历程，完成了海报的创制。在这一系列的海报中，幼儿展现出生动形象的表征、细致入微的观察和长期持久的坚持，家长也表现出对幼儿想法的尊重与支持，幼儿、家长、主题海报三者相互作用，潜移默化地助力幼儿发展。同时，主题海报的呈现也为我们了解幼儿能力水平及家庭教育理念与行为提供渠道。在小顾的亲子海报中，数字及算式的书写引起了我们注意。需要强调的是，我们无意简单地肯定或否定这一现象，更不会臆测表象背后是什么，因为幼儿的抽象思维能力是不同的。只是这一现象会令我们思考：幼儿的书写欲望与能力源于何处？数字对幼儿的意义是什么？幼儿是否真正理解算式的意义？我们会尝试与幼儿、家长沟通以了解现象背后的本质，主题海报无论何时都非独立存在，它与其发散出的无数“点”共同作用，为幼儿的健康成长贡献力量。

（三）我们的海报长这样

1 集体海报：我们种什么

2 小组海报：种番茄需要什么

3 集体海报：我们的小番茄长这样

4 亲子海报：小番茄的成长之旅

六、反思：依托主题海报，落实《指南》精神

（一）主题生于兴趣，兴趣触发探究

“小番茄，快快长”主题活动产生于大主题——“播种节”主题中，它由幼儿的好奇心引发，跟随幼儿的兴趣发展，为幼儿进行科学探究奠定基础。幼儿在主题中亲近并观察小番茄、爱护并记录小番茄的变化、发现并解决种植小番茄时的问题、体验并收获分享小番茄的愉悦，幼儿以此与自然发生联结，感受自然美好的同时对自然的变化产生探究兴趣。

《3～6岁儿童学习与发展指南》指出，幼儿科学学习的核心是激发探究兴趣，体验探究过程，发展初步的探究能力。在“小番茄，快快长”主题海报的创制过程中，幼儿将对种植番茄苗的兴奋与疑问转为强烈的表征欲望，他们不仅画出自己所想所思所见，更在表征中再次观察发现，产生新的设想，主题便在幼儿的探究中向前发展。在主题海报创制中，考虑到幼儿所处年龄段，我们并未完全留白，而是真诚接纳、多方支持与鼓励幼儿进行探索与表征，以期切实达成《3～6儿童学习与发展指南》中“亲近自然，喜欢探究”与“具有初步的探究能力”的目标。

（二）问题源自生活，生活蕴含“真”理解

自主题伊始的“我们种什么”到确定种植作物后考虑“种番茄需要什么”，再到完整观察小番茄成长时记录番茄苗上开出几朵花、结了几个果，最后到小番茄成熟后如何分享，幼儿在观察与创制主题海报中遇到各种问题，也在创制海报与再观察中分析并解决问题。幼儿决定以投票形式选择种植作物，是自尊自信及与同伴友好相处的表现与尝试；幼儿思考怎样才能种番茄是初步尝试探究，共同设想种番茄之必需条件是科学态度与科学思维的形成；幼儿记录番茄苗上的花果个数，尝试按人数分配小番茄则是对生活中数的体验与发现。这些诞生于观察过程中的问题激起幼儿的探索兴趣，在创制海报过程中，幼儿设想与尝试解决问题，如此通过直接感知、实际操作和亲身体验获得的经验，才是与幼儿自身密切相关的“真”理解，它将会长久地存在于幼儿的认知结构中，为后续发展蓄力。

（三）吸纳家长资源，共同支架幼儿

家庭是幼儿园重要的合作伙伴，在主题海报创制的尝试中，我们本着尊重、平等、合作的原则，努力争取家长的理解、支持与参与，同时积极支持并引导家长树立科学教育观念，以逐步提高家庭教育水平。“小番茄，快快长”这一主题中，家长们主动向班级提供资源，积极与幼儿共同观察记录，使得主题活动进行顺利、主题海报创制有意义。《幼儿园教育指导纲要》中特别提出幼儿园应与家庭、社区密切合作，以综合利用各种

教育资源，共同为幼儿的发展创造良好条件。对小班幼儿来说，主题海报是新形式、新挑战，家庭资源的融入为幼儿提供多方位支持，使幼儿的经验获得连续性增长。家园共育对主题发展与海报创制的助力仅是第一步，更重要的是幼儿在其中可获得适宜性发展。

七、主题海报的可持续发展

（一）经验联结，深入探究

“小番茄，快快长”主题海报完成后不久，“播种节”这一主题结束了，当向幼儿提及下一主题名称“小小美食家”时，幼儿就“小番茄怎么吃”的话题纷纷讨论起来。从播种到结果再延伸至品尝，充满价值的新话题诞生了，新一轮的跟踪探究即将开始。

幼儿讨论小番茄怎么吃

（二）灵活移动，多样呈现

播种节作为金科园的特色节日，我们期望可以在活动中实现全园联动。“小番茄，快快长”中的每一张小海报都可灵活摘取，活动期间，我们将主题海报移动到班级外走廊、幼儿园楼梯间等地进行成果展示，实现了海报呈现形式与地点的可变性。

（三）主题海报的再丰富：假期故事，精彩继续

“小番茄，快快长”的主题海报完成后，幼儿对小番茄兴趣不减，主题海报有了持续丰富的可能。因此在暑假前夕，幼儿共同决定在假期继续照顾小番茄，并记录与小番茄之间的有趣故事，让我们共同期待开学后的主题海报呈现出新的精彩。

我们的公交车

浙江省绍兴市上虞区第一实验幼儿园 沈杉杉 

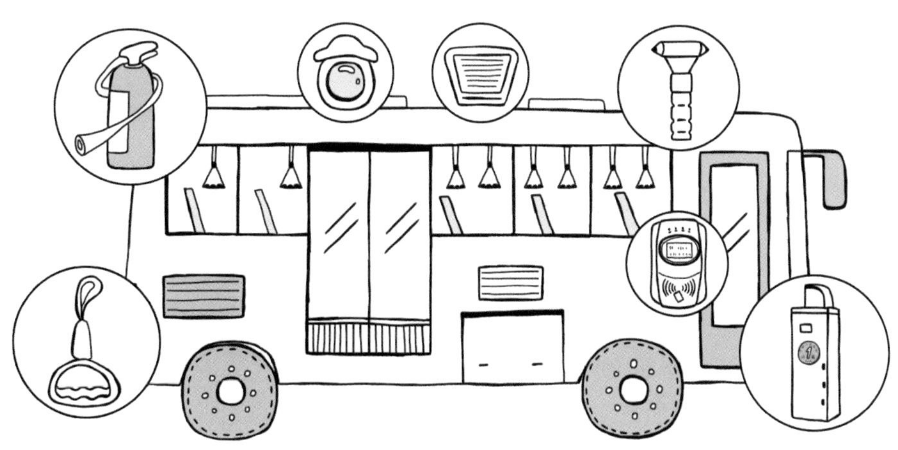

一、主题海报思维导图

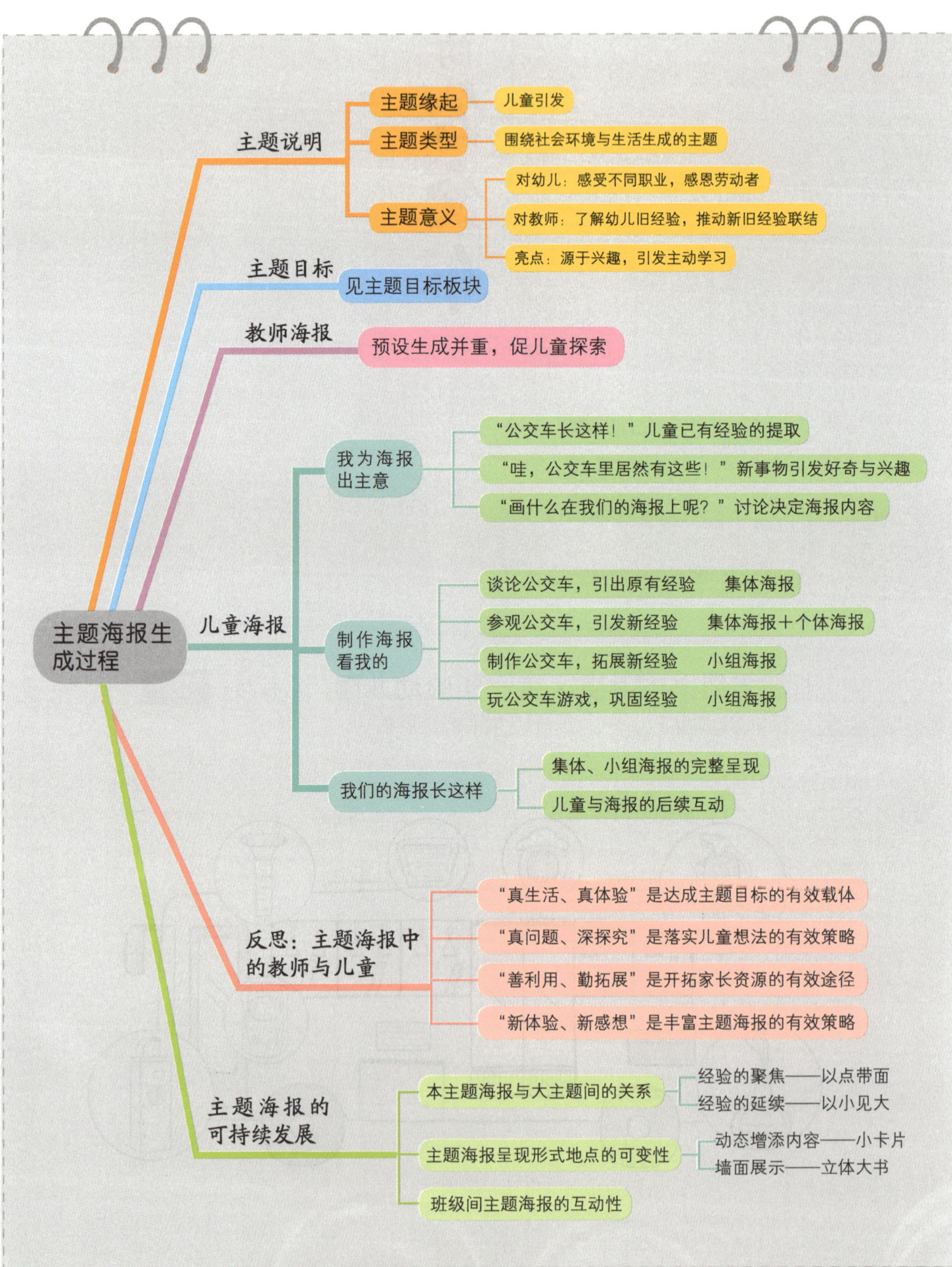
主题海报生成过程
主题说明
主题缘起
儿童引发
主题类型
围绕社会环境与生活生成的主题
主题意义
对幼儿：感受不同职业，感恩劳动者
对教师：了解幼儿旧经验，推动新旧经验联结
亮点：源于兴趣，引发主动学习
主题目标
见主题目标板块
教师海报
预设生成并重，促儿童探索
儿童海报
我为海报出主意
“公交车长这样！”儿童已有经验的提取
“哇，公交车里居然有这些！”新事物引发好奇与兴趣
“画什么在我们的海报上呢？”讨论决定海报内容
制作海报看我的
谈论公交车，引出原有经验　集体海报
参观公交车，引发新经验　集体海报+个体海报
制作公交车，拓展新经验　小组海报
玩公交车游戏，巩固经验　小组海报
我们的海报长这样
集体、小组海报的完整呈现
儿童与海报的后续互动
反思：主题海报中的教师与儿童
“真生活、真体验”是达成主题目标的有效载体
“真问题、深探究”是落实儿童想法的有效策略
“善利用、勤拓展”是开拓家长资源的有效途径
“新体验、新感想”是丰富主题海报的有效策略
主题海报的可持续发展
本主题海报与大主题间的关系
经验的聚焦——以点带面
经验的延续——以小见大
主题海报呈现形式地点的可变性
动态增添内容——小卡片
墙面展示——立体大书
班级间主题海报的互动性

二、主题说明

（一）主题缘起

“五一”假期期间，洋洋的妈妈因为在公交公司上班，所以没法带洋洋出去玩，来园后洋洋在与同伴聊天时流露出不高兴。但同伴们却对洋洋妈妈在公交公司上班表示很羡慕：“你妈妈太酷了，能开那么大的公交车！”“是呀！洋洋妈妈太有意思了，可以天天坐公交车！”“公交车里有很多座位呢！上车还要刷卡！会滴滴叫的！很好玩的！”幼儿聊得热火朝天，对公交车表现出强烈的兴趣与好奇。基于此，“我们的公交车”这一班本主题应运而生。

（二）主题类型

围绕社会环境与生活开展的主题。

（三）主题意义

1 对幼儿：感受不同职业，感恩劳动者

幼儿在发现问题、解决问题、体验游戏的过程中对公交车的特点产生了初步认知、知道公交车司机工作的辛苦。这有助于幼儿认识身边平凡的劳动者，了解他们的工作内容，同时理解日常生活的便利与劳动者的辛勤劳动密不可分，从而萌发对劳动者的尊敬与热爱。

2 对教师：了解幼儿已有经验，推动新旧经验联结

主题开展全过程也是教师对幼儿经验的认知不断深化的过程。教师在了解幼儿已有经验与能力的基础上，在主题开展的不同时期给予幼儿适宜的支架，不断触发幼儿联结新旧经验，以使主题活动前进的每一步都基于幼儿发展，并由幼儿引领。

3 亮点：源于兴趣，引发主动学习

主题源自幼儿兴趣，活动中可极大调动幼儿积极性、提升幼儿参与度。主题由公交车这一点出发，引出体验司机工作等游戏活动，以点带面、点面结合，丰富幼儿的探索情境。由此，幼儿主动尝试，在遇到问题时能不断探究、协商解决。

三、主题目标

1. 认识、了解公交车的特点，乐于探究公交车的秘密。
2. 初步认知社会上的不同职业及从事这些职业的人，萌发对劳动者的尊重与热爱。
3. 愿意主动尝试解决游戏中出现的问题。
4. 愿意接受同伴的意见，能与同伴一起为共同的目标而努力，最终共同完成任务。

四、教师海报

杜威提出：经验是幼儿学习的基点与载体。因此，为初步厘清主题发展线索，以使主题海报的进行有迹可循，在与幼儿共同商讨后，以“对公交车的已有经验—还想知道的公交车秘密—体验公交车游戏”三点为依托，力求遵循幼儿的心理发展逻辑来实施主题。教师海报中有预设也有生成，但预设仅是教师初步设想，并非固定不可更改，以教师预设促幼儿生成及探索才是目的。从主题海报发展线索图中我们可以看出，蓝色方框为教师预设，绿色方框为幼儿生成，幼儿在制作海报过程中以“预设”为引，具体问题具体分析。形式上，“主题海报”突破原有的平面呈现向立体海报迈进；内容上，以儿童为中心的“主题海报”也不再只是主题中的环境创设，而是和谐融合于主题中、随主题发展而变化的。

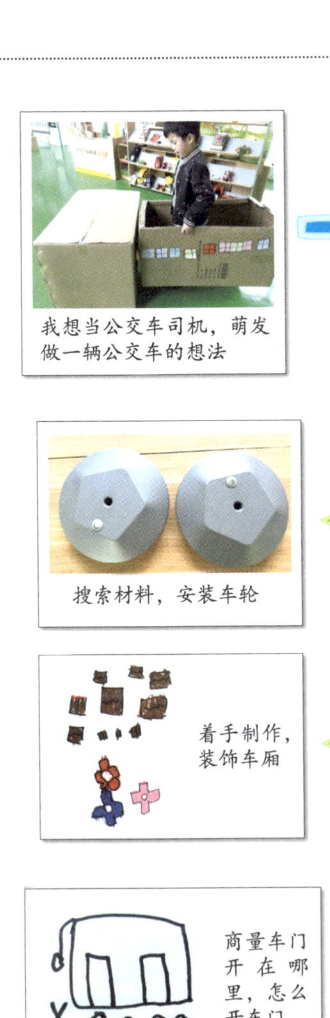

我想当公交车司机，萌发做一辆公交车的想法

讨论对公交车的认识

带着困惑参观公交车

分组制作公交车

车轮组

搜索材料，安装车轮

车厢制作组

着手制作，装饰车厢

车门组

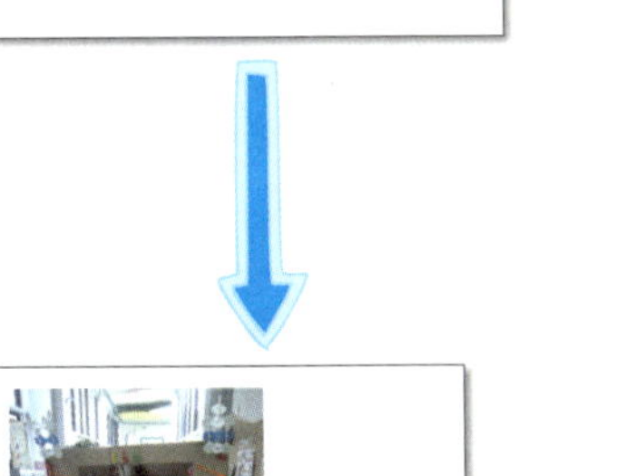

商量车门开在哪里，怎么开车门

公交车制作完成

玩公交车游戏

解决大家都想当司机的问题

解决乘客不知道哪里乘车的问题

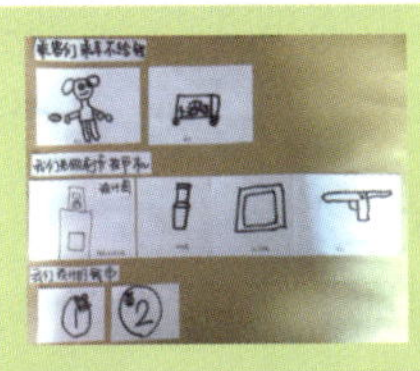

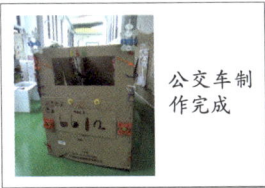

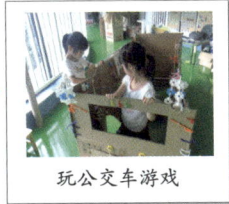

制作投币器，解决乘客乘车无处投币的问题

说说玩公交车游戏的感受

五、儿童海报

(一)我为海报出主意

1 “公交车长这样”——儿童已有经验的提取

幼儿热烈地讨论着自己所了解的公交车。

杺杺:“公交车是长方形的,有很多的窗户。”

点点:“我不仅知道公交车有很多的窗户,还知道公交车有四个车轮,车轮还超级大呢!车轮都快到我的肚子那么高了。”

笑笑:“我特别喜欢坐公交车,但是妈妈说公交车有点晃,要我当心。但是我一点也不怕,因为公交车里面还有扶手,人不会倒。”

菲菲:“我也喜欢坐公交车。因为公交车特别大,而且上面有很多座位。有的座位可以坐两个人,有的是一排三个人坐。”

卡卡:“是的,是的。公交车有前后两扇门,乘客在前门上车,后门下车。我们要遵守上下车的规则。”

2 “哇,公交车里居然有这些”——新经验引发好奇与兴趣

少数幼儿提到公交车上还有安全锤、监控、刷卡机、上下车按钮等,这令大部分幼儿又疑惑又新奇,争着表达自己的看法,有的说平时坐公交车时没有留意,有的说平时太少坐公交车了,这些都是第一次听说,要去坐一坐看看。由此可见,幼儿对平日了解不多的公交车内部设施设备有非常强烈与浓厚的探究兴趣。

3 “我们的海报上要画什么呢”—— 讨论决定海报内容

幼儿讨论的内容从公交车到公交车司机,范围愈来愈广,内容也愈加丰富。

教师:“我们讨论了关于公交车的好多内容,但只是嘴巴说一说,很快就忘记了,有什么好方法能记住我们说的东西呢?”

有的幼儿提议用画画的方式,有的幼儿认为可以请老师帮忙写下来……经过讨论,幼儿达成了以绘画表征想法,并将所绘内容整合为海报来展示的一致意见。但讨论的内容有很多,海报上需要全部呈现吗?这又成了困扰幼儿的新问题。

教师:“你们刚刚有人提到小汽车,那我们是不是可以试试来画公交车和小汽车不一样的地方呢?”伴随讨论,幼儿开始了表征与探索。

洋洋:“我妈妈说,公交车上面还有很多很多的秘密呢,上面有锤子,这个锤子可以帮助我们逃生。公交车上还有刷卡机、有监控,这些是我妈妈的车里没有的!”

笑笑:“锤子太危险了,它怎样帮我们逃生呢?”

教师:“那你们觉得我们怎样才能更清楚地了解公交车的秘密?”

在幼儿的一致要求下,我们进行了参观公交车的活动,幼儿带着各自的困惑参观,

对自己发现的公交车的新的秘密做了记录。

参观公交车后，幼儿萌生了做一辆属于自己的公交车的想法。在分组制作公交车的过程中，幼儿遇到不少问题。当无法决定或意见相左，甚至是语言表达不清时，幼儿也选择以绘画来表征，试图以此说明想法、解决问题。

自己的公交车制作完工后，幼儿兴致勃勃地玩起公交车游戏。谁来当司机？乘客在哪里等车？乘客没钱乘车怎么办？这些成了幼儿需要解决的新问题。由于已有在制作过程中解决问题的经验，幼儿通过表征问题、想法等，以表征带动观察和思考，最终共同解决问题。

主题海报的内容随主题活动的进展逐一生成，它们源自幼儿在活动中的真实需要，同时，帮助幼儿梳理思路、解决困惑与难题，使得主题海报逻辑清晰、内涵丰满，真正成为儿童的海报。

（二）制作海报看我的

1 谈论公交车，引发原有经验——集体海报

问题 1 公交车长什么样？

幼儿大都坐过公交车，在他们的印象中公交车是一种体积很大的交通工具，有很多的窗户……但这些经验都是零散的。于是，他们对公交车的外形特征进行了讨论，得出了公交车的以下基本特征。

公交车是长方形的，有很多的窗户，和家里的窗户一样大。

公交车的车轮很大，快到我的脖子那么高了。公交车有四个车轮，里面还有扶手，人不会倒。

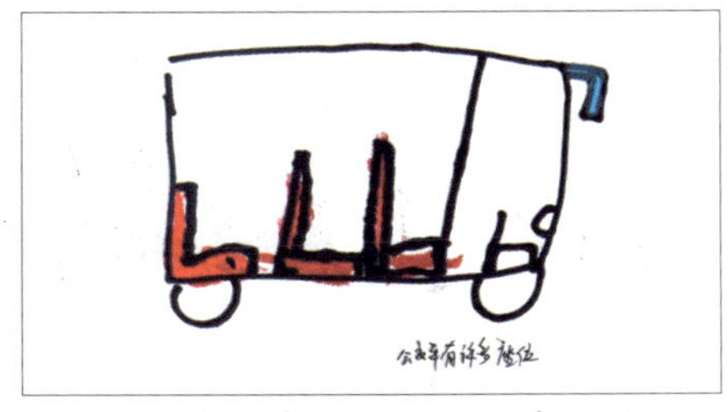

公交车上有很多座位，有的座位可以坐两个人，有的是一排三个人坐的。

公交车有前后两扇门。乘客从前门上车，后门下车。

问题 2 公交车和轿车有哪些不同?

幼儿热火朝天地讨论着自己知道的公交车的秘密。此时天天说:“我妈妈的车也有四个轮子,也有窗户,也可以坐很多人……”“可是你妈妈的车是小轿车呀!不是公交车!”乐乐说。公交车和小轿车有哪些不同呢?他们又进行了比较观察,发现如下。

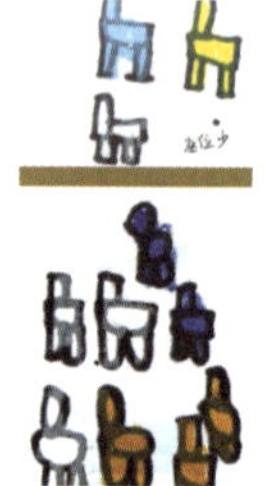

轿车的座位只有前面 2 个,后面一小排,座位很少;公交车的座位有很多,可以坐 30 多个乘客。

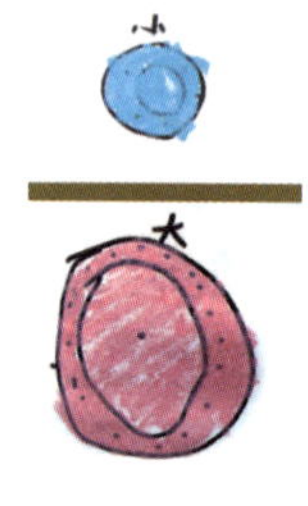

轿车的车轮小,和我们小朋友的手臂一样长。公交车的车轮很大,快和小朋友的肚子一样高了。

公交车的车窗有长长的两排,轿车的车窗只有小小的四个,前后各两个。

轿车的车门有四个,可以左右两边上下车;公交车有大大的两扇车门,都在同一边,只能前门上车,后门下车。

通过分享交流激发幼儿的思维碰撞,经过讨论与归类,幼儿将零散的经验进行有序梳理。他们知道了公交车外部有很多大窗户,有 4 只大轮胎,有可以供乘客上下车的车门,还知道了公交车的座位又大又宽敞,里面有很多扶手。同伴互助丰富了幼儿对公交车的认知,同时调动了幼儿积极性,为下阶段活动奠定基础。

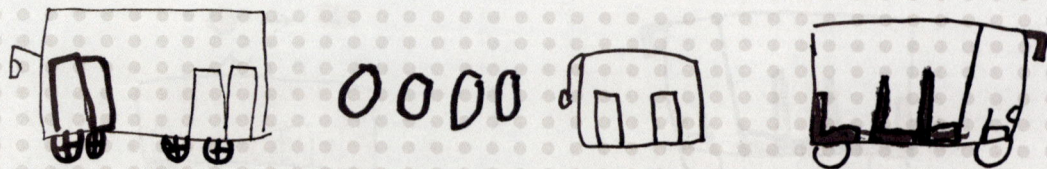

✳ 完整的集体海报 ✳

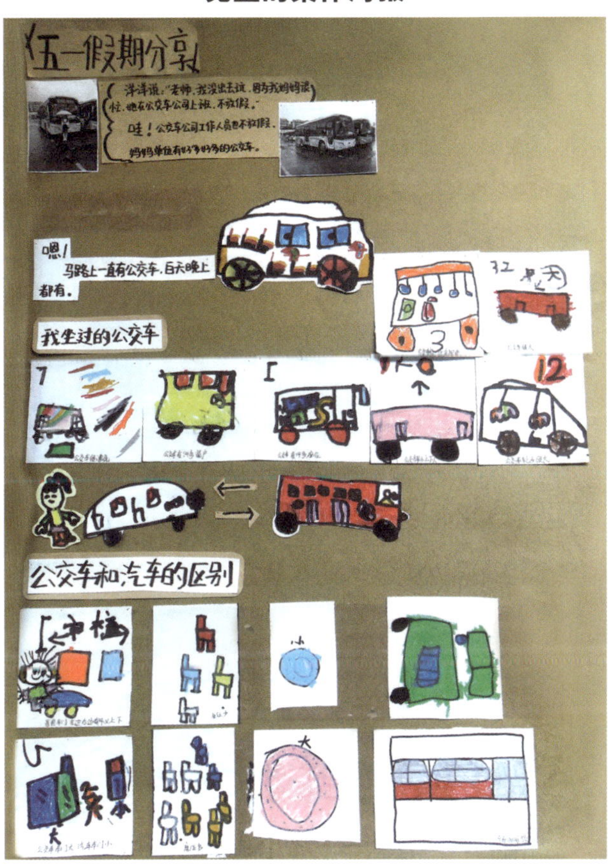

② 集体海报+个体海报——参观公交车，引发新经验

问题1 公交车里还有哪些秘密？

公交车上，幼儿仿佛探索宝藏一般东看看、西瞧瞧。他们的一些困惑在家长、公交车司机叔叔阿姨的帮助下也一一得到解答。

1 参观公交车的集体海报

公交车起点站是一个大广场，里面有很多的公交车
司机叔叔坐在大大的驾驶室里
公交车很大，里面打扫得很干净
公交车上有按钮，按一下司机叔叔就知道乘客要下车了
参观公交车
驾驶室
上下门不一样
公交车前门只有一扇，后面有两扇车门
我的发现！
随处可扶的杆子。
公交车上有很多的扶手
公交车上有很多安全提示，车外面有广告
公交车的座位很大很舒适
公交车可以刷卡、投币

2 个体海报① ——安全锤

笑笑一上公交车，就在找公交车上的安全锤。但是安全锤长什么样？在哪里呢？笑笑找遍了公交车，也没有找到。笑笑询问了司机叔叔，司机叔叔笑着说："挂在窗户边上的红色小锤子就是啊。"笑笑赶紧找到了悬挂在窗户边上的安全锤，仔细地观察了起来……

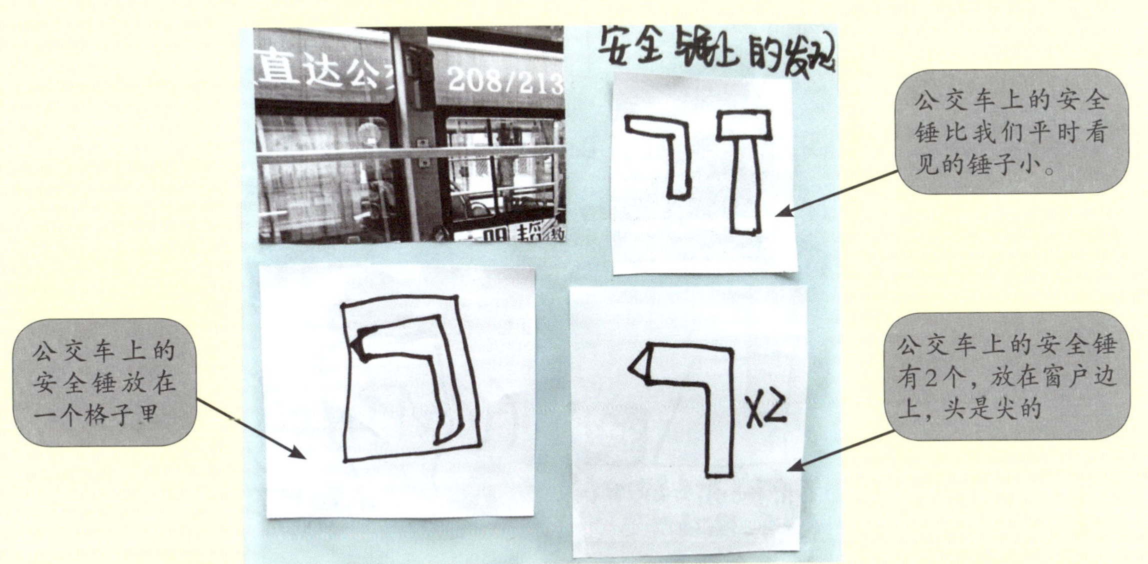

直达公交
208/213
安全锤上的发现
公交车上的安全锤比我们平时看见的锤子小。
公交车上的安全锤放在一个格子里
X2
公交车上的安全锤有2个，放在窗户边上，头是尖的

3 个体海报② —— 监控器

小贝上公交车之前，就对妈妈说："妈妈，我要看看公交车上的监控器是什么样子，它们是不是也是挂在我们头上？"上了公交车，小贝在车顶上找到了他感兴趣的监控器，并与妈妈一同将自己的发现记录下来。

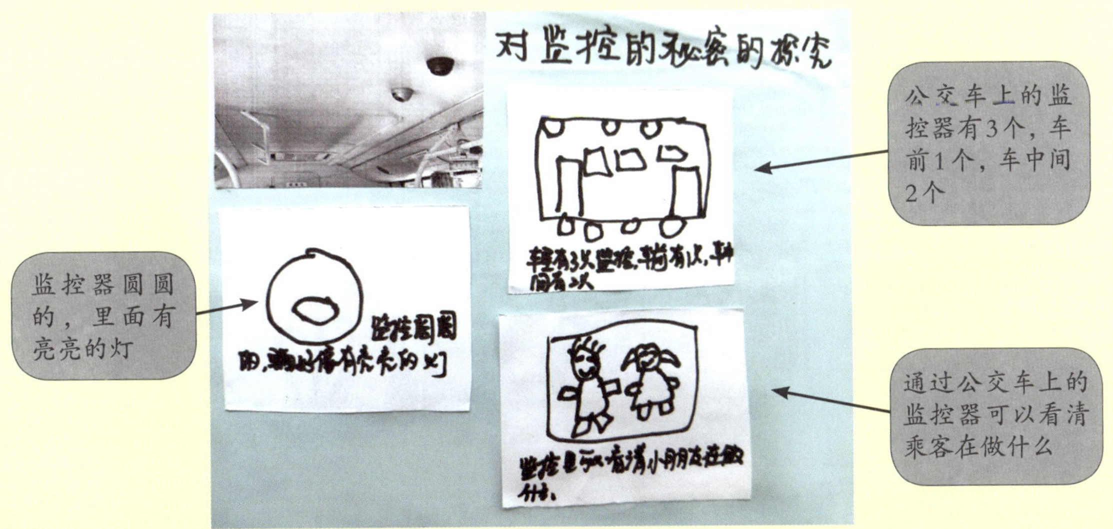

4 个体海报③ —— 刷卡机

添添经常乘坐公交车，各项操作已非常娴熟。参观时，他一上车便用妈妈的公交卡在刷卡区域刷卡了，只要一刷卡，机器就会说："已刷卡。"这次，天天又发现了刷卡机的一些新秘密。

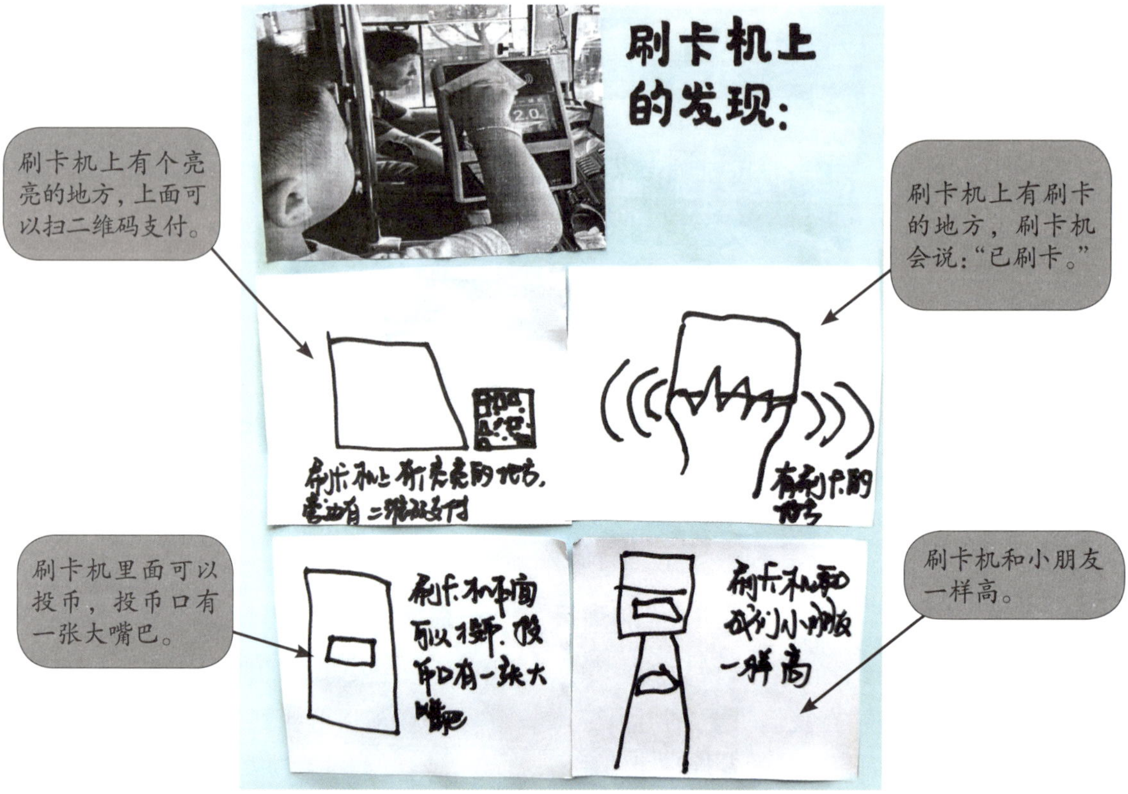

刷卡机上的发现：

刷卡机上有个亮亮的地方，上面可以扫二维码支付。

刷卡机上有刷卡的地方，刷卡机会说："已刷卡。"

刷卡机里面可以投币，投币口有一张大嘴巴。

刷卡机和小朋友一样高。

5 探秘公交车的完整海报呈现

1 参观公交车的集体海报

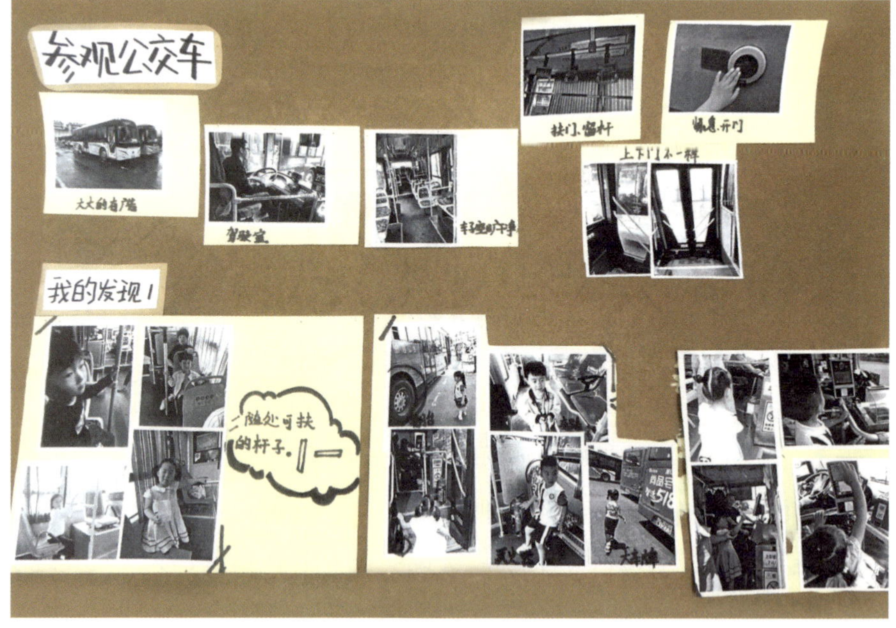

2 参观公交车的个人海报

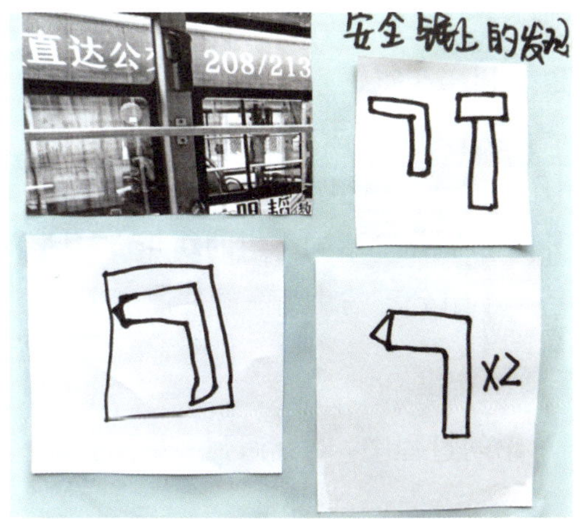

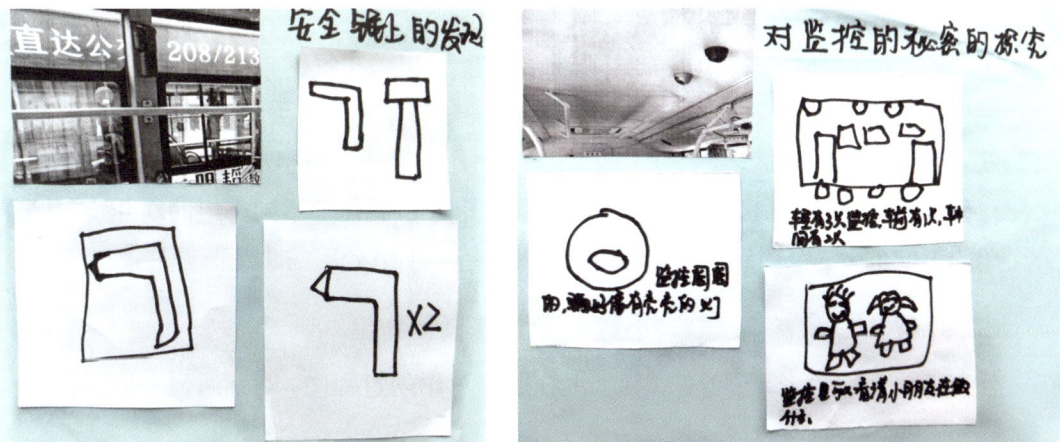

（个体海报：安全锤）

（个体海报：监控器）

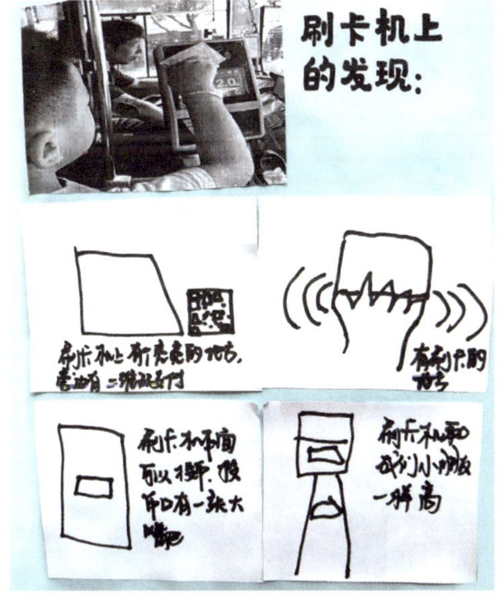

（个体海报：刷卡机）

教师反思：

《3～6岁儿童学习与发展指南》指出：教师应注重引导幼儿通过直接感知、亲身体验和实际操作进行学习。当幼儿产生了关于公交车的系列问题后，我们鼓励孩子和家长一起去坐一次公交车，通过还原真实生活，让幼儿在咨询、观察、讨论中搜寻问题答案，获得关于公交车的更多的信息。

3 小组海报——制作公交车，拓展新经验

幼儿在参观公交车后久久不愿离开，纷纷表示大大的公交车太好玩了。“老师，为什么我们幼儿园没有公交车啊？”“是呀！我们也想和洋洋妈妈一样做公交车司机！”

用什么材料来做公交车呢？幼儿园里前几天新装了空调，大大的空调盒子还没扔，幼儿发现后认为大小合适，便决定用空调盒子制作公交车。但组成公交车的部件多，为了使自己的“公交车”尽快完工，幼儿商讨后决定分组制作。不同小组的幼儿负责制作公交车的不同部分，也遇到了不同问题，由此，基于小组分工的小组海报便产生了。

1 小组海报 1：车轮制作组

公交车要开动起来，轮子是关键。但在制作车轮的过程中，幼儿遇到一系列问题。

问题 1 车轮总是掉下来怎么办？

幼儿最初选择纸杯为车轮制作材料，但纸杯太软无法支撑箱子重量，又无法滚动，幼儿便得出要用圆形的、硬硬的材料做轮胎的结论，最终选择了硬硬的圆筒饼干盒。幼儿尝试后很快发现，虽然饼干盒是圆的，也很硬，但饼干盒无法带动纸箱滚动，用饼干盒做车轮也失败了。

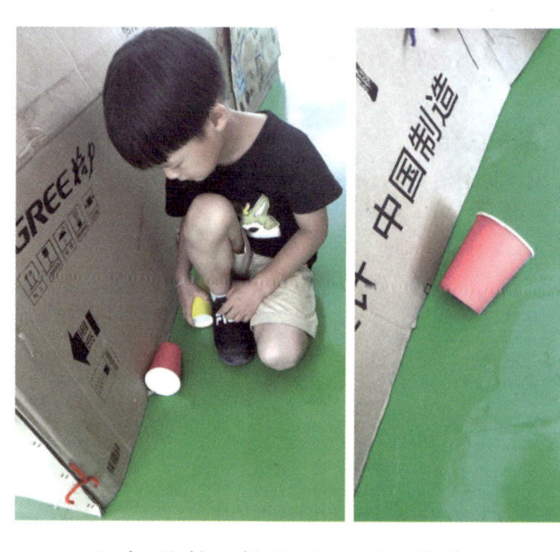

纸杯很软，粘贴好以后，很快就掉了下来

饼干盒无法带动纸箱子滚动

为了解决问题，幼儿开始想办法。

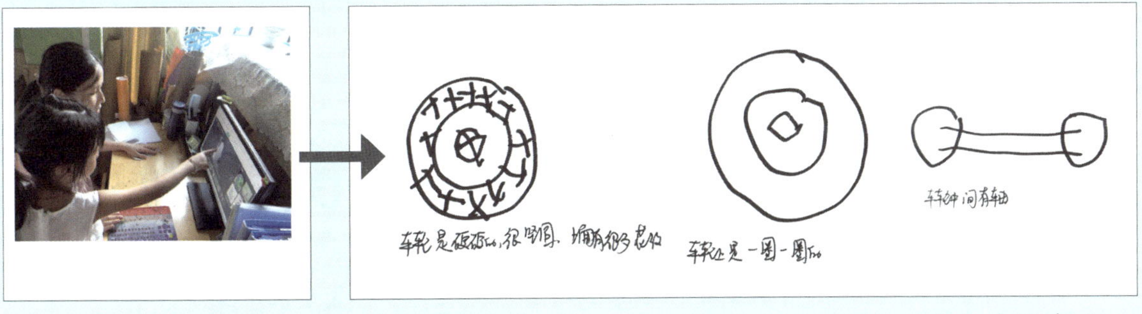

方法1：上网找资料

车轮是圆圆的，很坚固，上面有花纹

车轮是一圈圈的

车轮中间有车轴，可以带动车轮滚动

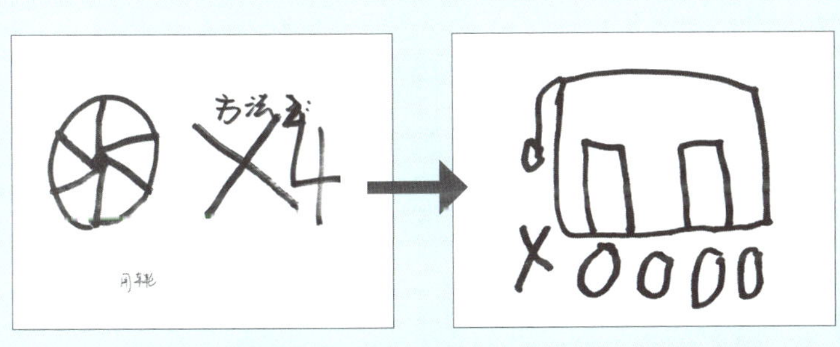

方法2：如果直接用真的轮子，就有轴了

但是轮胎太重了，装上去就掉了，我们要找轻一点的材料

方法3：真实的车轮太重了，可以让爸爸妈妈帮我们找适合做车轮的材料

瞧！爸爸妈妈帮我们找到了做花托的底盘，形状是圆的，中间可以插PVC管

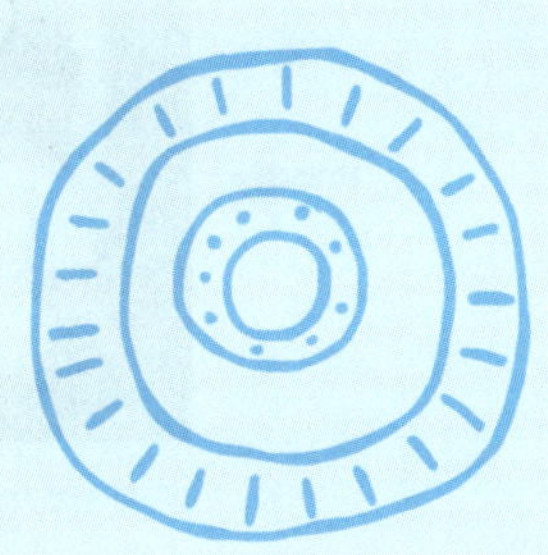

问题 2 有了材料，怎么装车轮？

我们的计划：

用剪刀戳洞

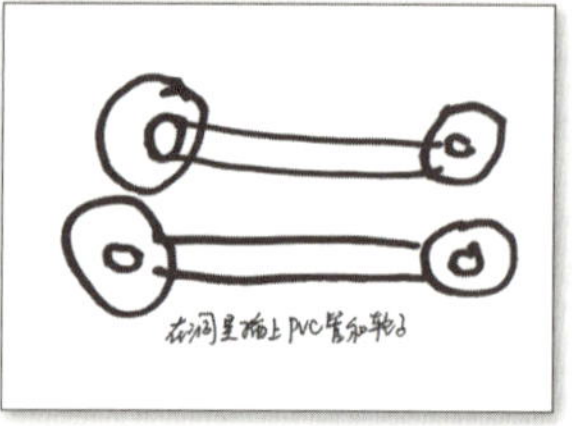
洞里装 PVC 管和轮子

我们的结果：

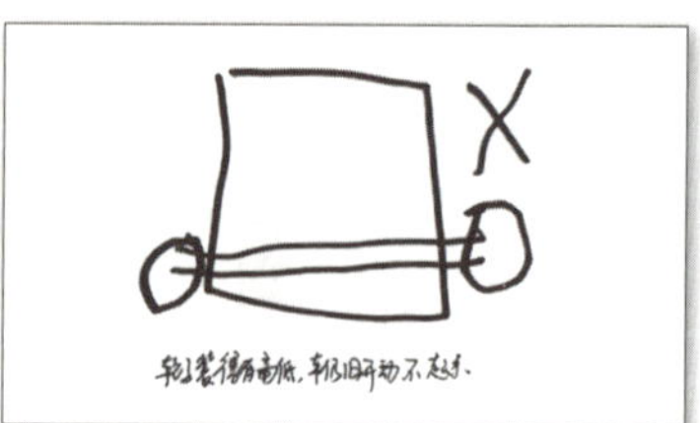
管子上下歪了，车轮转不动

问题出在哪里呢？

我们的猜测：

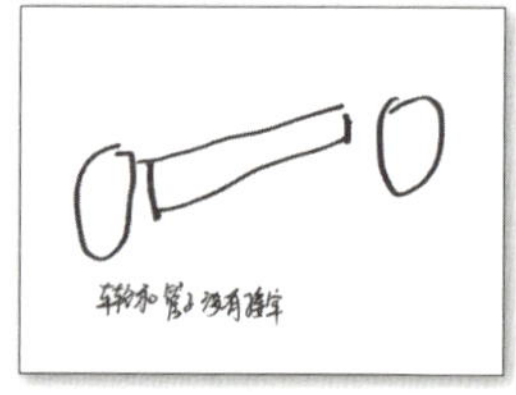
车轮和管子没接牢

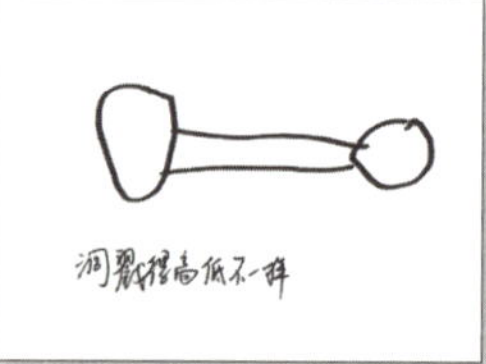
戳的洞高低不一样

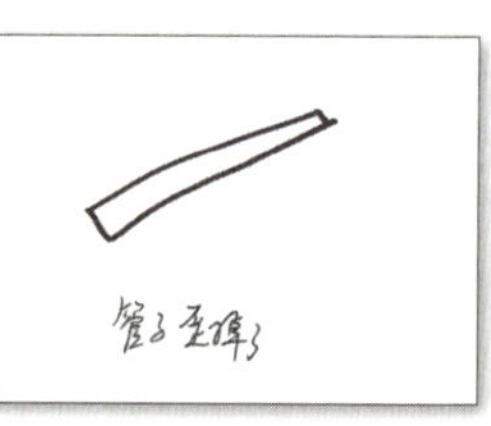
管子歪掉了

解决方法：

用尺子试一试

用笔和尺子在相同的高度上做标记，然后用剪刀戳洞

安装 PVC 管

在 PVC 管上安上车轮，车轮制作成功

完整的车轮制作组儿童海报：

尝试用多种材料做车轮，但是失败了

讨论：上网找资料、直接用轮子试、请家长帮忙、最后在家长帮助下找到材料

装车轮时遇到了困难，我们的猜测

用尺子试一试，最后对称地安装车轮

2 小组海报 2：车门制作组

问题 1 车门装在哪里？

笑笑：我们在参观公交车的时候发现前后都有车门，可是前后门的位置应该在哪里呢？

我们的讨论：

车的中间不能开门，前门靠近车头，后门靠近车尾

问题 2 车门开多大？

当确定了前后门的大致位置，那么我们自己做的公交车车门具体需要多大呢？我们用了“小朋友比一比”和“尺子量一量”的方法来试一试。

要班中最高的孩子可以走进这个门
让小朋友站在门旁边比一比，然后在小朋友的头上空一点的地方割开一扇门

车门开多高——小朋友比一比

我们的问题：我们知道门做多高了，但是门需要多宽呢？
我们的方法：能不能用尺子来量一量？

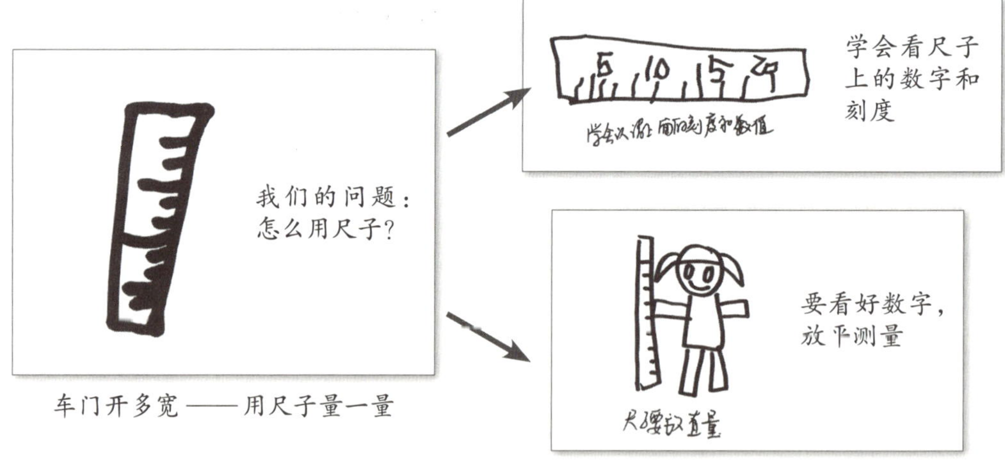

学会看尺子上的数字和刻度
要看好数字，放平测量

车门开多宽——用尺子量一量

我们知道了怎么用尺子，那么我们可以确定门开多宽了。

让最胖的小朋友站中间，左右空一点距离出来，用尺子做一下标记

问题 3 做车门时，用什么工具更方便？

遇到的困难：

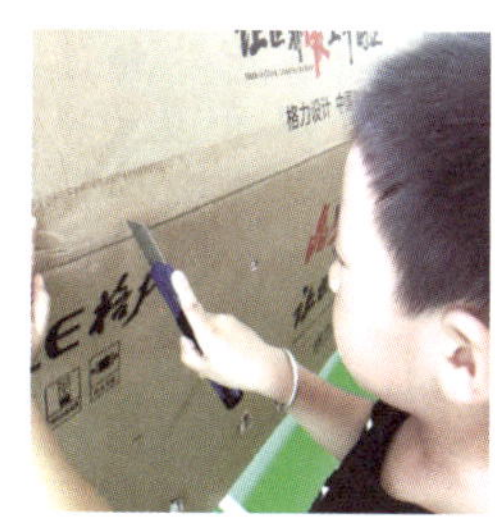

纸板太厚，车门割不平

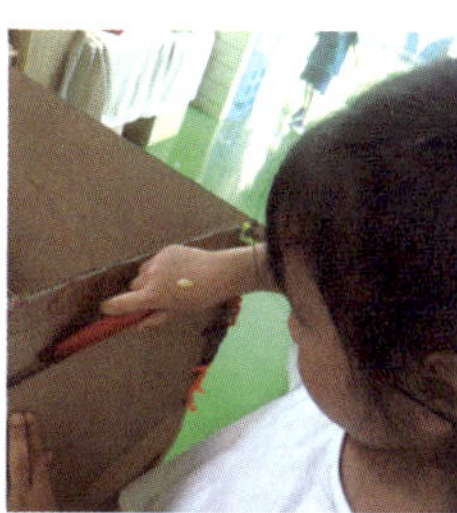

纸板太厚，割不下来

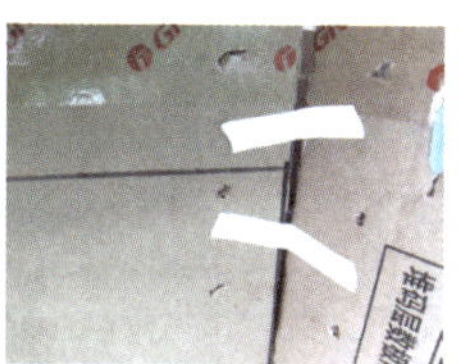

材料粘不上

解决方法：

用胶枪可以粘得更牢固；用尺子可以把纸板割得平整

大剪刀更容易剪纸板；如果剪刀不能用，还可以用锯子

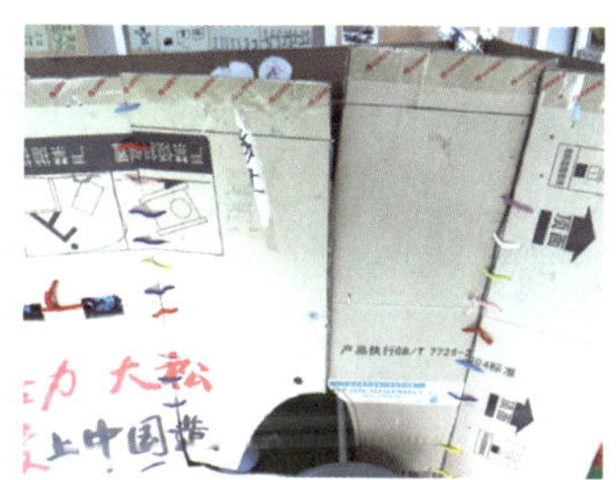

车门制作成功了

问题 4 车门关不住怎么办？

我们的计划：

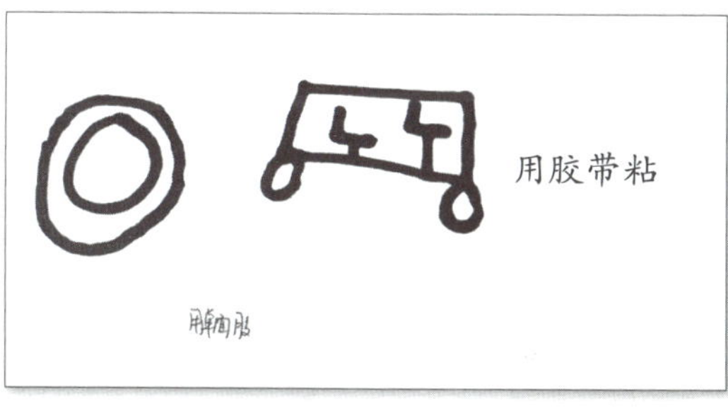

用胶带粘

用绳子绑车门

遇到的困难：

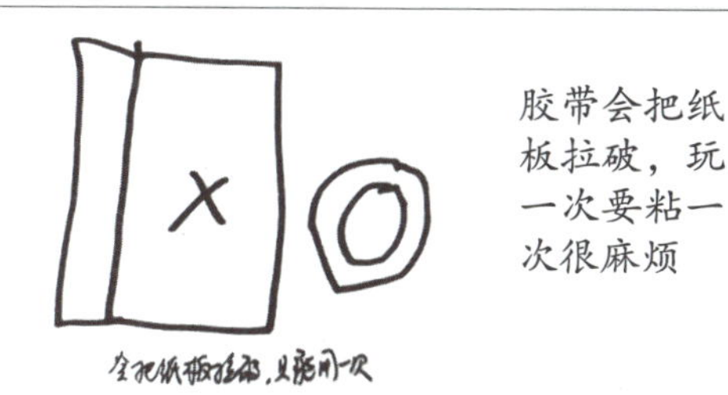

胶带会把纸板拉破，玩一次要粘一次很麻烦

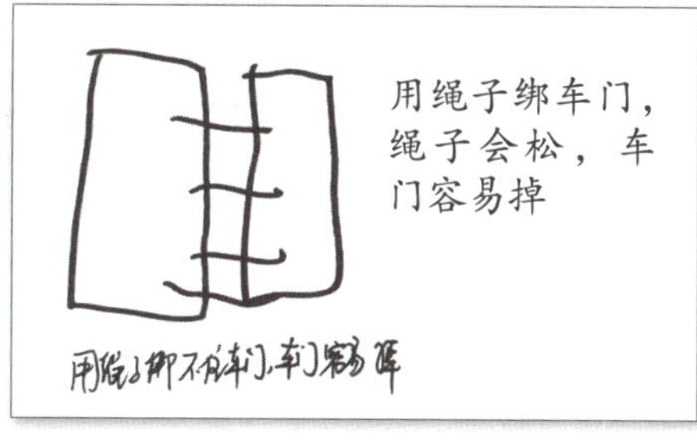

用绳子绑车门，绳子会松，车门容易掉

我们的解决办法：

用皮筋和雪花片，像纽扣一样把车门扣起来

尝试结果：

用雪花片和皮筋可以反复开门，门也不会掉，可以反复用

完整的制作车门小组海报：

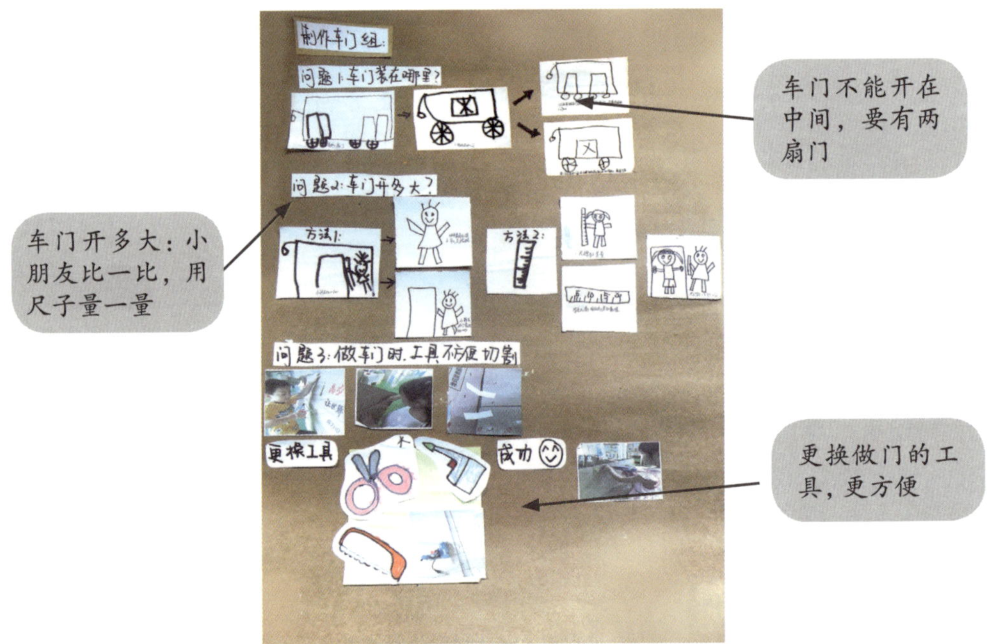

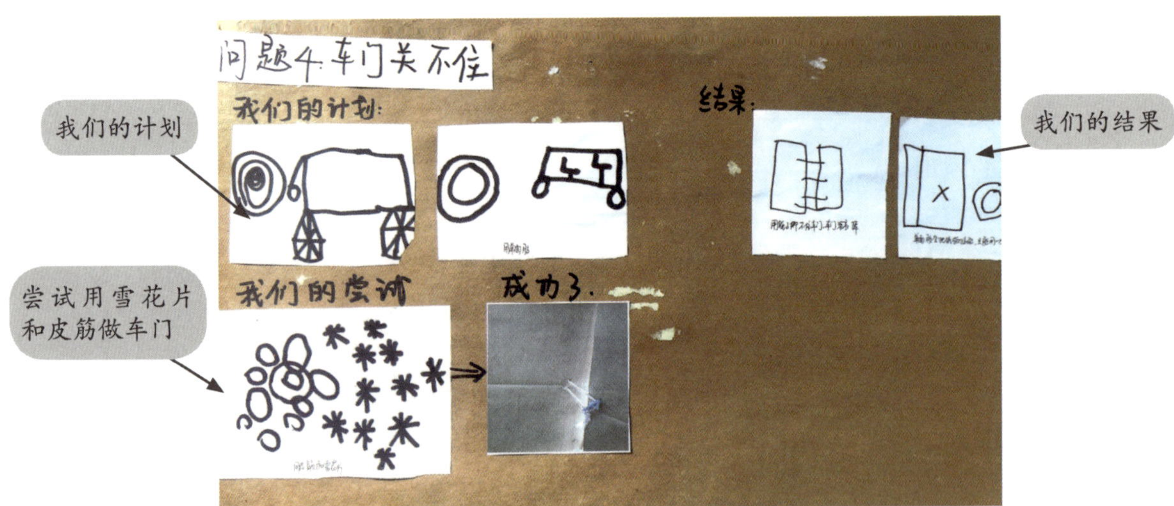

3 小组海报 3：小部件组装组

问题 1 公交车里还有什么？

如何把我们的公交车变成更逼真的公交车呢？我们还需要用一些小部件进行装饰。看，这是我们需要的材料：

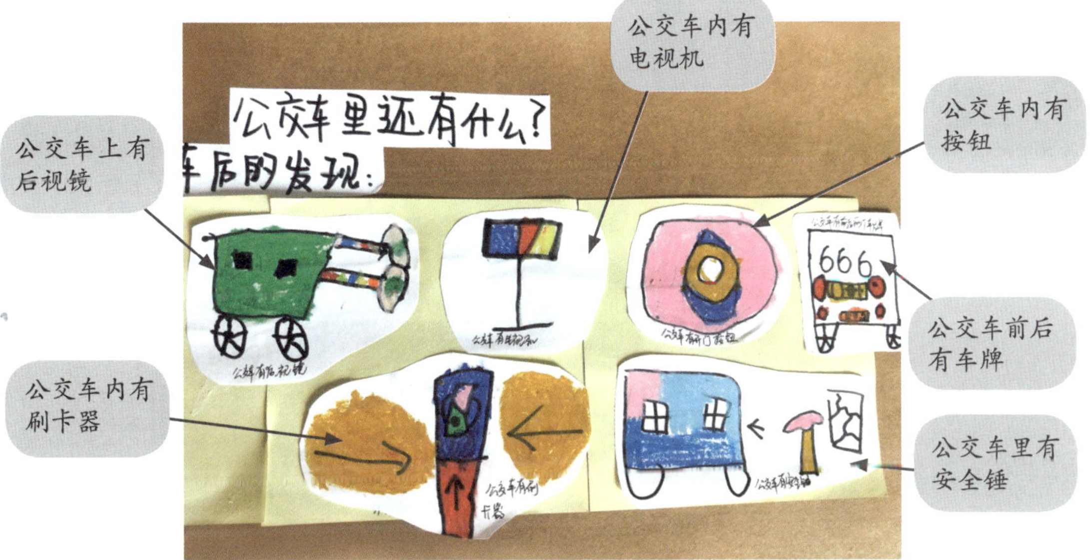
公交车里还有什么？
公交车内有电视机
公交车内有按钮
公交车上有后视镜
公交车前后有车牌
公交车内有刷卡器
公交车里有安全锤
666

所需材料：

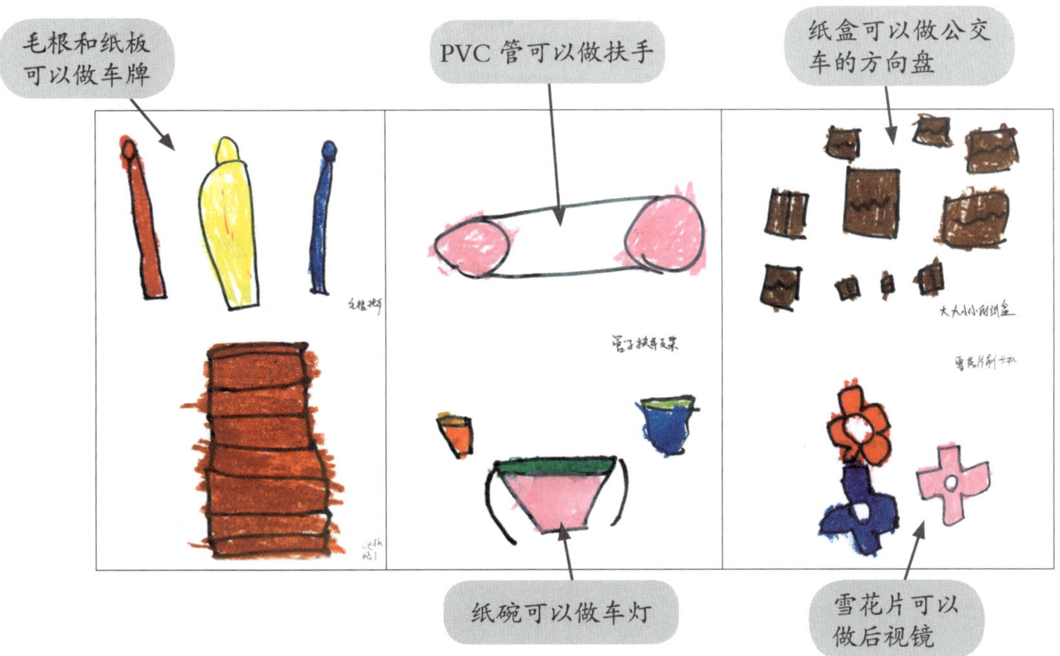
毛根和纸板可以做车牌
PVC 管可以做扶手
纸盒可以做公交车的方向盘
纸碗可以做车灯
雪花片可以做后视镜

动手制作中：

做方向盘

做车牌

装饰车厢

做车灯

完整的小部件装饰组海报：

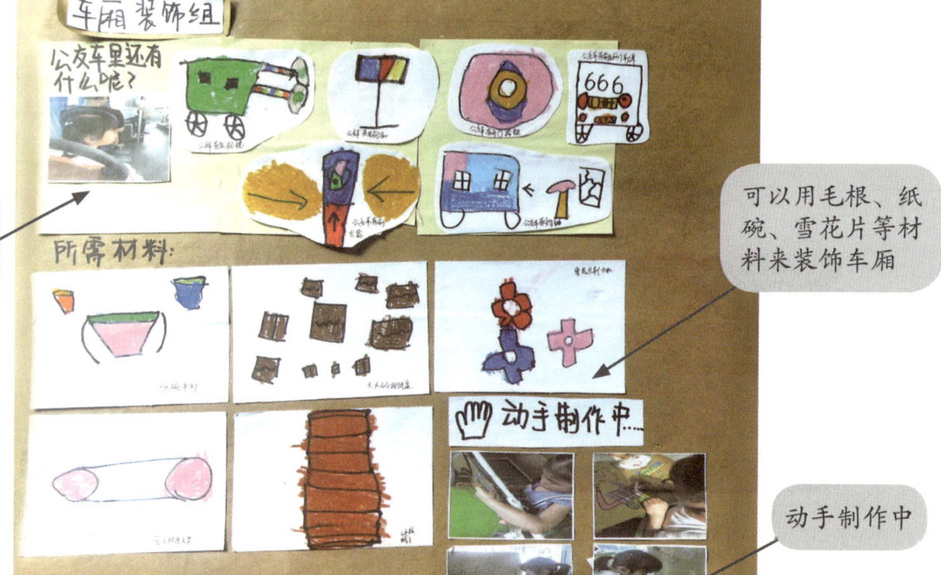
车厢装饰组
公交车里还有什么呢?
666
所需材料:
动手制作中...
再次参观公交车后，觉得公交车内还可以装饰这些物品
可以用毛根、纸碗、雪花片等材料来装饰车厢
动手制作中

教师反思：

幼儿在制作公交车时遇到问题，教师没有急着将答案直接告知，而是让幼儿通过实际的探究决定用什么材料、什么方法解决问题，并对解决困难的方法做出感知和判断。所以幼儿的学习不是教师直接传授知识的过程，而是教师创造机会让幼儿自己来探索，这样才能发展他们的动手操作和探究能力。

4 小组海报——玩公交车游戏，巩固经验

终于可以玩公交车游戏了，从一开始的“乱玩”到后来有序、有价值地玩，游戏进行中幼儿也经历了一系列的问题。

问题1 大家都想当公交车司机怎么办？

公交车游戏中，大家都想做一个威武的公交车司机，但是每次只能有一个人能当司机，那谁来当公交车司机？怎么当公交车司机？于是，我们展开了热烈的讨论：

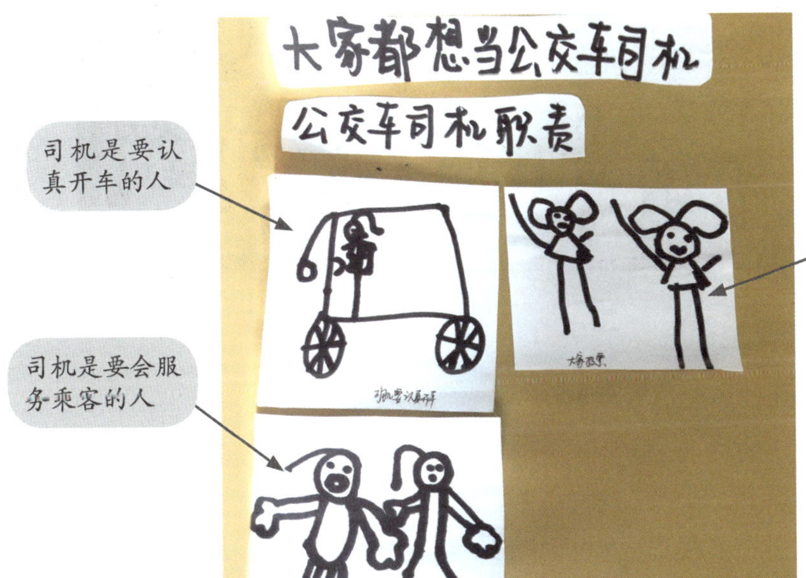

解决办法：

大家竞选

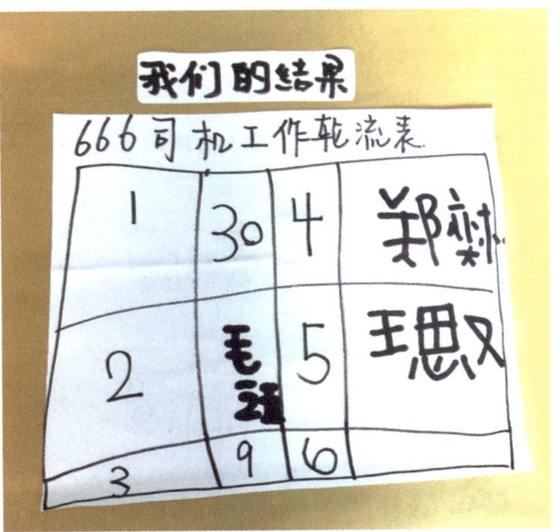

制订上班轮流表

问题 2 玩公交车游戏需要哪些规则？

做司机时不能乱停车、开车要认真、不能打电话

司机的规则

乘客不能在车上乱跑、要坐稳、扶好栏杆、不能弄破车里的物品、上下车要当心
乘客规则

乘客的规则

问题 3 乘客们在什么地方等车呢？

如果公交车没有规定的站点，乘客们随地等车，会给司机带来很多麻烦。所以幼儿开始商量着确定一些站点。

因为公交车游戏大多在二楼玩，所以公交站点也需要设置在二楼。大家觉得中二班教室可以做起点，可以载着很多自己班级里的乘客去二楼走廊玩角色游戏，这样乘客可以少走很多路。我们决定在二楼走廊的美发店、娃娃家、汽车城站设置站点。

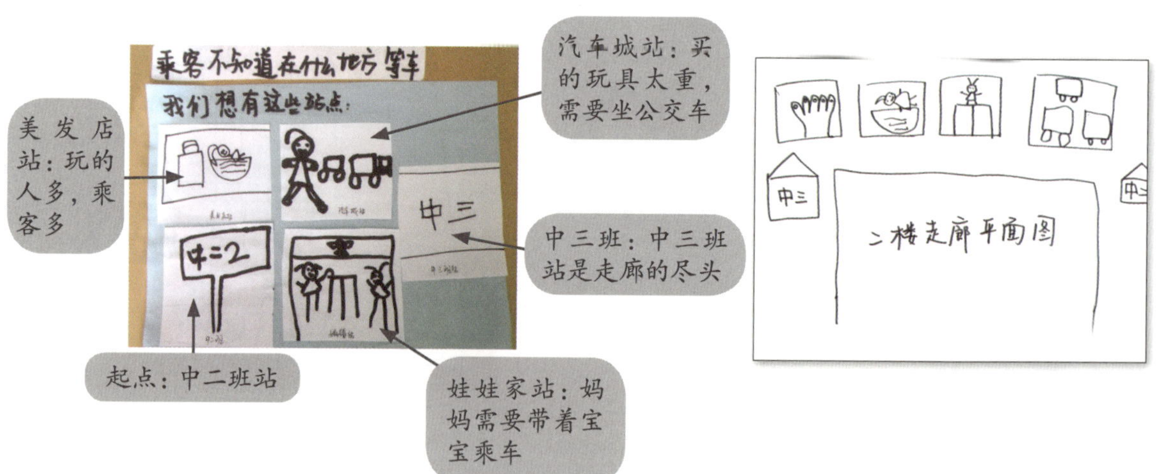

美发店站：玩的人多，乘客多
汽车城站：买的玩具太重，需要坐公交车

中三班：中三班站是走廊的尽头

起点：中二班站
娃娃家站：妈妈需要带着宝宝乘车

问题 4 等车的时候站着太累了怎么办？

终于设置好了站点，可以有序停车了，但是新的问题再次来临：等车的时候站着太累了，是否可以有个候车站，这样等车的人就可以休息。

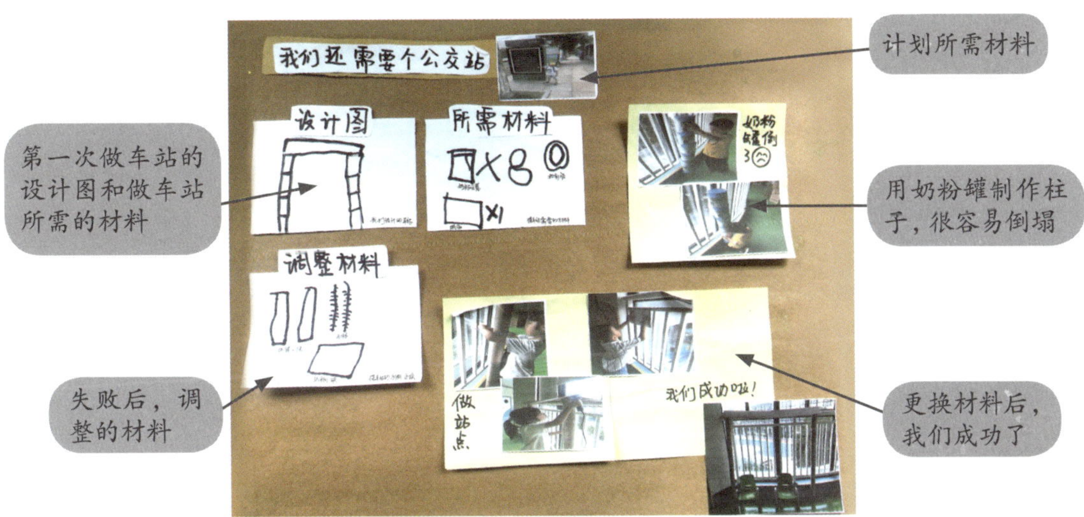

问题 5 乘客们乘车不给钱怎么办？

在玩公交车游戏时，有些乘客没有钱，就不能坐公交车。洋洋说："我们可以自己制作乘坐公交车用的钱，自己做刷卡机。"于是，幼儿开始动手制作刷卡机和钱来进行游戏。

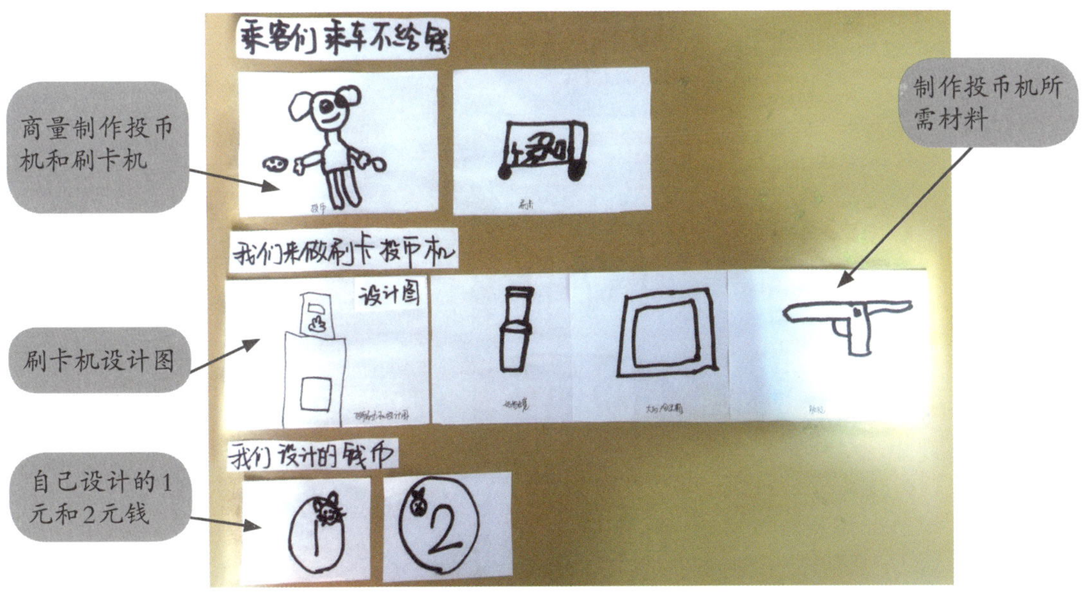

玩公交车游戏的感受：

幼儿玩公交车游戏时，遇到一系列问题后，都能主动尝试解决问题，让游戏能顺利地进行，在这个过程中他们也有很多的感受。

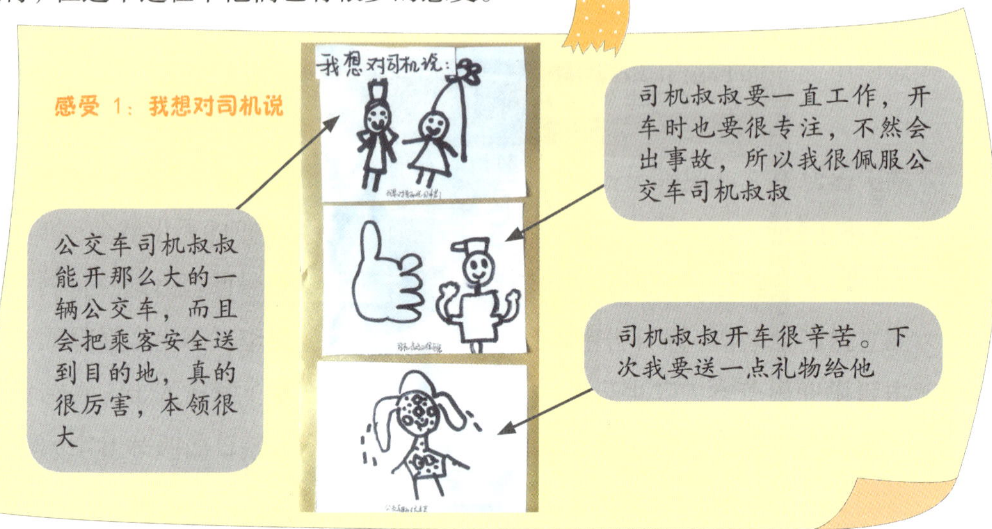

感受 1：我想对司机说
我想对司机说：
司机叔叔要一直工作，开车时也要很专注，不然会出事故，所以我很佩服公交车司机叔叔
公交车司机叔叔能开那么大的一辆公交车，而且会把乘客安全送到目的地，真的很厉害，本领很大
司机叔叔开车很辛苦。下次我要送一点礼物给他

感受 2：制作组想说

制作组想说：

制作公交车时要互相帮忙

制作公交车遇到问题要积极动脑

感受 3：乘客们想说

司机工作很认真，上下车一定要刷卡，不然我们就坐不了车了

公交车真好玩，我可以坐车去我想去的地方

坐公交车要遵守规则

完整的儿童海报

教师反思：

幼儿在玩公交车游戏时，又遇到了一系列的问题。他们在相互商量、协调、动手动脑中，解决了问题，同时也发展了人际交往能力，体验到了司机工作的辛苦，从而萌发了尊敬自己身边劳动者的情感。

（三）我们的海报长这样

1 集体、小组、个体海报的完整呈现

1 集体海报

集体海报 1

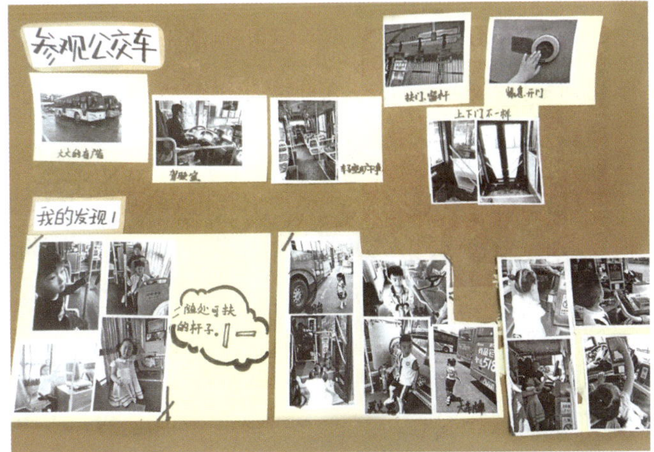

集体海报 2

2 个体海报

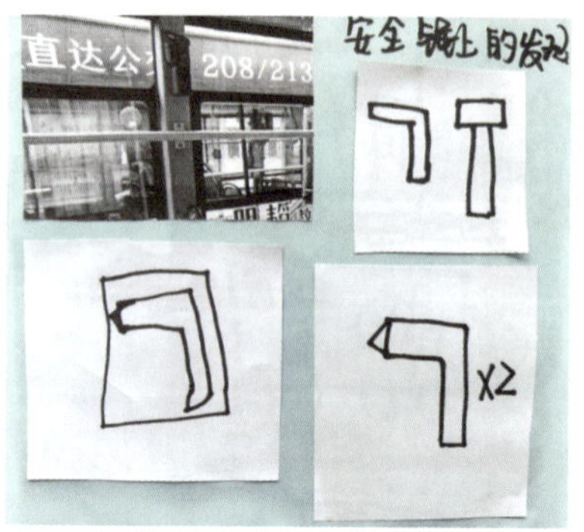

个体海报1　安全锤上的发现

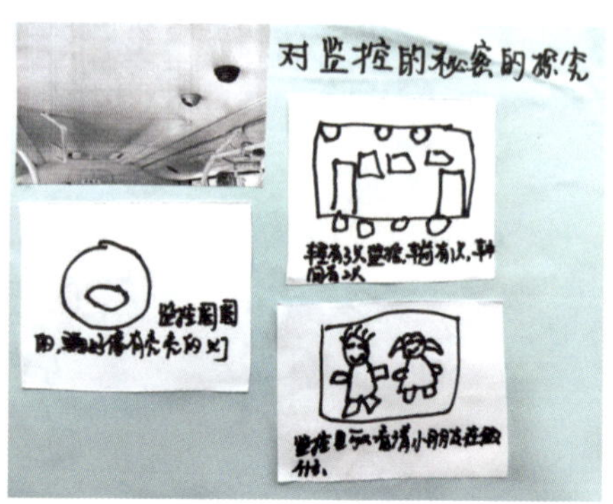

个体海报2　对监控的秘密的探究

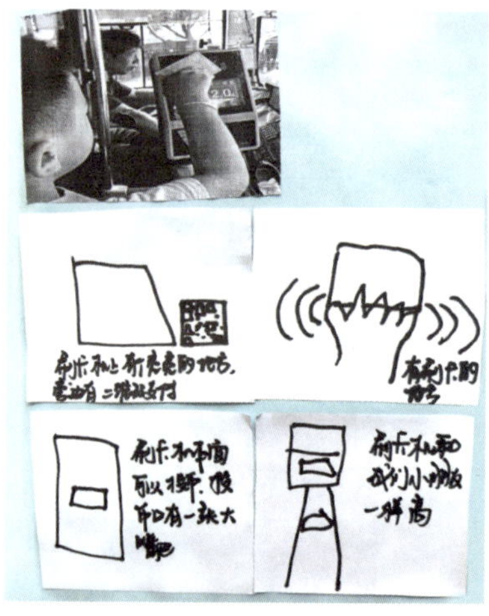

个体海报3　刷卡机上的发现

3 小组海报

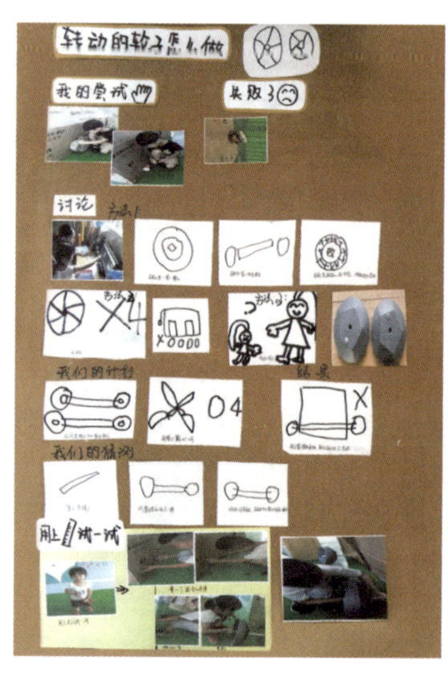

小组海报1：车轮组

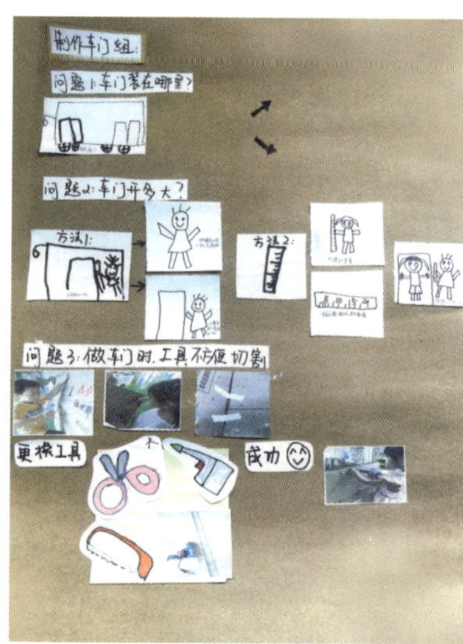

小组海报2：车门组

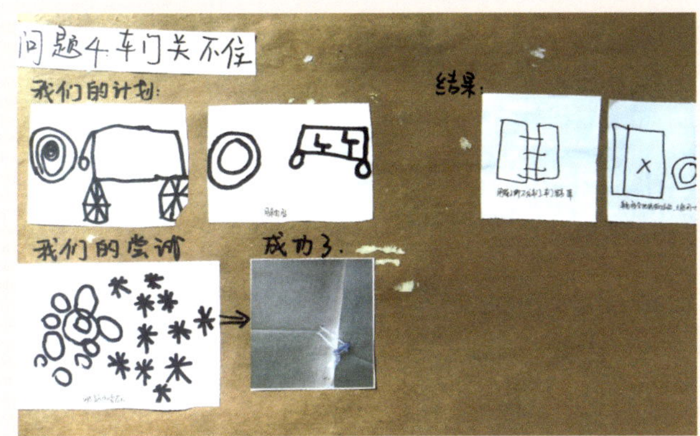

小组海报3：车门组

小组海报4：车厢装饰组

4 集体海报

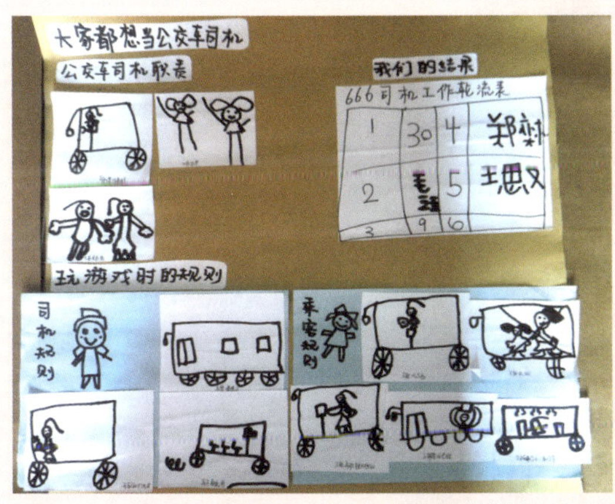

集体海报 1：大家都想当公交车司机

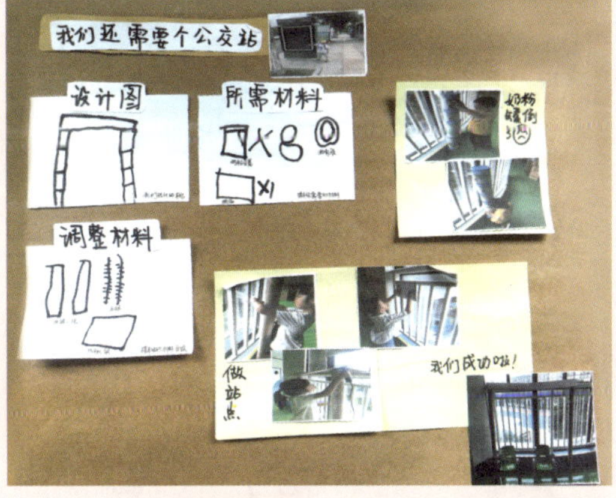

集体海报 2：制作公交车站遮阳棚

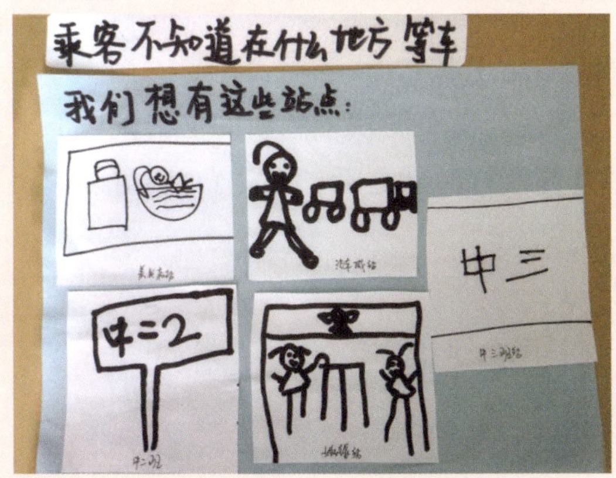

集体海报 3：我们需要一个公交站

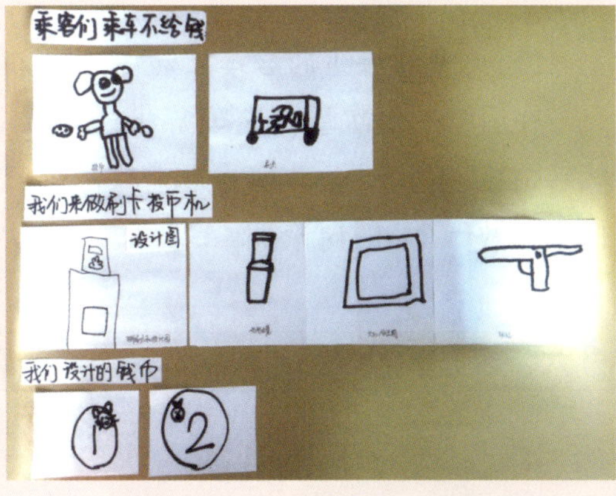

集体海报 4：乘客乘车没有钱

集体海报 5：玩公交车游戏后的感想

5 完整的主题墙呈现

2 儿童与海报的后续互动——发现新秘密，生发新感受

在后续一次次玩公交车游戏时，幼儿将自己在公交车游戏中的新的秘密记录下来然后贴在主题墙上，丰富主题海报的内容。幼儿在玩好游戏之后，生发了“我可以为司机叔叔做什么”的讨论。

六、反思：主题海报中的教师与儿童

（一）“真生活”“真体验”是达成主题目标的有效载体

本主题活动的开展从“讨论公交车—参观公交车—制作公交车—玩公交车游戏—谈游戏体验”五方面呈现。主题进行中，幼儿获得充分的支持和鼓励，自主进行活动。幼儿在真实情景、具体问题、真实体验中实现自我建构、自我探究、自我发展，他们的能力得以发展，主题目标也得以达成。

（二）“真问题”“深探究”是落实儿童想法的有效策略

主题采用了集体海报、小组海报、个人海报相结合的形式深入呈现幼儿遇到问题及解决问题的过程。教师充分发挥支架作用，引导幼儿尝试深入探究，鼓励幼儿积极合作，从而逐步解决问题。

（三）“善利用”“勤拓展”是开拓家长资源的有效途径

“勤劳的人们——我们的公交车”主题开展中，我们利用家长资源，通过参观公交车收集相关材料，以丰富幼儿有关公交车的经验。但我们对家长资源的利用并不充分，如能邀请各行各业的家长进课堂作为主题补充资源，便能让幼儿对不同职业与从事不同职业的劳动者产生深入认知，从而了解不同职业与我们生活的关系，进而体验劳动者的辛苦与不易。

（四）“新体验”“新感想”是丰富主题海报的有效策略

主题海报完成后，公交车的游戏仍在进行。但当幼儿再次产生新经验时，仅是与同伴分享，并未记录。教师便适时引导幼儿尝试记录新感受、新体验，以丰富海报内容。因此，海报内容并非一成不变，幼儿与海报的互动也在不断丰富海报的内容。

七、主题海报的可持续发展

（一）本主题海报与大主题间的关系

1 经验的聚焦——以点带面

“我们的公交车”是在大主题“勤劳的人们”下生发的小主题。在“我们的公交车”活动开展之前，幼儿开展了职业大调查的活动，对各行各业从业者有了一定的了解，知道司机是普通的劳动者，也对公交车长什么样有了一定的了解。通过本次活动，幼儿更加了解了公交车和司机职业的特点。

2 经验的延续——以小见大

“我们的公交车”的小主题活动的开展，能让幼儿在制作公交车中尝试根据游戏中出现的问题进行调整，初步培养解决问题的能力。幼儿在体验公交车司机叔叔辛苦工作的同时，学习各行各业劳动者认真、细心、负责的工作态度，萌发对劳动者的尊敬之情。同时了解了交警、医生等职业的特征，积累了职业游戏的经验，锻炼了与他人协商、解决游戏中的问题的解决能力。

（二）主题海报呈现形式与地点的可变性

1 动态增添内容——小卡片

幼儿的主题海报可变性强，在游戏过程中，幼儿将新发现以小卡片形式不断添置到主题海报相关栏目中，丰富海报内容。

2 墙面展示——立体大书

主题海报在本班展示一段时间后，我们便将内容制成大书悬挂在走廊上，幼儿可随时翻阅，不同班级幼儿经过时也可阅读，实现了主题海报的流动。

（三）班级间主题海报的互动性——我是小老师

幼儿在走廊上玩公交车游戏时，吸引了许多邻班幼儿围观，部分围观的幼儿也跃跃欲试但不知如何加入。此时，已熟悉游戏规则的幼儿便主动请同伴翻阅主题海报大书，并详细介绍游戏规则、玩法等，俨然成为一位小老师。

雾霾的秘密

江苏省南京市实验幼儿园 王玮

一、主题海报思维导图

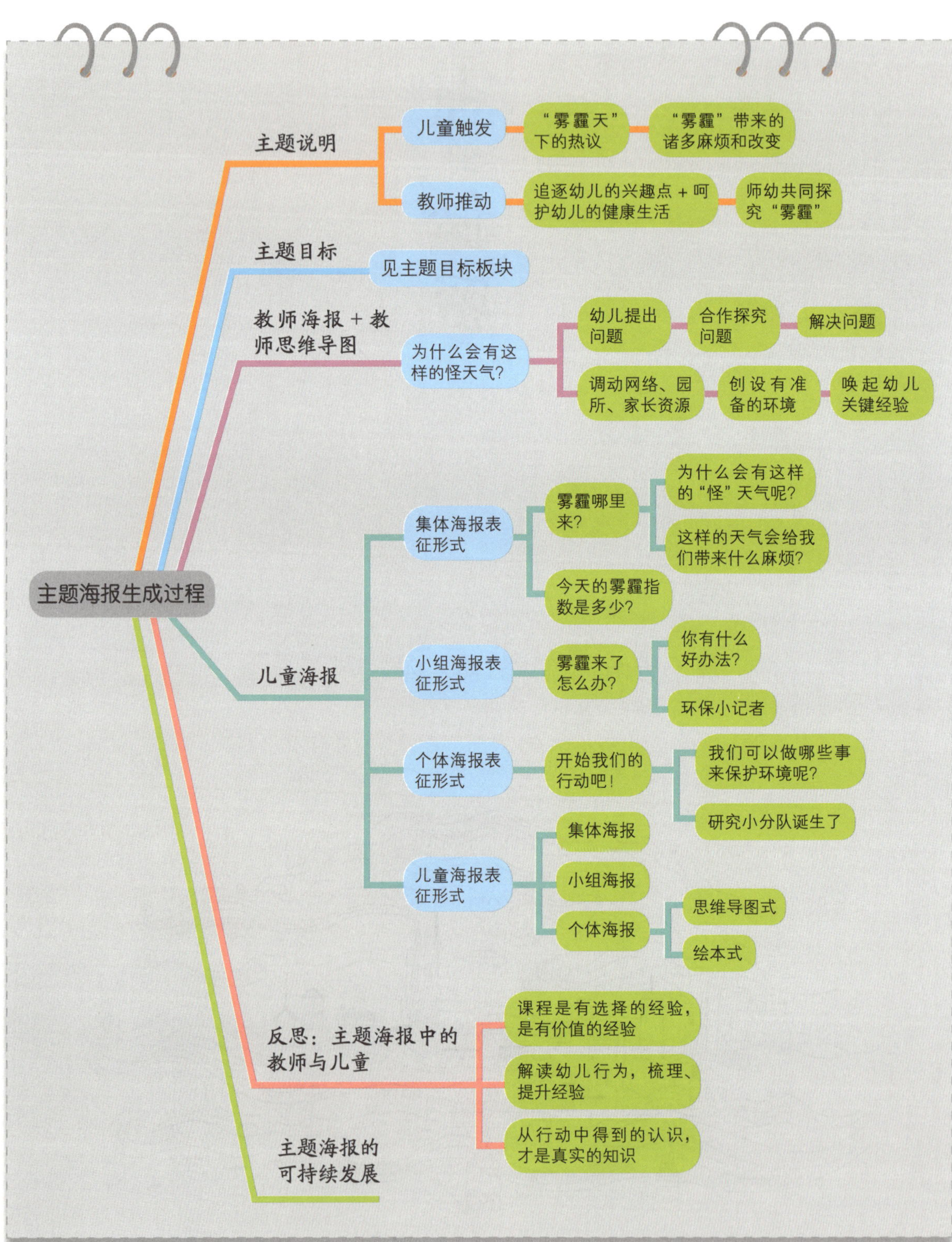

主题海报生成过程
主题说明
儿童触发
“雾霾天”下的热议
“雾霾”带来的诸多麻烦和改变
教师推动
追逐幼儿的兴趣点＋呵护幼儿的健康生活
师幼共同探究“雾霾”
主题目标
见主题目标板块
教师海报＋教师思维导图
为什么会有这样的怪天气?
幼儿提出问题
合作探究问题
解决问题
调动网络、园所、家长资源
创设有准备的环境
唤起幼儿关键经验
儿童海报
集体海报表征形式
雾霾哪里来?
为什么会有这样的“怪”天气呢?
这样的天气会给我们带来什么麻烦?
今天的雾霾指数是多少?
小组海报表征形式
雾霾来了怎么办?
你有什么好办法?
环保小记者
个体海报表征形式
开始我们的行动吧!
我们可以做哪些事来保护环境呢?
研究小分队诞生了
儿童海报表征形式
集体海报
小组海报
个体海报
思维导图式
绘本式
反思：主题海报中的教师与儿童
课程是有选择的经验，是有价值的经验
解读幼儿行为，梳理、提升经验
从行动中得到的认识，才是真实的知识
主题海报的可持续发展

二、主题说明

冬季突如其来的一场雾霾让南京城一夜之间成为“雾都”，一时间，雾霾成了所有人都关注的焦点话题，并且这次的雾霾天气持续时间长、污染程度深，给我们的生活带来很大影响。雾霾同样也引起班级幼儿的关注，团团早上很遗憾地告诉老师：“今天又不能玩户外自主游戏了，因为有雾霾。”小马说：“我妈早上上班的路上堵车了，因为有雾霾看不清路。”小泽说：“今天我戴口罩来的。”小Q主动向大家展示自己早上在来幼儿园路上戴的口罩，说：“我的口罩是防雾霾口罩，可不是普通口罩。”其他小朋友纷纷拿出自己戴的口罩相互比较起来，小茉莉的口罩最为特别，她说：“我的口罩是可以充电的，里面有净化器。”

看来，雾霾的话题是当前小朋友们最感兴趣的话题，以往关于环保的话题一般在大班会开展得较多，但现在遇到了这样的教育契机，幼儿产生了浓厚的兴趣，是放一放再说，还是根据幼儿当下生活中鲜活的案例提供机会与条件，师幼共同来探究获得新的经验运用到生活中？《纲要》提出：把保护儿童的生命和促进儿童的健康放在幼儿园工作的首要位置。因此，我们尝试在本主题中结合中班幼儿年龄特点、追随幼儿的兴趣点展开相关活动。

三、主题目标

1.了解雾霾的危害，懂得保护自己，知道保护环境的重要性。愿意为保护环境做力所能及的事。
2.认识雾霾的成因，学会关注周围的生活环境，结合新旧知识经验提出减轻雾霾的方法。
3.初步感受人们的生活与自然环境的密切关系，爱护身边的环境，注意节约资源。

四、教师海报及教师思维导图

心理学家皮亚杰认为，学习能否促进幼儿的发展，关键在于幼儿的学习活动是在成人的教导下被动学习知识，还是在其生活情境中自行探索、主动学习。雾霾天气成了小朋友聊天的热点话题，大家各抒己见，究竟幼儿对于雾霾有哪些了解与体验呢？为初步理清主题发展线索，以使主题海报的进行有迹可循，通过晨谈、个别访谈等活动，幼儿之间生成了“对雾霾的已有经验——雾霾哪里来——有了雾霾怎么办”这三大问题，我们将这三点作为开展活动的大致线索。这是基于孩子自身的内在需要、兴趣所做出的真实选择。了解并运用环境保护的经验和知识是幼儿主动学习的兴趣和意愿之所在，其主观体验形式是幼儿通过绘画、表演、音乐等表征方式来进行自主探索、自我学习。以儿童为中心的“主题海报”正是基于幼儿主观体验形式和自主学习的不断创生而形成的重要活动载体，教师海报作为“主题海报”的组成部分，对于主题活动的生成路径也有着重要的影响。

本次主题活动下的教师海报反映了师生共同探究、经验共生的过程，其中有预设也有生成，下图中，蓝色方框为教师预设，绿色方框为幼儿生成。从幼儿制作的海报中可以看出由预设的三点线索生发、延伸出许多可探究的活动。形式上，“主题海报”突破原有的平面呈现向立体海报迈进；内容上，主题海报也不再只是简单呈现幼儿的学习进程，而是融入了幼儿一日活动中，伴随着主题的进行而不断丰富。

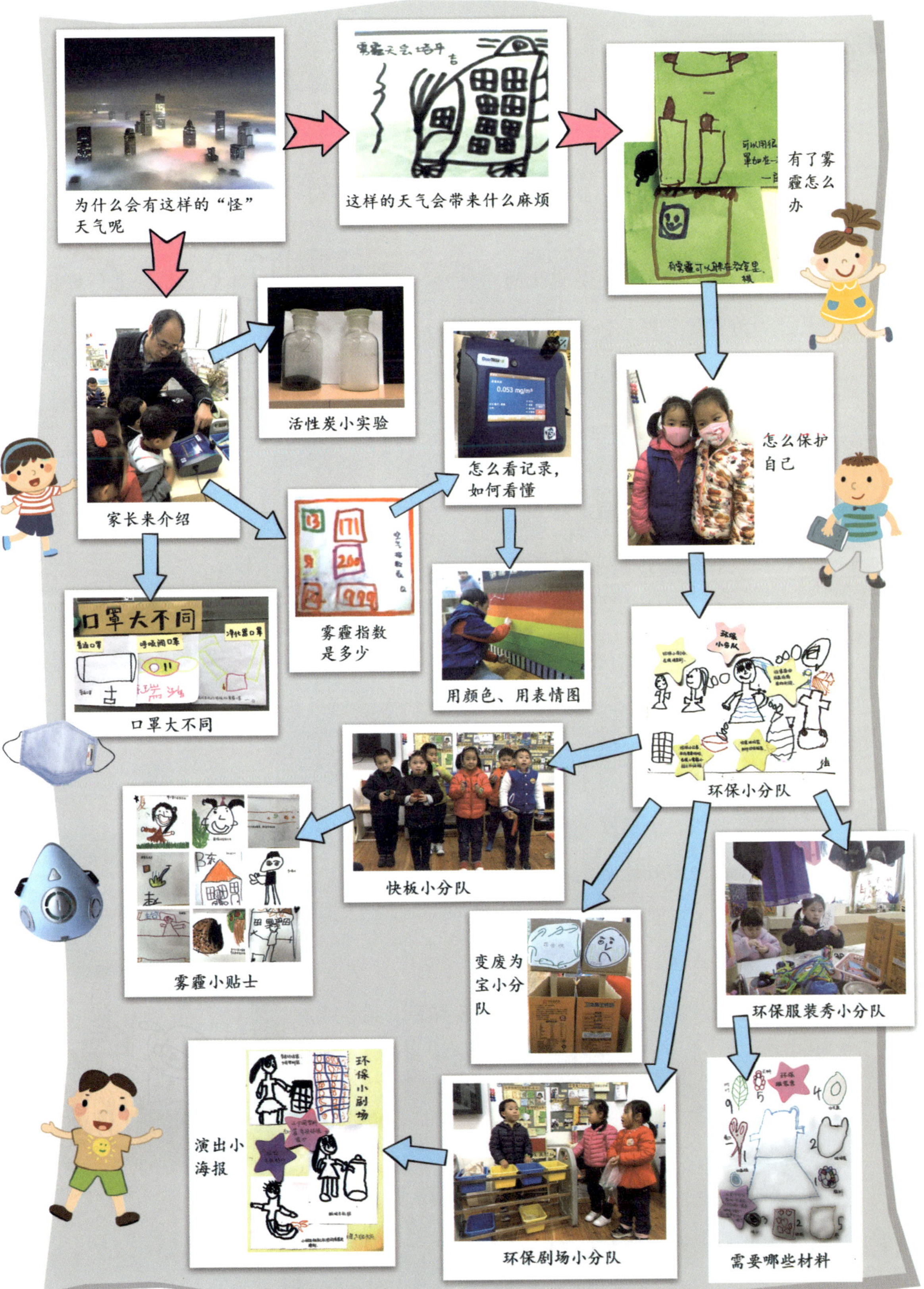
为什么会有这样的“怪”天气呢
这样的天气会带来什么麻烦
有了雾霾怎么办
家长来介绍
活性炭小实验
怎么看记录，如何看懂
怎么保护自己
口罩大不同
雾霾指数是多少
用颜色、用表情图
环保小分队
快板小分队
雾霾小贴士
变废为宝小分队
环保服装秀小分队
演出小海报
环保剧场小分队
需要哪些材料

五、儿童海报

集体海报的表征方式

（一）雾霾哪里来

1 为什么会有这样的“怪”天气呢？

孙：有时候的天气是自然变化的。

夏：因为空气变脏了，天冷就会形成雾。

佑：因为云都盖住了太阳，太阳照不下来，就形成雾。

Q：PM2.5进了空气里，变成雾霾天。

徐瑞鸿：是小麦燃烧后的烟变的。

吉：是北方的冷空气推过来产生的。

姚：只要秋天、冬天就会有这样的天气。

雾霾哪里来

2 这样的天气会给我们带来什么麻烦？

孙：会让我们身体不好。

吉：不能出去玩。

姚：越来越脏，小朋友会生病。

夏：鼻子吸到不好的空气。

佑：开车看不清，会被撞到。

黎：出去玩要戴口罩。

Q：会咳嗽，因为雾霾，我爸爸每天都让我看空气污染指数，在我家集庆门，以前我们能看到鼓楼紫峰大厦，现在就看不到了。红色是200多的，紫色是300多的，灰色是爆表的。

汪：会咳嗽淌鼻涕，会对身体不好，走在路上雾雾的，看不见太阳，看不见天空。

雾霾真麻烦

（二）今天的雾霾指数是多少？

在海报《雾霾真麻烦》中，小Q画出了一张空气指数表，他说：“我爸爸办公室有一个神奇的机器，它能测出空气质量好不好，上面的数值越低，空气质量就越好。”小Q还告诉大家他每天出门前都会让爸爸在手机上查看雾霾指数，如果有雾霾就要戴口罩和帽子出门。这的确是个很好的办法，小朋友提出也想在班级里设置一块“雾霾指数知多少”记录表，每天请一位值日生负责记录当天的数据，但是我们中班小朋友还不太会记录100以上的数字怎么办呢？团团说：“我看见爸爸手机天气预报上显示雾霾严重时就会是红色，不如我们就用不同的颜色来表示不同的雾霾指数吧。”哎？这的确是个好办法，大家讨论后决定用绿色表示空气质量优秀、黄色表示轻度污染、橙色表示中度、红色表示重度、紫色表示爆表；还有的孩子提出还可以用不同的表情图标代表不同的污染程度，这些巧妙的方法让我们不需要记清那些头疼的数据，看颜色和表情图就可以一目了然地知道当天的空气状况了。

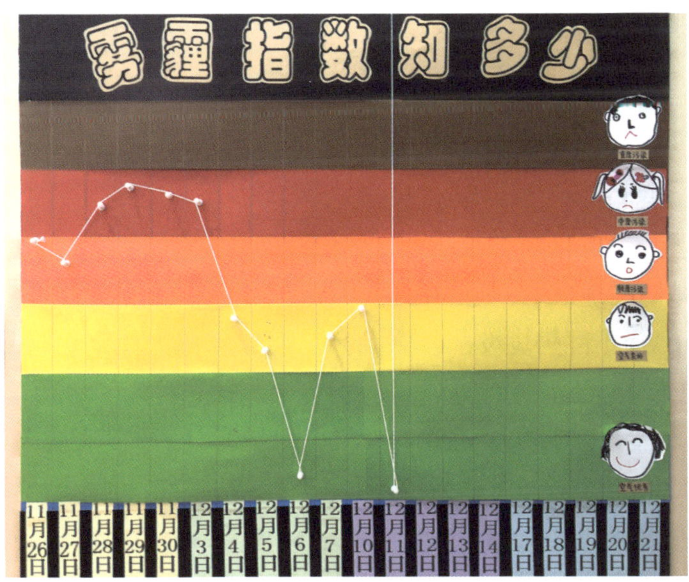

教师反思：

这一板块以集体海报的方式呈现，幼儿的猜测看似天马行空，但都有他们自己的逻辑，有的是基于他们原有的生活经验对于自然环境做出了自己的诠释，有的是在已有经验的基础上推理判断得出结论。他们根据观察结果提出问题，大胆猜测答案并通过绘画的形式表征出来，集体海报的呈现也为幼儿提供了分享交流、互相启发、思考回顾的平台，在交流碰撞的过程中，教师与幼儿都开始对与自身息息相关的自然环境产生探究兴趣，雾霾探究之旅随之开启。

小组海报的表征方式

(三)雾霾来了怎么办

1 你有什么好办法?

小夏:多吃木耳和海带能排毒。

小Q:每天查雾霾指数,出门戴口罩、帽子。

铮铮:要每天洗头洗澡。

一一:不在外面玩很长时间。

毛毛:尽量少开车,我爸爸只要出门都要开车,我下次告诉他要少开车。

克克:打开空气净化器。

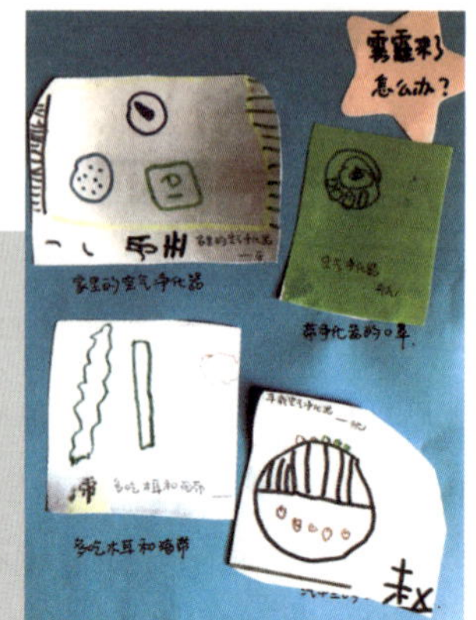

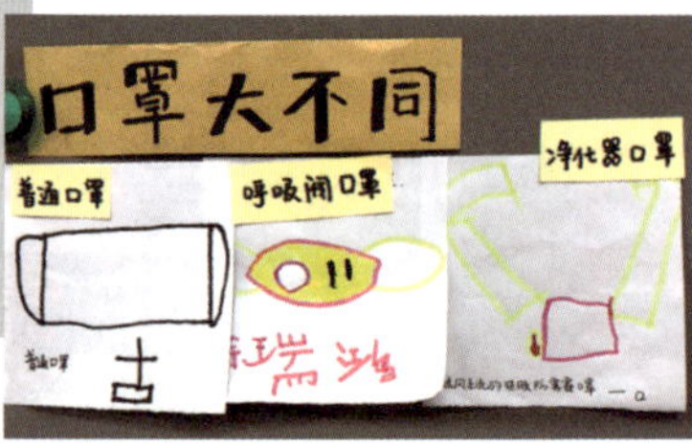

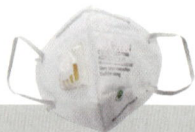

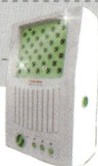

幼儿继续查找相关的资料,找到了一些防霾好办法:少开车,每天让爸爸妈妈用手机查雾霾指数,戴防雾霾口罩,使用空气净化器(车载、家用)、新风系统、防毒面具、活性炭,垃圾要分类,不乱扔垃圾、不浪费塑料袋,吃木耳、海带等排毒食物。

2 环保小记者

这些好办法都能让人们在有污染的天气里保护自己。幼儿还想把这些好办法告诉爸爸妈妈,让他们也能好好保护自己,于是幼儿当了一次环保小记者,将设计好的调查问卷带回家后采访爸爸妈妈,如:你的出行方式是什么?你每天喝几杯水?每天吃几种水果?喜欢吃海带、木耳吗?每天是否有查看空气质量指数的习惯?出门会戴口罩、帽子吗?晚上几点睡觉?等等,然后再将问题设计成问卷,把采访得到的结果用自己喜欢的方式记录在表格中,同时了解爸爸妈妈的生活习惯是否健康、环保,并有针对性地提出自己的建议。每当有客人老师走进班级时,幼儿也喜欢拿出自己设计的调查表去采访他们,把这些对付雾霾的小绝招告诉更多的人。

教师反思：

保护环境、绿色出行、节约资源、低碳生活、垃圾分类成了这段时间班级里的热点话题，幼儿围绕各自感兴趣的话题进行了进一步的探讨研究，小组海报（雾霾来了怎么办）由几位对这一问题感兴趣并有相关生活经验的幼儿共同完成。虽然这段时间幼儿有着诸多讨论和想法，但均未能付诸实践，环保理念不能仅仅停留在口头上，更要落实在行动上。中班幼儿究竟能为环境保护做点什么呢？其实每个幼儿都有自己最感兴趣的研究领域，也有自己擅长的探索方式，为何不放手支持幼儿自己规划下一步的研究方向呢？

个体海报的表征方式

（四）开始行动吧！

1 我们可以做哪些事来保护环境呢？

七七：班级里现在只有一个分类垃圾桶，不够用，我想在美工区也放一个，小朋友用过的废纸是可循环垃圾，要分类投放。

砳砳：我会说快板，我们把防雾霾绝招编成快板表演给大家看。

小马：我家有很多废旧纸盒，我想用纸盒把自己打扮成铠甲勇士。

一一：我妈妈去菜场买菜总带回来很多塑料袋，好浪费。

毛毛：我爸爸只要出门都要开车，我下次告诉他要少开车。

……

2 研究小分队诞生了

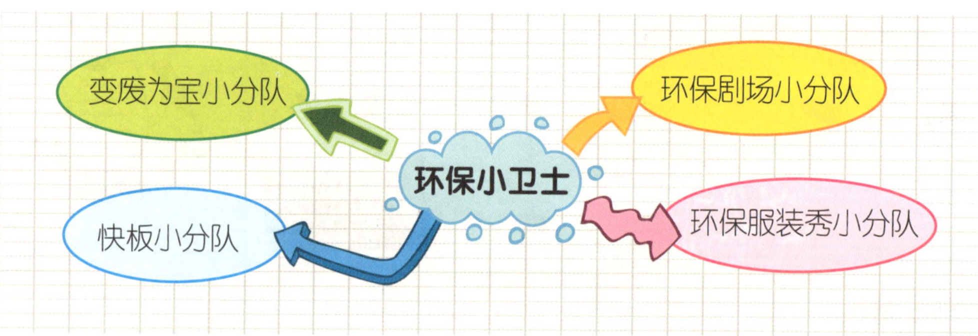

在大家你一言我一语的热烈讨论中，环保服装秀、快板、环保剧场、变废为宝四个研究小分队诞生了。

美工区里，环保服装秀小分队的小朋友找来了各式垃圾袋、废旧光盘、碎卡纸、锡纸忙活起来，各种材料被设计成形态各异的图案后粘贴在垃圾袋上。有的变成了“小背心”，有的变成了“迷你短裙”，还有的变成了长长的“连衣裙”。散步中捡到的黄色、红色落叶也派上了用场，变成了“连衣裙”上的漂亮花纹。豪豪还用自然角里的稻草做成了别具风情的夏威夷草裙。

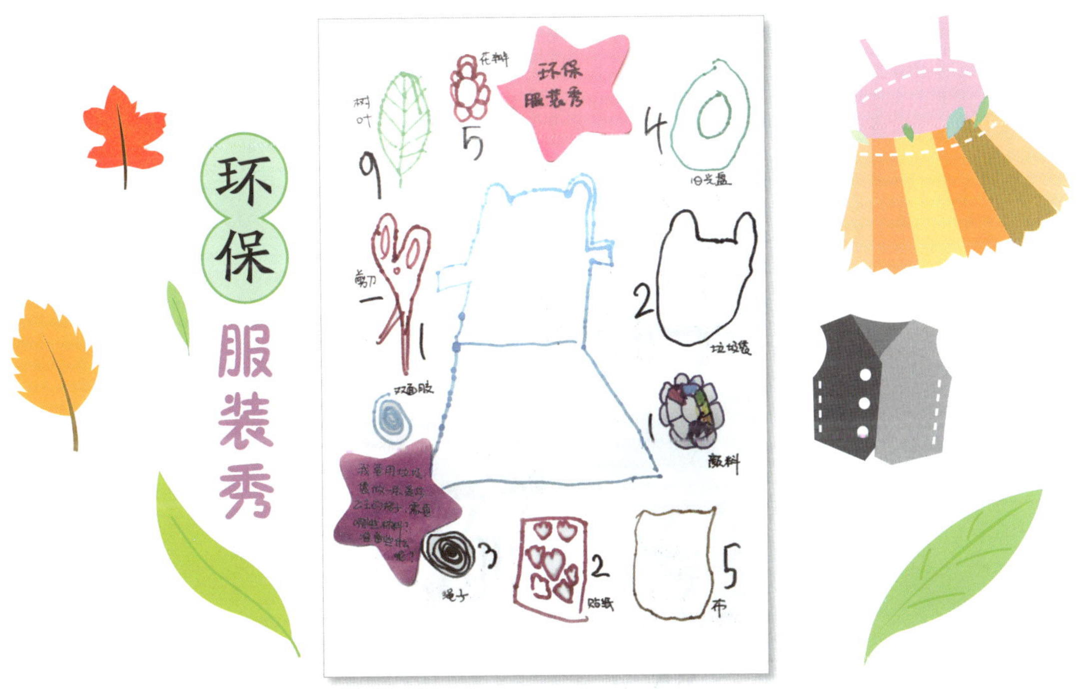

教师反思：

以上是环保时装秀小分队制作的个体海报，部分幼儿采用了思维导图的形式简洁明了地规划了自己的设计流程，内容包括所需材料种类、数量、服装设计图、制作步骤方法等，幼儿把这些要素巧妙地编织成了一张灵活的网络，联结自己的创意和发现。此外，幼儿在图纸上进行创设时，开始使用标序（明确制作流程）、筛选（有选择地使用材料，如去除了“花瓣”）、区分（用不同的颜色、线条表示事物，如黑色缠绕混乱的是绳子，蓝色缠绕整齐的是胶带）等举措。这些举措都体现出幼儿在设计实施活动时开始着眼于整体，学会选择合适的方式，并且有目的、有计划地去追求实践结果。另一方面，个体海报可以作为教师观察、描述儿童行为的工具，以便更好地理解幼儿的行为、想法、兴趣和需要，促使教师提供更为适宜的环境和材料来支持幼儿的自主探索行为。

小舞台游戏中，幼儿分别扮演起爸爸妈妈和宝宝，打算把外出购物的情境表演出来，但是别人还不知道小舞台即将上演的新剧目，怎么办？一名小分队成员设计了环保小剧场的剧目海报，将他们自导自演的两个情景剧用图标画了出来，张贴在舞台背景板上，立刻吸引许多观众来观看表演。情景剧中“妈妈”用环保袋购物的情境引起了小观众的共鸣，大家都说回家后也要告诉爸妈多用环保袋、少用塑料袋；小朋友被自己乱扔的香蕉皮滑倒的情境令大家捧腹大笑，大家在被逗乐的同时也在思考生活中的垃圾该如何分类。

变废为宝小分队的小朋友养成了收集生活中废旧物品的习惯，常常将带来的一些瓶瓶罐罐和废旧纸盒放进班级的百宝箱里，乐乐和小五月还用纸盒和薯片罐自制了自己的生肖——“小马宝莉”。还有的小朋友在家和爸爸妈妈一起用废旧材料自制了“小猫钓鱼”“桌上足球”“愤怒的小鸟”等许多好玩的游戏材料和生活用品。

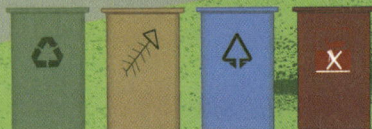

语言区里，小朋友们你一言我一语地将这段时间了解到的防霾小绝招串联成了儿歌，皮皮从家里带来快板，边念儿歌边打快板，其他小朋友也觉得很有趣，也找来积木、罐子敲敲打打起来，大家还给快板儿歌取了名字，叫作《防霾小贴士》。

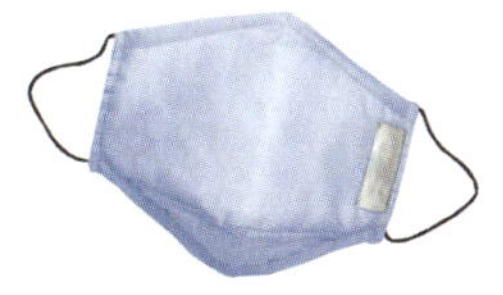

防霾小贴士

戴口罩，不吸脏空气。
戴帽子，头发很干净。
多吃水果和蔬菜，带走身体脏东西。
进屋先洗手，不长留户外。
多喝水、早睡觉，
快快乐乐玩游戏、玩游戏！

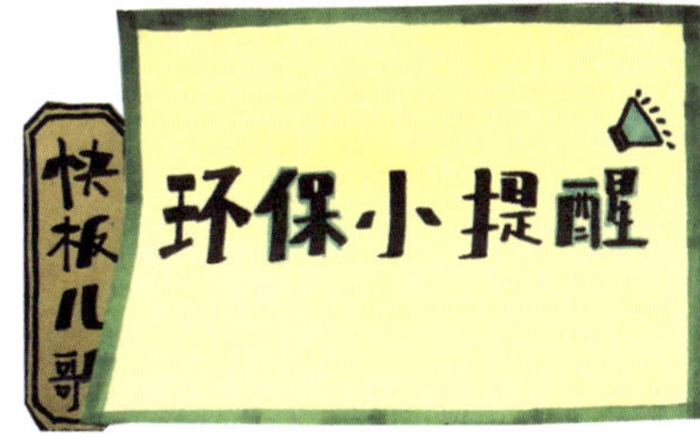

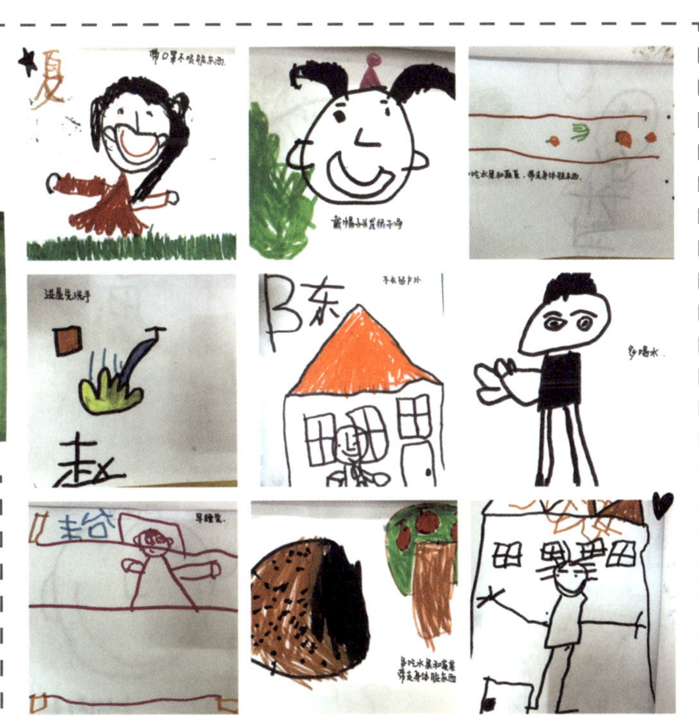

教师反思：

此为班上两名女生在区域游戏中的语言区制作的个体海报——自制绘本《防霾小贴士》。从稚嫩的笔触和简单易懂的画外音的点缀可以看出这两名女生在主题进程中的收获与感悟，并进行了记录与创编，一切有感而发、水到渠成。从这些灵动的绘本式个体海报中，我们可以明确地感受到幼儿符号、图示、语言表征能力和抽象思维能力的生长。幼儿开始大胆地表达自己关于环保的见解，也获得了前所未有的爱护自然的热情和力量。整个主题海报活动不再局限于幼儿对自身探索发现、情感表达的记录，也不再局限于幼儿对小组合作设计、实施活动路径的持续呈现，幼儿开始把自己的感情、活动经验提炼浓缩成生动的艺术作品，进而追求更深层次的活动体验。

（五）儿童海报的整体呈现

1 集体海报

雾霾哪里来

雾霾真麻烦

2 小组海报

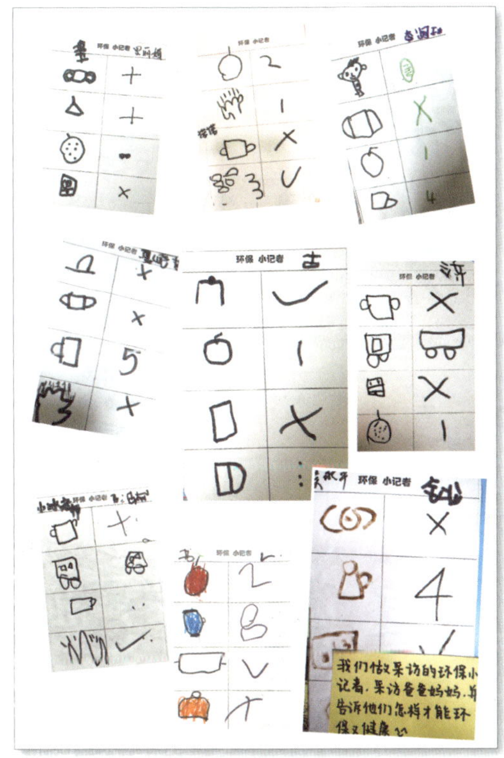

环保小记者

雾霾来了怎么办

3 个体海报

环保小分队

环保服装秀

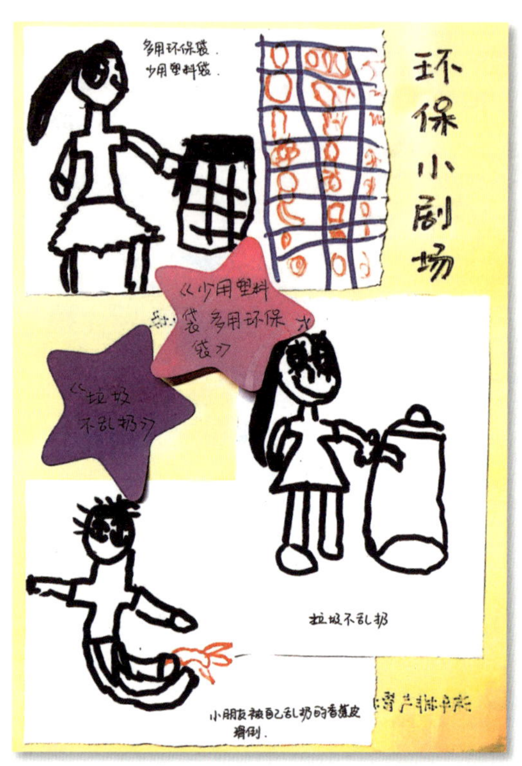

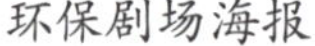
环保剧场海报

环保小提醒

六、反思：拨开“雾霾”，重见“天日”

对幼儿来说，“雾霾”是未知的，只知其果不知其因；对教师来说，“雾霾主题活动”是模糊的，如何引导幼儿自主发现探索这些晦涩的知识？随着以儿童为中心的“儿童海报”的融入，幼儿自觉地采取简单直观的方式记录下了自己的精彩发现，利用多元化的海报形式和内容展现自己的“环保智慧”，教师也在充足的留白间极大地启发、支持了幼儿。通过本次主题海报活动，我们能够获得以下感悟：

（一）以有选择、有价值的经验引领主题发展目标

“课程非但是人类生活的经验，尤其是有价值的经验的选品。”张雪门先生曾指出：幼儿园课程是经过选择的有价值的经验，是儿童的直接的实际的行为和活动。课程是儿童生长需要的材料，而儿童不仅是自然的人，也是社会的人，因此，为儿童发展所选择的经验，必须具有社会意义，同时又必须适合儿童发展的需要，但首先应从儿童的生活环境中搜集材料。

虽然以往也进行过关于环保的主题活动，但近些年日益严重的环境污染现状也在影响着幼儿的生活，以往那些关于环保的经验不是一经过选定就固定不变的，而是随着时代的变化而变迁，课程的内容也应随之而变。教师从儿童海报《雾霾哪里来》《雾霾真麻烦》中发现了教育的契机，也看到了这个主题有许多可挖掘的教育资源，雾霾的探究活动从生活中来，在生活中开展，也延伸到生活中去，因此从我做起、从身边的小事做起，关注身边的环境，为环境保护做力所能及的事就是该主题的意义和价值所在。

（二）从自我建构、不断生发的经验中落实幼儿的想法

《指南》科学探究领域指导建议中提出：鼓励和引导幼儿学习做简单的计划和记录，并与他人交流分享。关于雾霾的每一次讨论，幼儿都通过图式表征的方式记录下来，集体海报、小组海报、个体海报的呈现方式中能体现出幼儿符号、图示、语言表征能力和抽象思维能力的发展，为猜测、探究活动留下痕迹，反映出幼儿在活动中的情感体验、认知水平，促进其经验的生长。防雾霾口罩设计图是幼儿交流新经验的媒介，虽然每一次实验记录的相关经验都是零散的，但都是基于幼儿已有经验，生发新经验的起点。从猜测雾霾形成原因的表征图示、雾霾指数知多少预报表中的表情图标到设计环保小记者的采访表，再到《防霾小贴士》的连环画设计都展现了幼儿在探究过程中思维水平的变化与提升，并能用一定的方法验证自己的猜测。由于幼儿的年龄特征、思维特点所处阶段还不具备自主提升、整合新经验的能力，需要教师创造机会与条件把这些隐性经验显性化。儿童海报使幼儿在记录、分享、实践的过程中，不断自我建构认知经验，便于在今后的探究活动中迁移、运用，使幼儿获得经验的过程成为循环往复，不断积累、上升的过程。

（三）用行动中所得的认识来丰富主题海报

从行动中产生的困难，才是真实的问题；从行动中所获得的胜利，才是真实的制驭环境的能力。从张雪门的论述中，我们可以看到，他对课程本质的理解从经验转到行为，或者说是注重经验到注重直接的经验。《指南》也强调让儿童在亲身体验行动和活动中获得直接经验，这样的经验对儿童发展才更有价值。

“雾霾的秘密”主题来源于幼儿的现实生活，在探究活动中了解雾霾的危害，懂得保护自己、保护环境的重要性。在幼儿以个体海报的形式提出了自己的设想，并根据自己的兴趣成立了四个研究小分队的过程中，我一直在思考教师在这一过程中应该发挥什么作用，给予幼儿什么样的支持，幼儿在研究的过程中能获得哪些经验的提升。我们根据儿童的兴趣、海报中提供的相关信息以及对儿童的观察，安排小组活动，开展一

些特殊的活动，给予幼儿时间与空间开展相应活动，从而获得一些具体的关键经验，如在一日活动各环节围绕各研究小分队感兴趣的话题展开讨论，并在区域活动中提供开放性材料，支持幼儿的表现、表达方式。只要有适当的环境条件，儿童的关键经验是应当能正常出现的。因此，我们所要做的是提供适当的条件，安排适当的活动，当他们求助时给予适当的帮助。

在研究小分队成立后，幼儿通过各种形式为保护环境做力所能及的事，从自发讨论环保情景剧的剧本内容到美工区中利用多种材料制作环保服装，再到幼儿用自信的快板表演《雾霾小贴士》和个体海报向他人宣传环保理念，以及在生活中利用废旧材料变废为宝，这些都是幼儿在行动中自由探索的过程，幼儿从中初步感受人们的生活与自然环境的密切关系，从小事做起，爱护身边的环境。

七、主题海报的可持续发展

（一）以小见大，尝试推动幼儿的持续成长

“雾霾的秘密”是在大主题“好邻居”下生成的小主题，幼儿在由雾霾引发的探究活动中初步感受人们的生活与自然环境的密切关系，爱护身边的环境，注意节约资源，从而达到知道尊重和珍惜生命，保护环境的上位目标。未来的十年、二十年，世界将由他们去改变、去创造，那时的他们将面临什么样的生活环境的确是当下值得我们思考的问题。节约资源是一种健康的生活态度，我们希望在幼儿学龄前期的记忆中埋下低碳环保、健康生活的种子，这些理念将会让他们受用一生。

（二）不断深入，加强主题海报的共享与传播

从该主题的儿童海报中可以看出幼儿用自己的方式表达了对自然环境的感受和认知，幼儿的主题海报不仅仅呈现在主题墙上，还可以制作成大书投放在区域中供全班幼儿翻阅，成为分享、交流、回顾的媒介，更可以走出班级甚至走进社区。这些环保理念和举措只有面向更多的人群，辐射更广的范围，才会更有意义，所以后续我们还会将这个主题中的海报在园内展览，邀请小班弟弟妹妹、大班哥哥姐姐、同年级其他班级同学观看宣传海报、欣赏环保表演，还可以在社区内开展公益宣传表演，以促进主题海报的可持续发展。

有趣的椅子

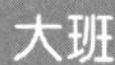

浙江省绍兴市上虞区第一实验幼儿园 徐丹 大班

一、主题海报思维导图

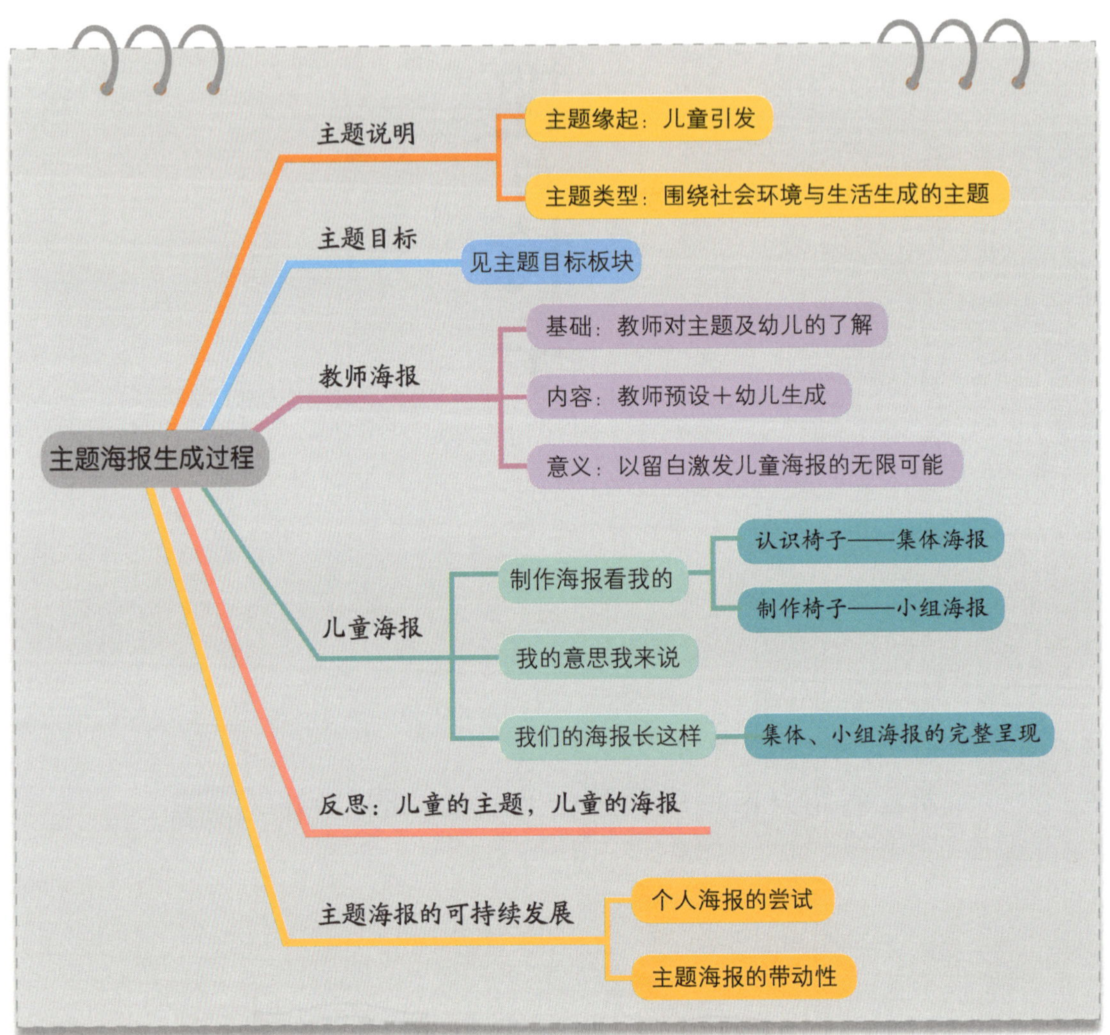

二、主题说明

（一）主题缘起

在一次参观孝德园的远足活动中，幼儿发现了两把奇怪的椅子（其实是两把古式的大椅子）。“咦，这椅子怎么跟我们平时看到的不一样啊！”“我在电视上看到过。”“我在老家太太家里看见过，这个椅子很大很重的，里面还有一些图纹……”幼儿兴致盎然地热烈讨论着，一个个问题如“生活中还有哪些椅子呢”“椅子间有什么不同呢”也随之产生。伴随着幼儿的问题，我们的班本主题——“各种各样的椅子”诞生了。

（二）主题类型

围绕社会环境与生活生成的主题。

三、主题目标

1.了解椅子的种类、结构、功用，及与人们生活的密切关系。
2.喜欢并积极参与椅子的信息收集及制作活动，乐意与同伴合作、交流，体验成功的快乐。
3.能根据自己的想法，创造性地制作椅子。
4.尝试用不同的方法解决问题，提高灵活解决问题的能力。
5.能大胆表述自己或小组成员对椅子的发现。
6.能通过反思、回顾，梳理经验，以表征形式制作主题海报，体验成功的快乐。
7.尝试使用多种工具，并能按类进行收纳整理。

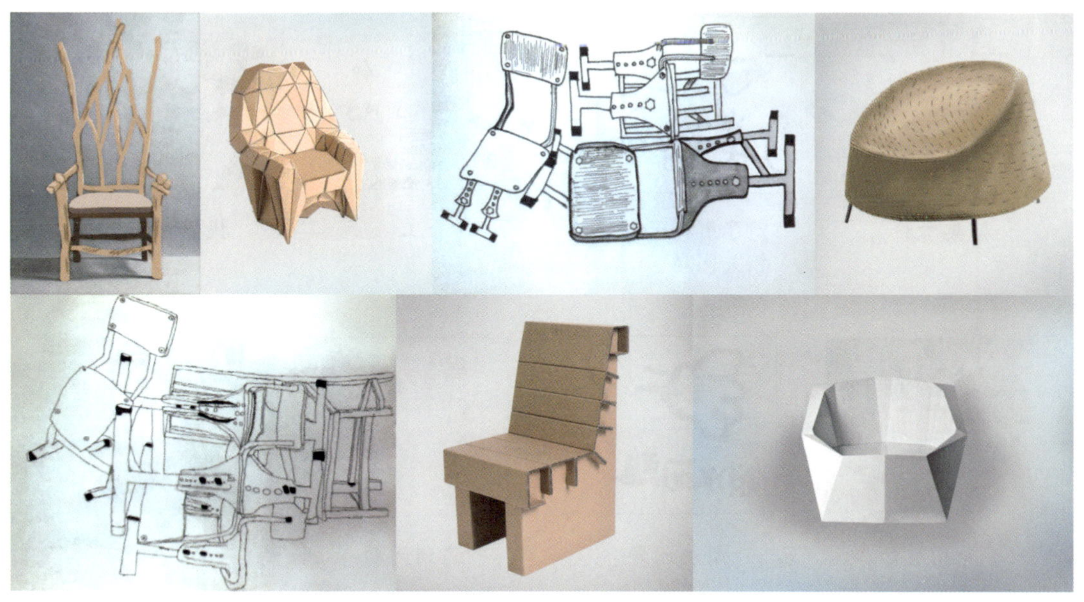

四、教师海报

教师海报的产生建立在教师对主题及幼儿了解的基础上，虽有预设但皆为对流程框架的初步设想，并非以此限制幼儿。教师海报随着幼儿对主题海报创制的不断深入而变化与丰富，透过教师海报再来看幼儿海报，我们可更直观、深刻地感受与理解幼儿的想象与创造，也可以此反思如何才能真正拥有幼儿视角，以幼儿为中心。下图中，多处幼儿表征构成教师海报，说明教师海报不是教师对主题的“一家之言”，而是遵循幼儿心理发展逻辑与幼儿共同生成的主题实施线索，教师在主题海报上的留白为幼儿留出展开活动与创制海报的无限可能。

五、儿童海报

（一）制作海报看我的

1 认识椅子——集体海报

问题：还有哪些椅子呢？为什么椅子不一样呢？

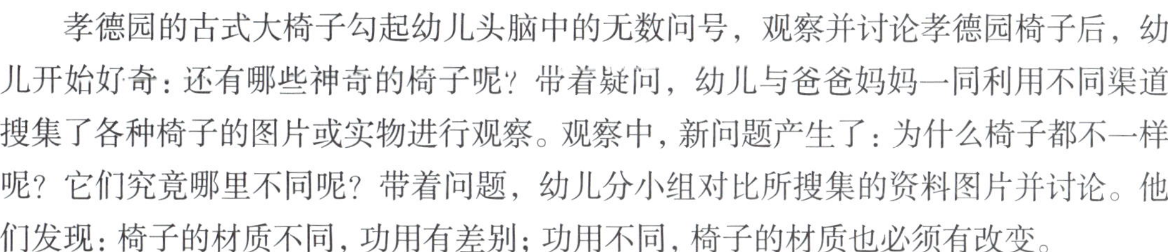

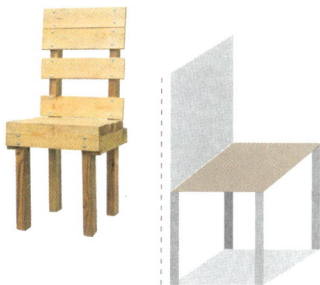

孝德园的古式大椅子勾起幼儿头脑中的无数问号，观察并讨论孝德园椅子后，幼儿开始好奇：还有哪些神奇的椅子呢？带着疑问，幼儿与爸爸妈妈一同利用不同渠道搜集了各种椅子的图片或实物进行观察。观察中，新问题产生了：为什么椅子都不一样呢？它们究竟哪里不同呢？带着问题，幼儿分小组对比所搜集的资料图片并讨论。他们发现：椅子的材质不同，功用有差别；功用不同，椅子的材质也必须有改变。

我们收集的各种各样的椅子。

为什么椅子长得不一样？

为什么有的椅子软软的？有的椅子硬硬的？

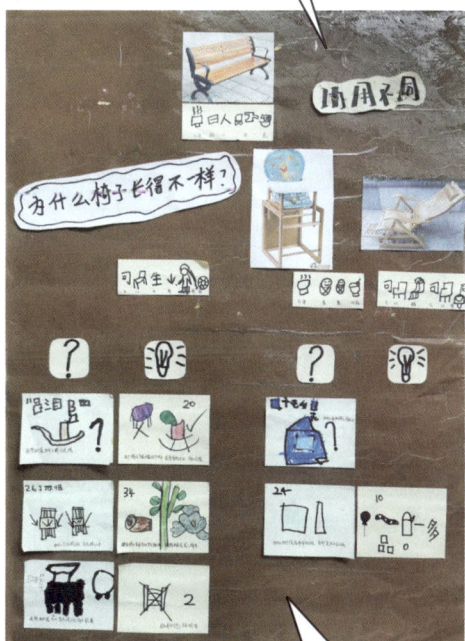

椅子有的是用木头做的，有的是用海绵做的。

因为作用不一样，摇摇椅是弯弯的，娃娃椅有桌子的。

教师反思：

集体海报的呈现形式是跟随幼儿活动发展而自然产生的，幼儿产生兴趣—发现问题—搜集资料—分组分析资料—集体解决问题的过程是集体海报诞生的沃土，它的产生基于幼儿兴趣、由幼儿决定。“还有哪些椅子？”需要丰富的感性资料，“为什么椅子不一样？”需要依托资料展开相对理性的讨论与思考。在这一过程中，幼儿是整体中的个体，他们在集体讨论中贡献个人智慧，在互相分享中促成问题解决。幼儿按思维逻辑顺序来制作，便有了本部分的集体海报。集体海报制作过程推动幼儿梳理、巩固经验，也为新的探究埋下伏笔。

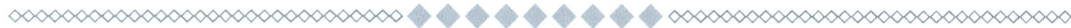

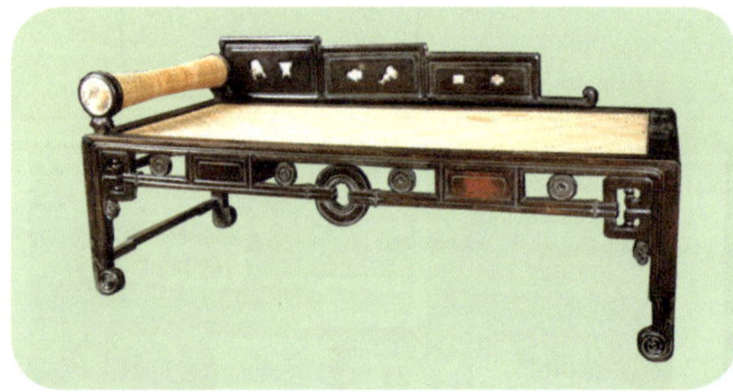

2 制作椅子——小组海报

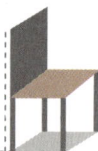

集体海报制作完成后的某天，幼儿偶然看到园长妈妈办公室的美人榻，立刻被这个看着像床一样的大椅子吸引了。园长妈妈邀请幼儿体验试坐，大家兴奋地不愿离开。依依不舍地回班时，幼儿七嘴八舌地讨论着，到班级时已经拿定主意要自己做椅子。幼儿从那天起便开始分工、设计、找材料，制作椅子之旅正式开启。

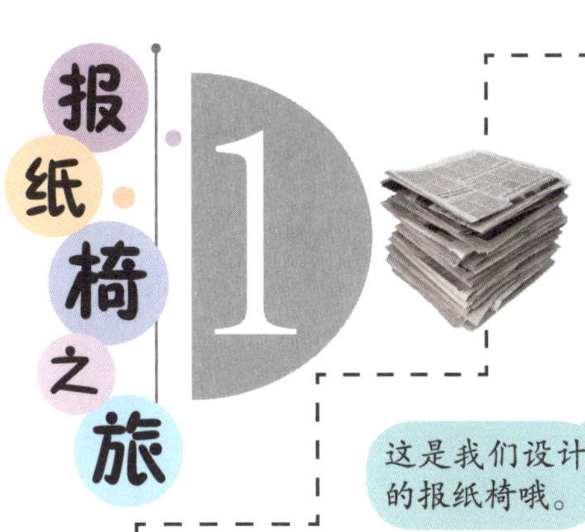

报纸椅之旅 1

计划分工与材料

9、20
3. 15号
材料：去园长妈妈那收来好大一叠报纸！

这是我们设计的报纸椅哦。

3、9、15、20号合作制作。

到园长妈妈那收集很多报纸。

问题1 怎么卷出硬硬的纸卷？

“把手指伸进纸卷里卷一卷，纸卷就卷紧了。”

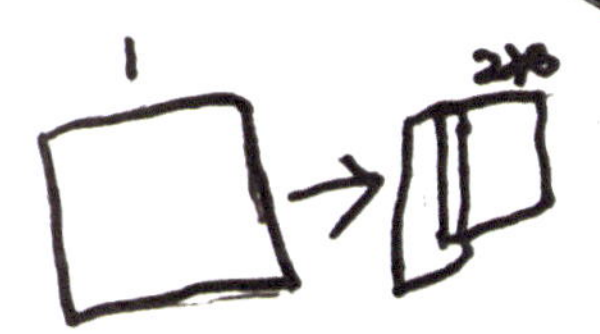

“把好几张报纸一起卷，纸卷会硬一点。”

问题2 纸卷散开来怎么办？

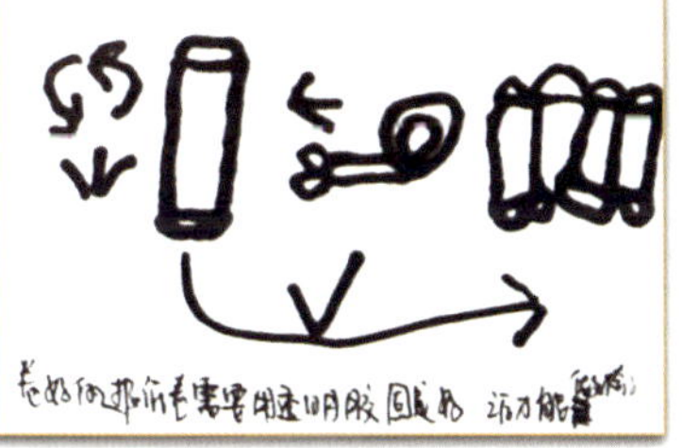

“和小朋友一起合作，用透明胶外面包一圈就不会散开了。”

问题3 怎么把纸卷做成椅子？

“粘成一排后再叠上去。”

报纸椅做好后，幼儿迫不及待地试坐，结果发现椅子太低，坐在上面吃饭时够不到桌上的东西。于是，大家开始思考椅子究竟多高坐着才合适，一番讨论后发现只要量一量自己坐的椅子就知道了。怎么量呢？幼儿进行了探索。

问题 4　怎么做出高度适合的椅子？

问题解决步骤：

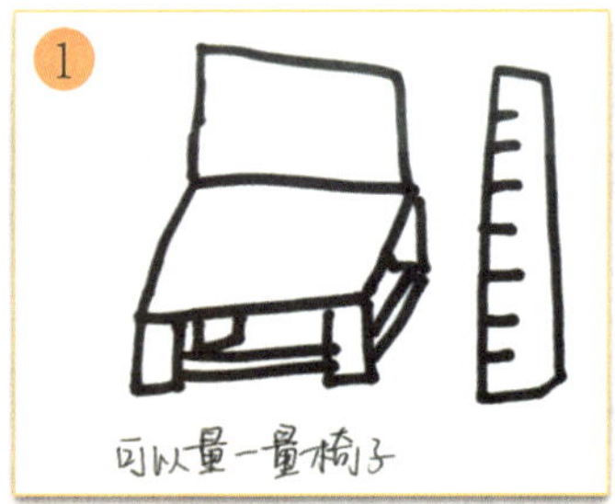

“量出椅子合适的高度做就可以了。”

2
用什么工具量呢？

“用什么东西测量呢？”

测量工具：尺子、铅笔、小积木等。

4
6
4
为什么用木块量出来的块数不一样？

发现问题：用积木量出来的数字不一样。为什么？

查找原因 “少的是分开量的，多的是一块接着一块量的。”

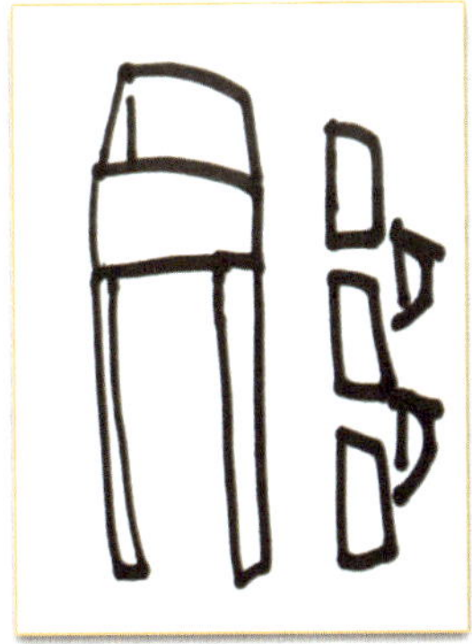

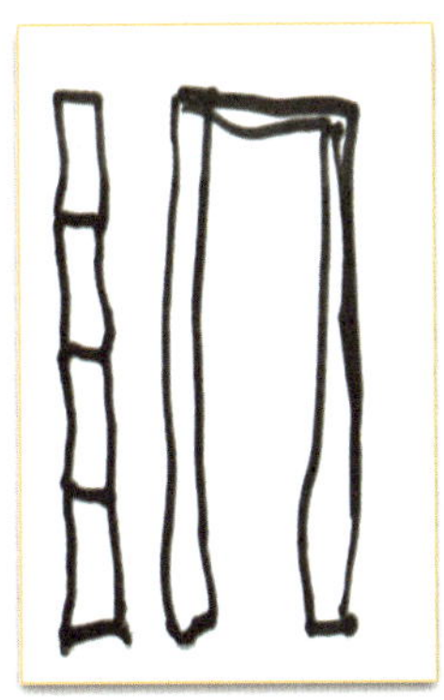

经验获得 “要一个接着一个首尾相接来测量才是正确的。”

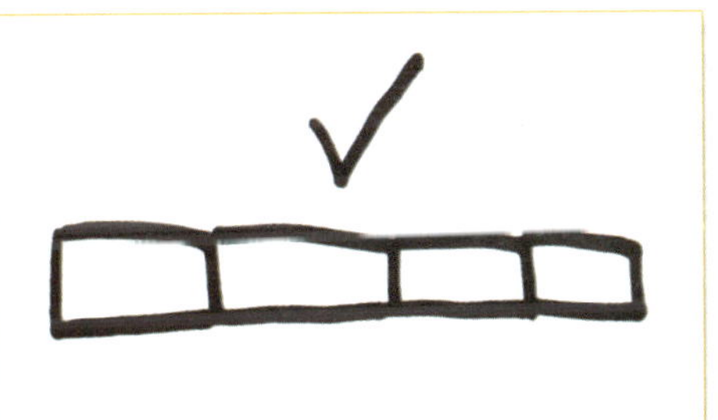

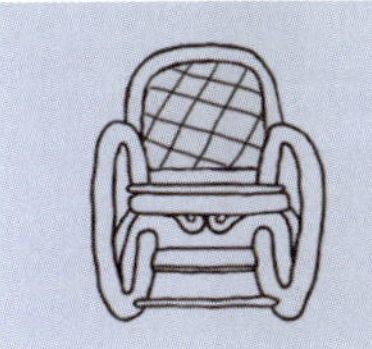

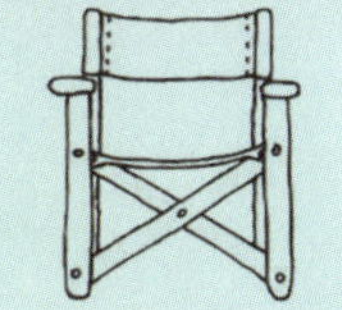

我们的报纸椅

海报

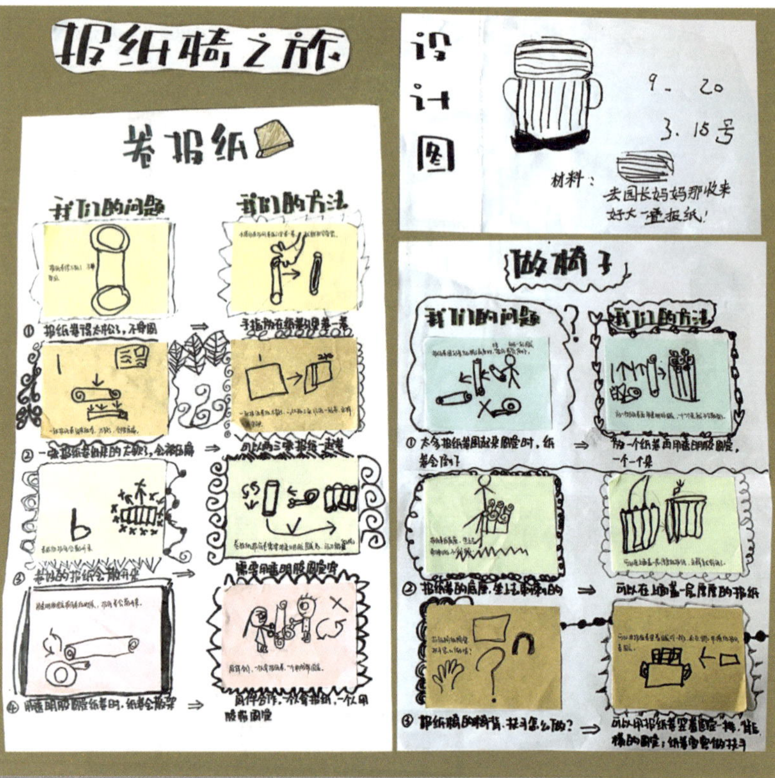
报纸椅之旅
卷报纸
我们的问题
我们的方法
设计图
9-20
3.15号
材料：去园长妈妈那收来好大一叠报纸！
做椅子
我们的问题
我们的方法

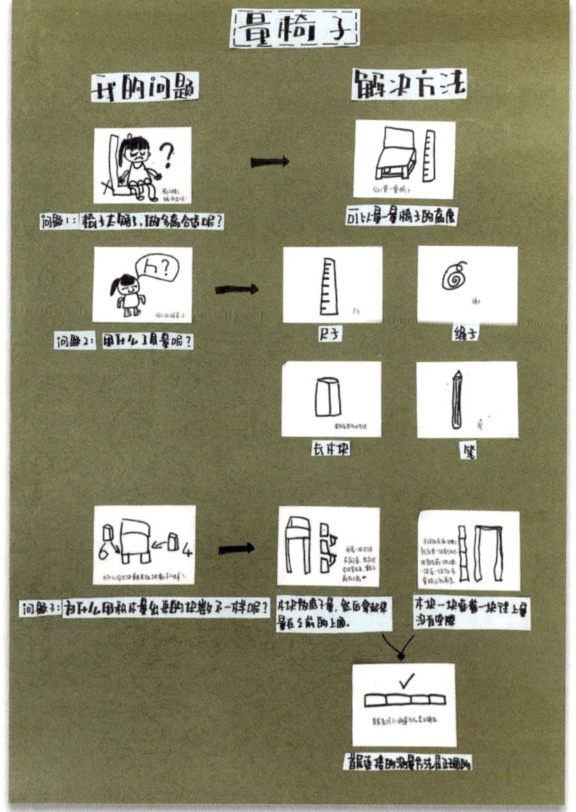
量椅子
我的问题
解决方法
问题1：椅子太矮了，做多高合适呢？
可以量一量椅子的高度
问题2：用什么工具量呢？
尺子
绳子
长方块
笔

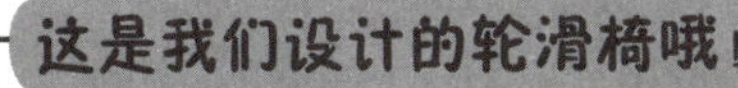

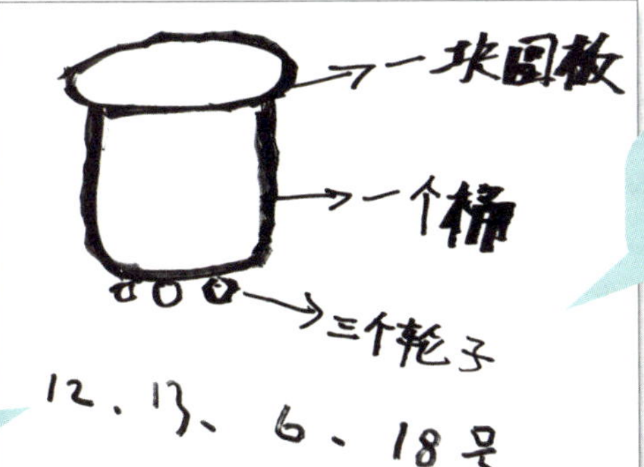

需要一块圆板、一个桶、三个轮子。

学号为12、13、6、18号的同学一起合作做椅子。

问题1 轮子怎么装上去？

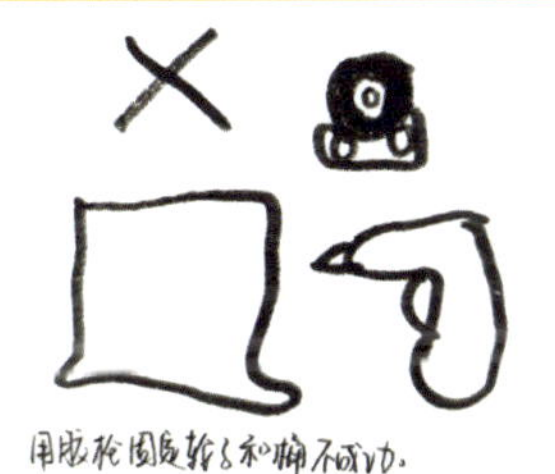

用胶枪固定，轮子一下子就掉下来了。

用万能胶粘，轮子一推也掉了。

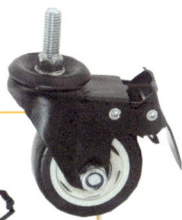

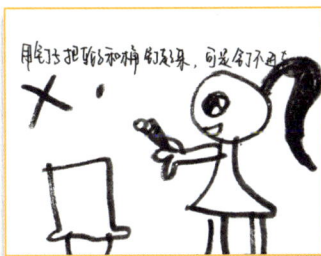

用钉子钉也钉不牢。

用螺丝拧方便多了。

问题2 为什么钉子难钉？螺丝容易拧呢？

我们的发现

钉子的头尖尖的。

螺丝头尖尖的，身上还有一圈一圈的。

一圈圈的像螺丝的小手一样，帮助它往木块里钻。

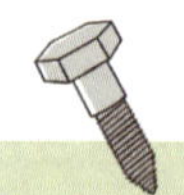

我们还发现

锯子上也有小牙齿，帮助我们锯木头。

切牛排的刀上也有小牙齿。

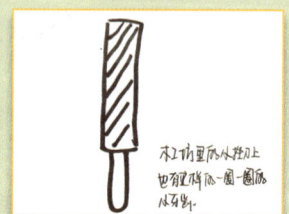

沙皮纸上也有小牙齿。

木工坊里的小锉刀上
也有这样的一圈一圈的
小牙齿。

木工坊里的小锉刀上也有一圈一圈的小牙齿。

问题 3 轮滑椅为什么容易倒？

我们的猜测

可能因为上面重，下面轻。

可能因为只装了三个轮子。

问题解决

原来是因为下面太轻，装上重重的木头积木，轮滑椅就稳了。

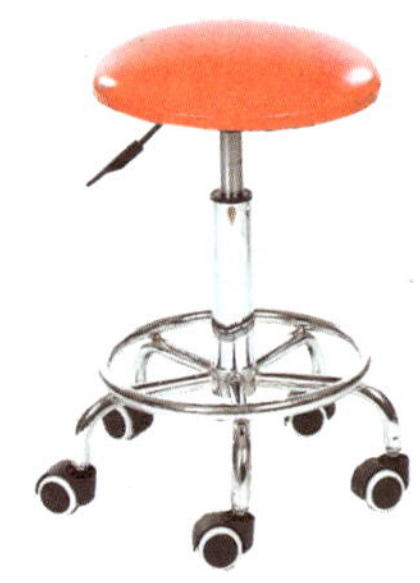

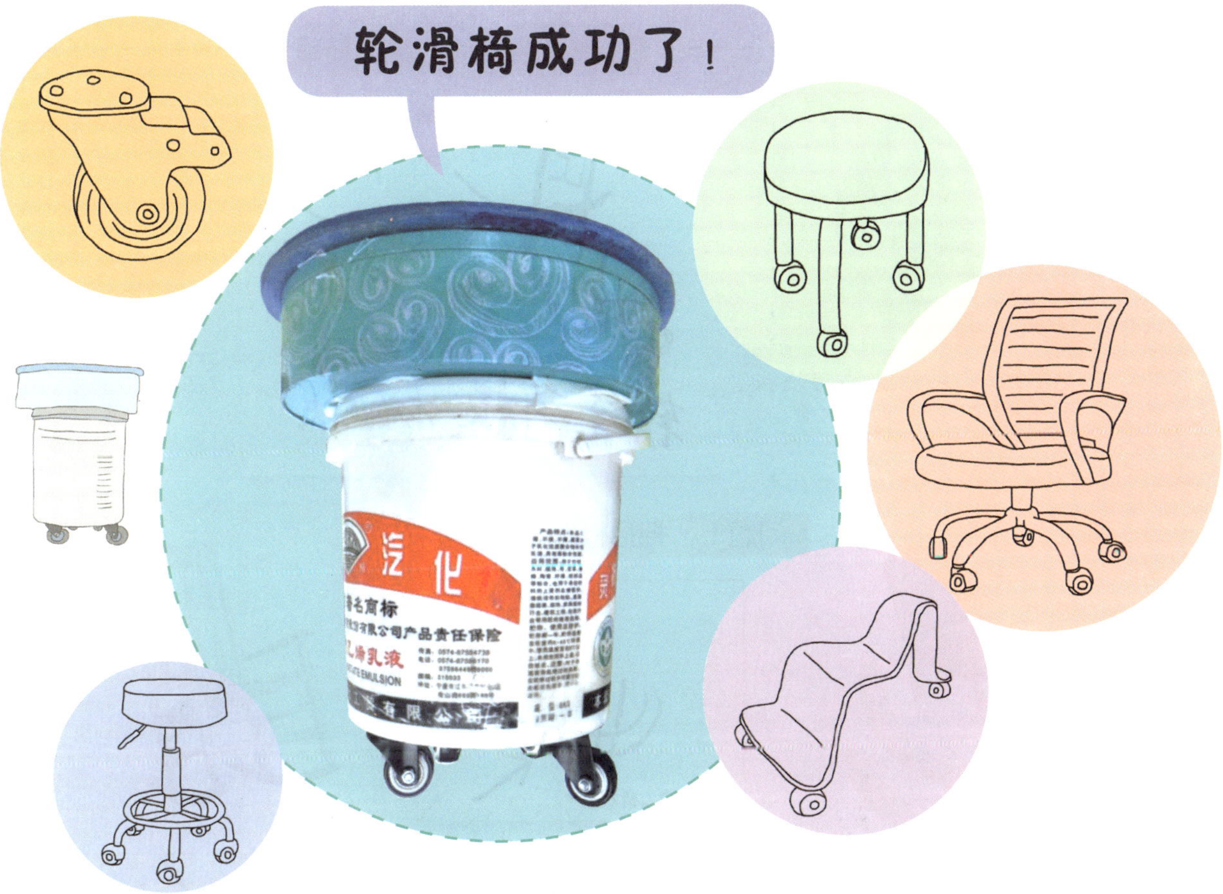

轮滑椅成功了！

我们的轮滑椅海报

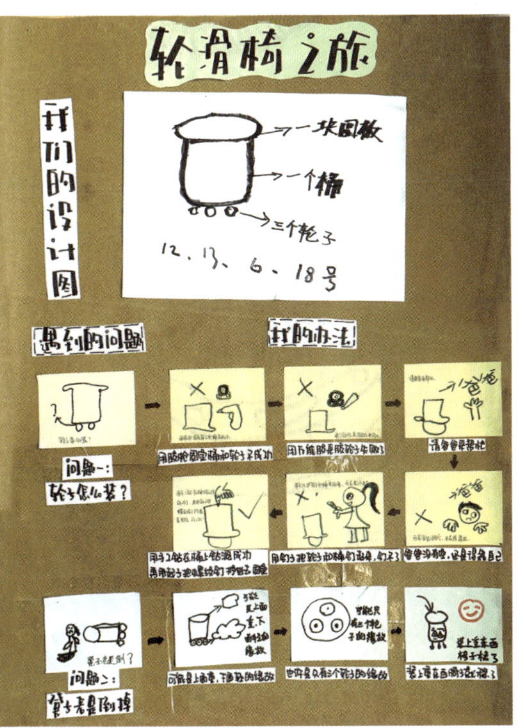
轮滑椅之旅
我们的设计图
一块圆板
一个桶
三个轮子
12、13、6、18号
遇到的问题
我的办法
请爸爸帮忙
问题一：
轮子怎么装？
问题二：

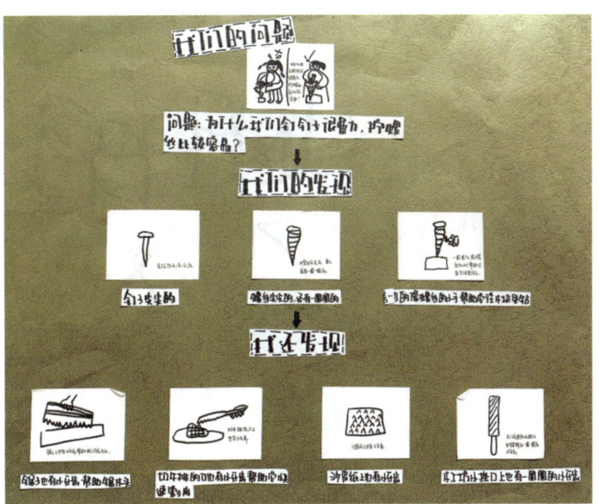
我们的问题
我们的发现
钉子尖尖的
我还发现

3 摇摇椅之旅

这是我们设计的摇摇椅哦！

需要两块板，两根软管。

学号为7、3、5、8的同学一起合作做椅子。

问题1 摇摇椅怎么摇不起来？

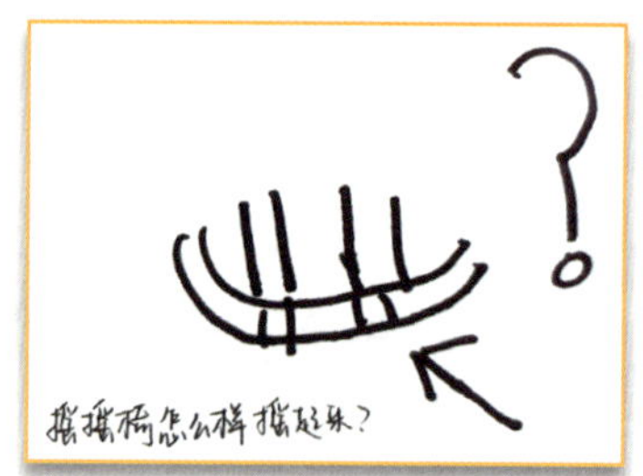

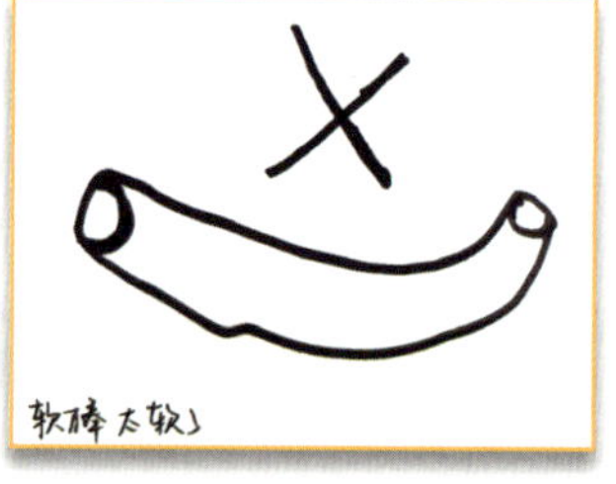

查找原因：软帮太软了。

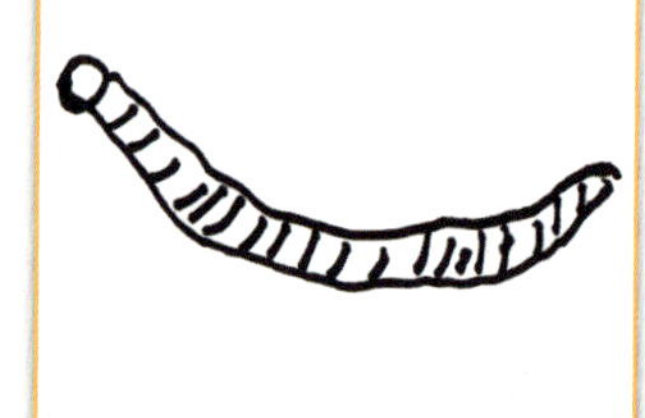

调整：改用硬点的软管试试。

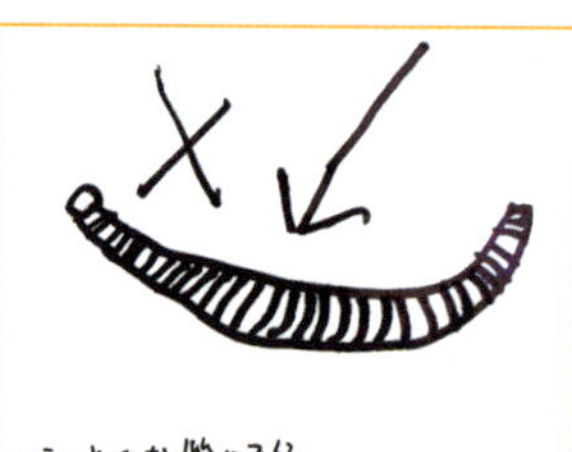

结果：硬点的软管也失败了。

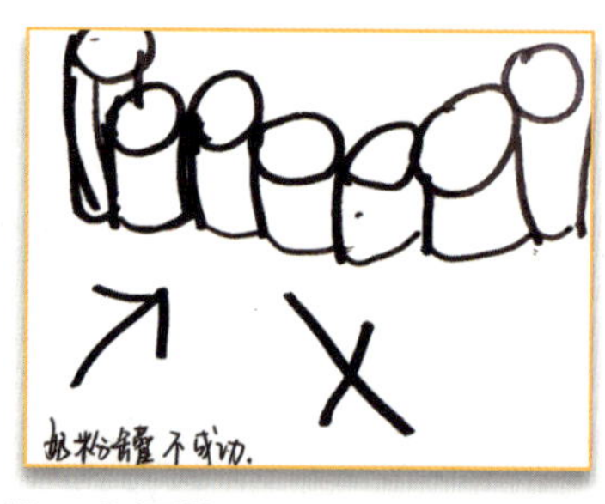

第二次调整：用奶粉罐一个一个粘起来，粘成弯弯的形状，可是一用力就塌了。

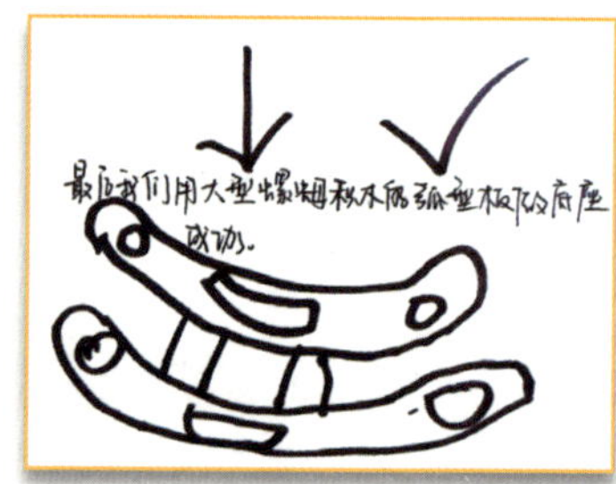

第三次调整：在螺母积木里找到了弯弯的积木，摇摇椅的材料终于找到了。

问题 2 座椅怎么装上去?

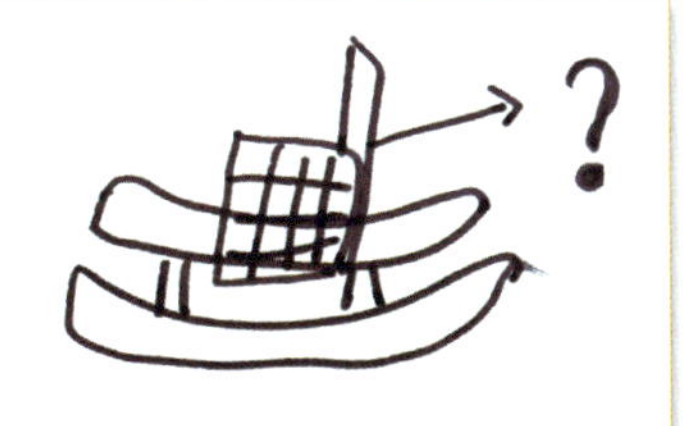

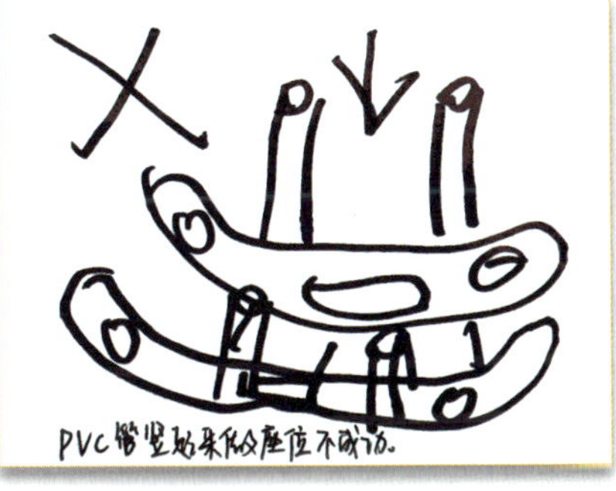

我们的尝试：用四根 PVC 管支撑，可是立不住。

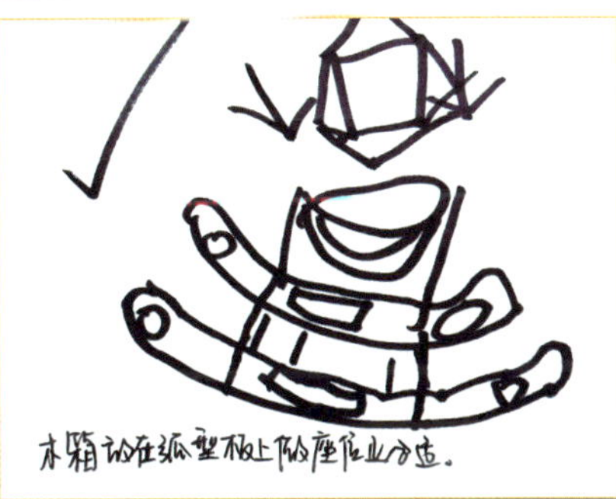

调整：找个箱子当座椅刚刚好。

问题 3 椅子座椅怎么固定?

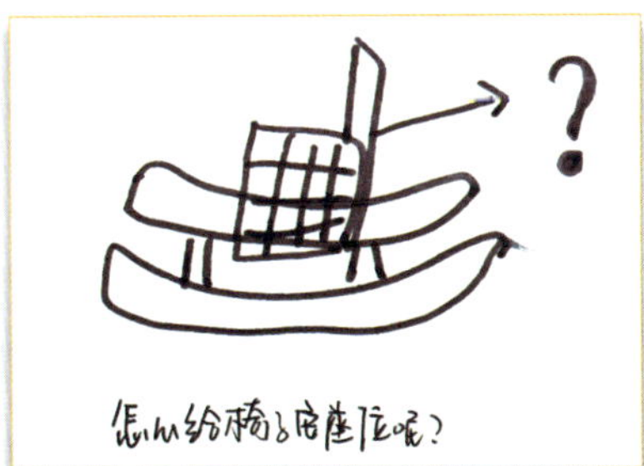

初次尝试：用透明胶粘，可是粘不牢。

二次尝试：用胶枪胶牢，一摇就断了，也不行。

再次尝试：找老师帮忙，钻洞后，用毛根绑牢。

摇摇椅终于成功了！

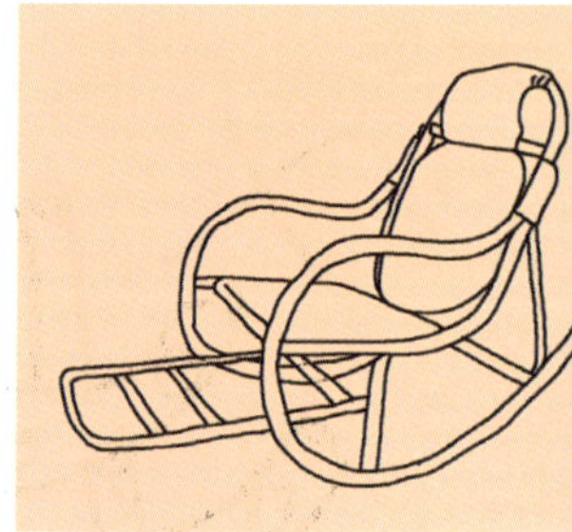

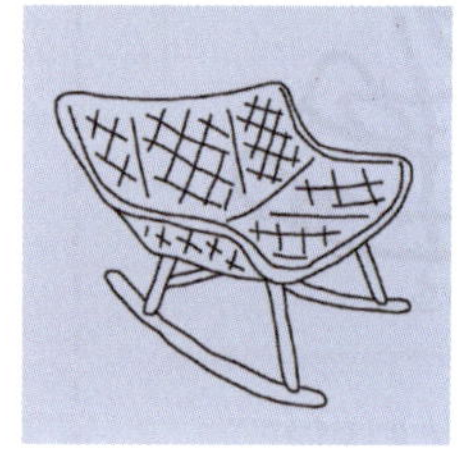

我们的摇摇椅海报

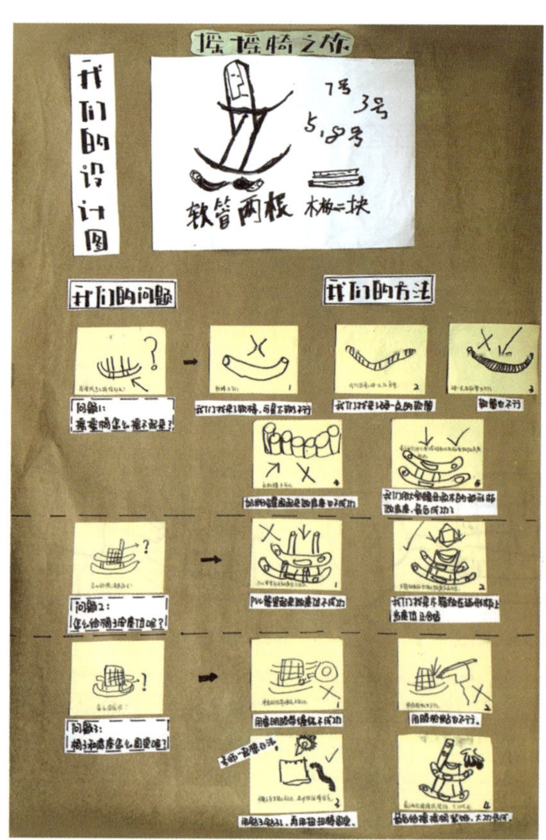
摇摇椅之旅
我们的设计图
7号
3号
5,8号
软管两根
木板二块
我们的问题
我们的方法
问题1:
软管也不行
问题2:
问题3:

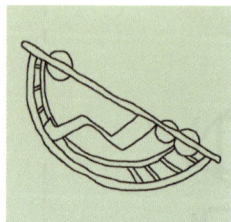

这是我们设计的美人榻哦！

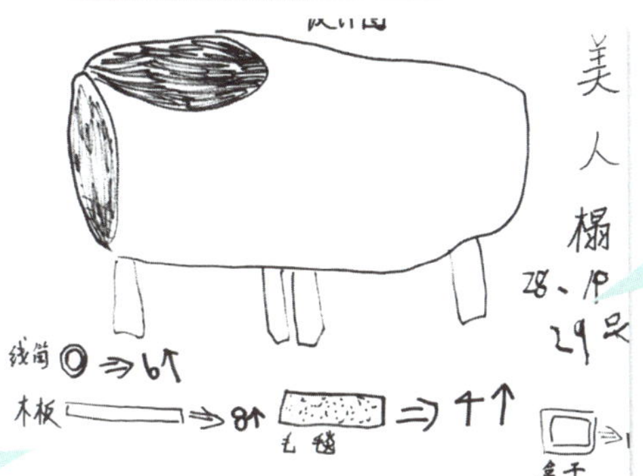

学号为9、28、29的同学一起合作做美人榻。

需要6个线筒、8块木板、4块毛毯。

问题　美人榻枕头老是会动怎么办？

我们的尝试与解决

首次尝试：用胶枪胶住试一试，可是失败了，还是会动。

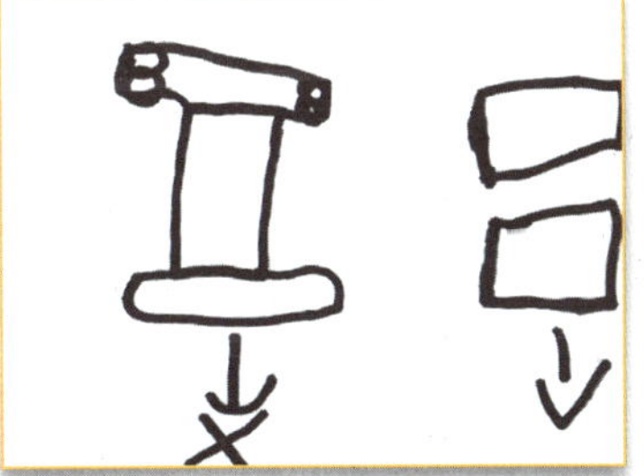

再次尝试：用小积木垫上试一试。

结果：用两块小积木垫上后，还是会滚动。

问题解决：用 4 块小积木把前后都垫上，这下不会滚动了。

美人榻做成功了！

我们的美人榻海报

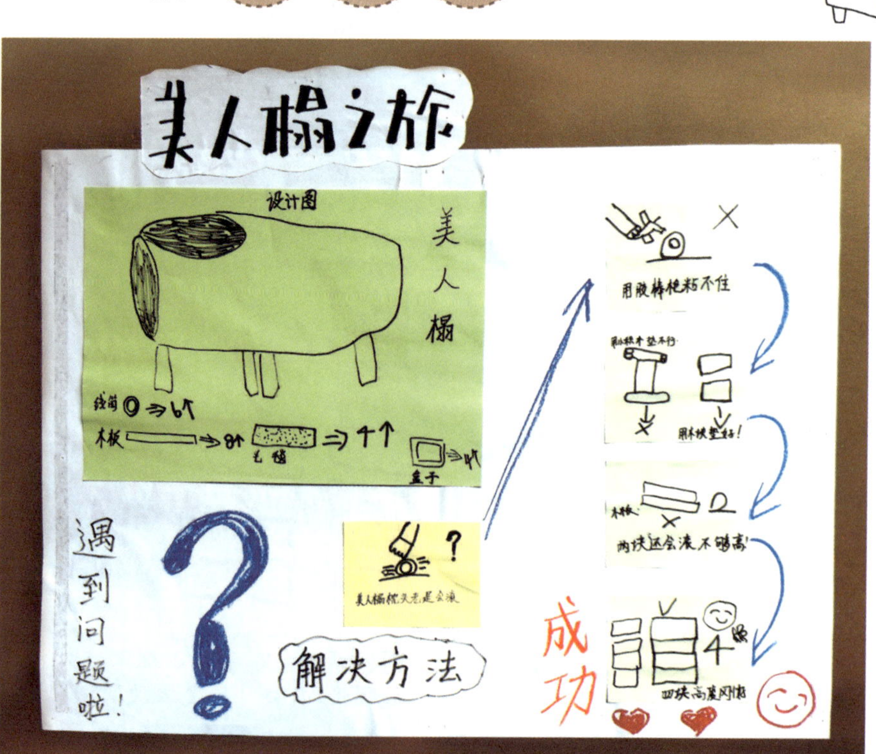

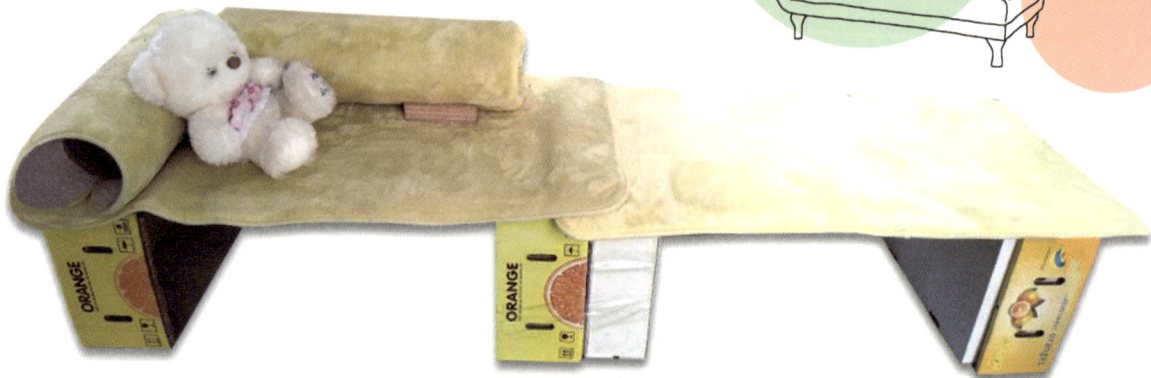

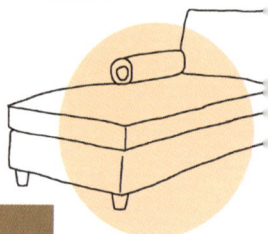

教师反思：

无数个问题与无数次尝试组成四幅内容丰富的幼儿海报。在幼儿分组制作不同类型椅子的过程中，我们看到幼儿间的合作，见证幼儿的思考与尝试，发现幼儿的创意与想象。幼儿表征自己的问题与解决方法，并请教师帮忙写上说明，这于我们而言是邀请，令我们有机会参与幼儿的操作，了解他们的想法。幼儿海报是循序渐进而非一蹴而就的，它也不只是幼儿表征的张贴板，而是幼儿思维的路径图。幼儿通过制作海报反思回顾操作过程，通过观察海报梳理巩固习得经验；教师通过参与幼儿海报制作走近幼儿，反思自我。幼儿在主题海报的创制中获得饱满的与椅子相关的各类经验，主动、坚持等品质得以发展，表征、合作等能力相应提升，由此，主题海报的意义已远超海报本身，这或许才是它的奥秘。

（二）我的椅子我来说

1 问题：怎么介绍我的椅子？

椅子做好后，幼儿特别想向老师、同伴、其他班级的小朋友分享、介绍，可是该怎么介绍才能让没有参与制作椅子的同伴了解、喜爱自己的椅子呢？幼儿进行了讨论与思考。

我的设想

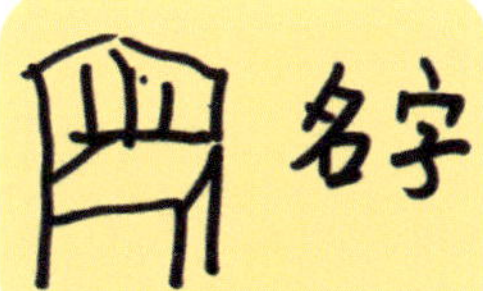

①介绍椅子名称

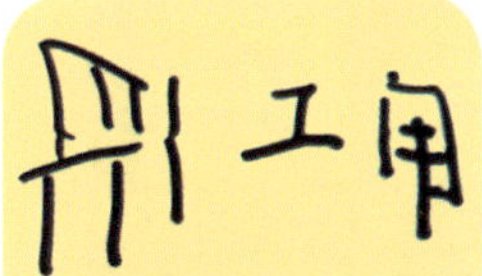

②介绍椅子功用

③请他们试坐

④讲述椅子趣事

介绍自己的椅子

介绍后的感想

“开始有点害羞，但后来胆子变大了。”

“老师和园长妈妈都觉得我们很厉害。”

“大家都喜欢我做的椅子，我很开心。”

2 介绍椅子完整海报

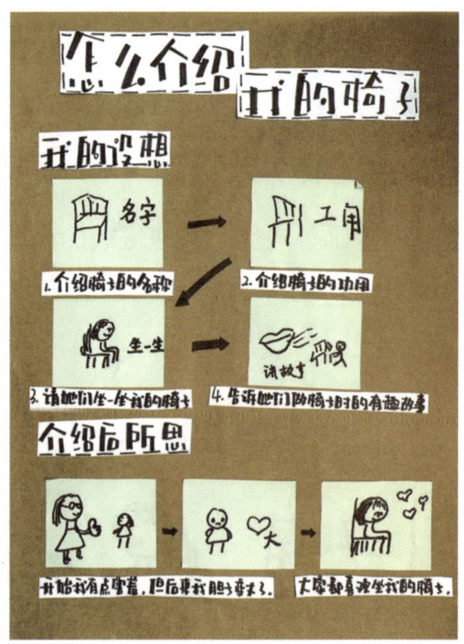

教师反思：

主题海报是否有终点？在观察幼儿制作海报的过程中，我们一直在思索这一问题。幼儿搜集了与椅子相关的资料，自主探索制作了不同类型的椅子并创制相应海报，是否到此就可结束？当他们提出向同伴分享与介绍椅子的想法时，我们发觉主题海报乃至主题都远未接近终点。幼儿的想法、问题不断，主题便始终持续，幼儿用以表达自己的主题海报当然也会源源不断地产生。幼儿非常重视分享环节，为更好地向他人介绍自己的椅子而“写”介绍稿，也会一直盯着自己的海报看，他们起初介绍时会有些害怕和害羞，但正式开始介绍并请客人老师和同伴试坐自己的椅子时都兴奋起来。分享中的幼儿散发出自信和愉悦，这令我们感动甚至震撼，原来“放手”和“放心”能有如此大的能量。幼儿熟练地向同伴和老师讲解海报，认真仔细又骄傲地解释自己怎么一步步做出现在看到的椅子。当然我们并非完全彻底的无为，因为自由与规则始终是一体两面的。我们只是尝试以幼儿来连接教师、主题以及主题海报，期望每个主题及其呈现都是有灵魂的。

（三）我们的海报长这样

1 集体海报：我想知道的椅子

我们收集了各种各样的椅子，可是为什么有的椅子软软的？有的椅子硬硬的？原来他们有的是用硬硬的木头做的，有的是用软软的海绵做的。

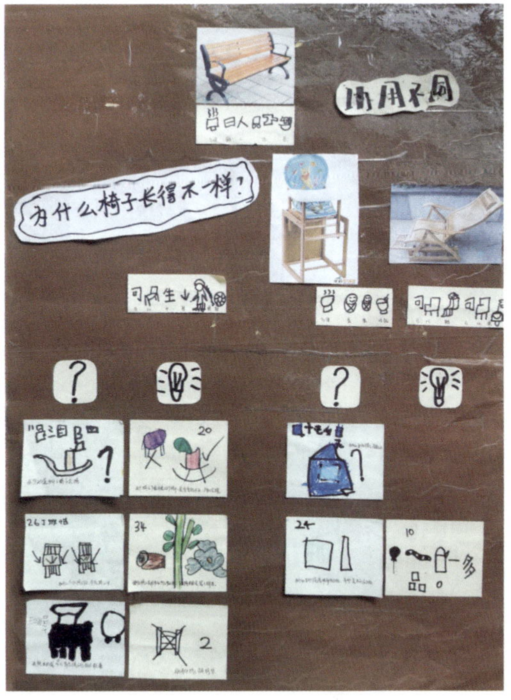

为什么椅子长得不一样？因为他们的功能不一样，摇摇椅的下面是弯弯的，娃娃椅的上面有小桌子等。

2 小组海报：做椅子的故事

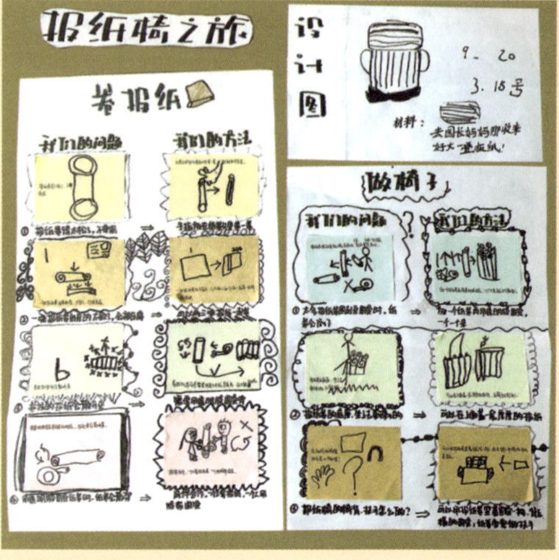

1.报纸椅海报

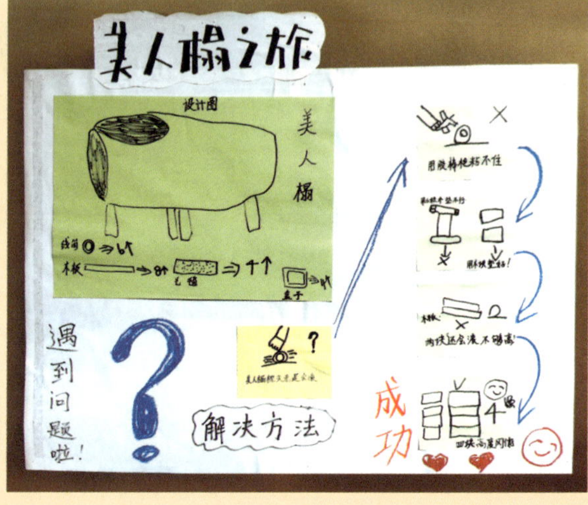

2.美人榻海报

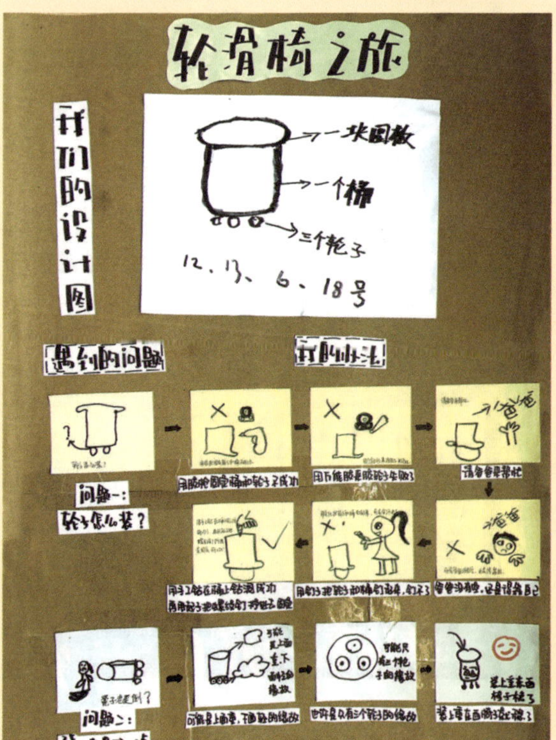

3.轮滑椅海报

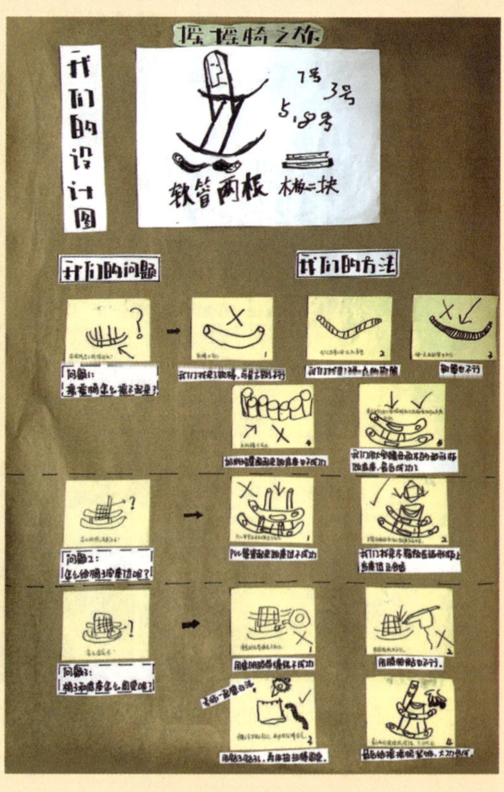

4.摇摇椅海报

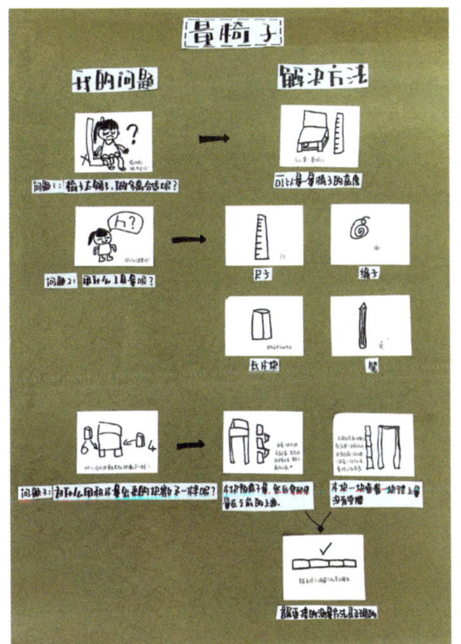

5.测量椅子

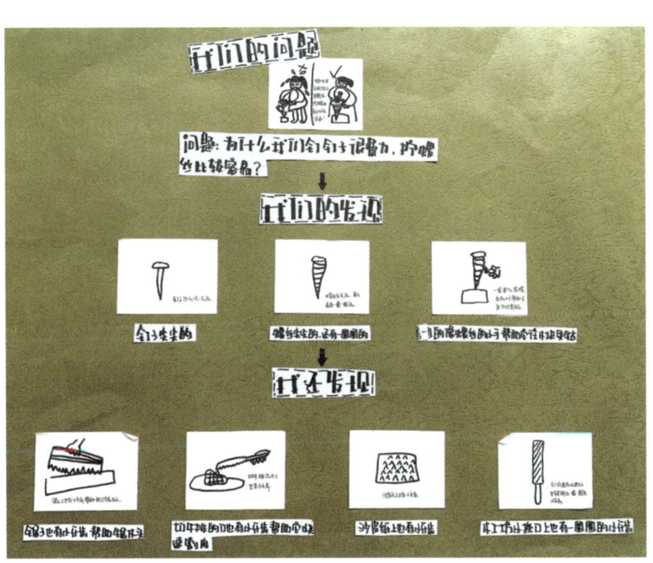

6.钉子和螺丝

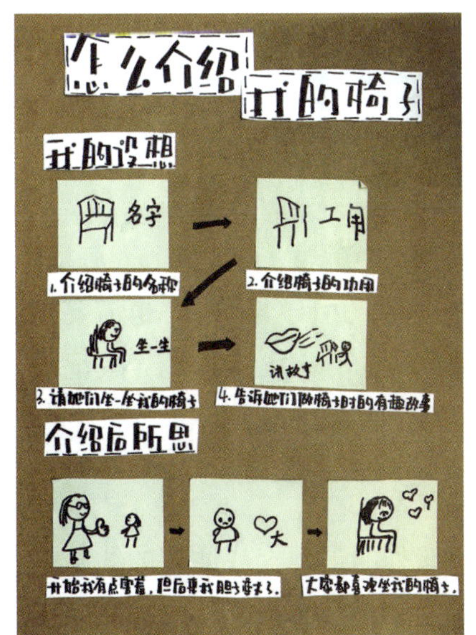

7.分享椅子故事

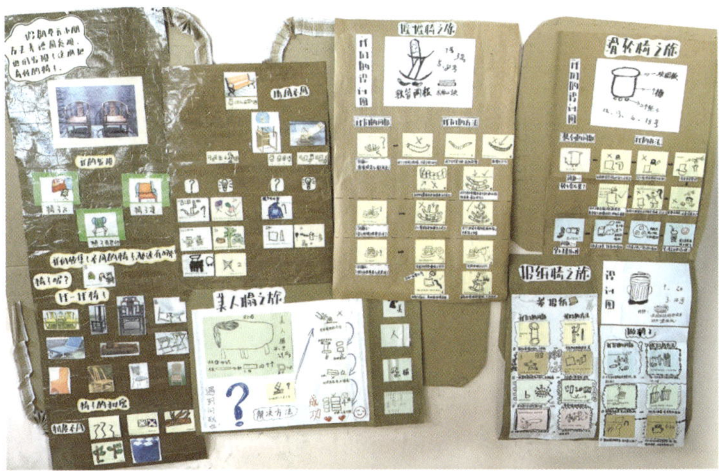

8.完整呈现

六、反思：儿童的主题，儿童的海报

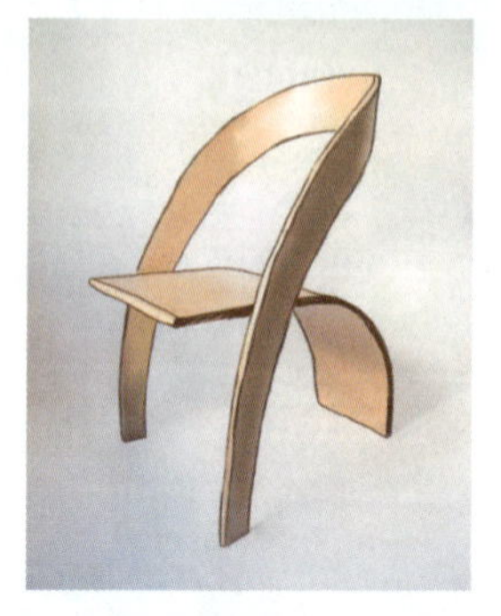

在幼儿园一日生活中，我们不断探索并努力“以儿童为中心”，主题海报的尝试令我们更深刻地认识到幼儿的力量。在“有趣的椅子”主题中，幼儿经历了宝贵的经验习得过程，他们通过各种途径搜集椅子的相关资料，他们合作制作自己的椅子，他们遇到困难时能尝试通过协商、合作等方式努力解决问题。幼儿不再游离于主题外，也不只是主题的参与者，他们是主题的核心与灵魂。幼儿的经验生发出主题，幼儿的操作与问题推动着主题，主题回归了它的本质。

《指南》中指出：理解幼儿的学习方式和特点，要最大限度地支持和满足幼儿通过直接感知、实际操作和亲身体验获取经验。幼儿创制海报的过程实则就是直接感知、实际操作、亲身体验的过程，因此每一张海报都是生动活泼的。在尝试儿童创制主题海报的过程中，我们越发认为主题海报绝不是独立于主题的环境装饰，而是一个完整的以儿童为中心的主题所必不可少的有机组成。主题海报呈现什么、如何呈现皆由幼儿决定，它不再是一个教学或环境创设任务，教师的放手与放心使主题的主角——幼儿得以回归。

在观察儿童创制主题海报后，我们认为对主题海报的后续发展探究还不足，儿童海报的价值尚未完全发掘。此外，我们在观察中发现大班部分幼儿有能力制作个人海报，因此后续我们可适度适时引导。

七、主题海报的可持续发展

（一）个人海报的尝试

在幼儿已有能力制作集体海报和小组海报后，教师可尝试引导幼儿制作个人海报。幼儿个人海报的诞生更需要宽松的环境，需要教师适时、适度的引导与支持，也需要同伴间的经验互通，因此教师可通过提醒幼儿进行过程性记录的方式支持幼儿养成记录习惯，鼓励幼儿与同伴分享，在相互学习中扩展经验，丰富个人海报内容。

（二）主题海报的带动性

在“有趣的椅子”集体海报制作完成后，可放置于班级外的走廊上或适宜的幼儿园公共区域，在固定时间如区域活动时设置“小小讲解员”，由参与海报制作的幼儿向其他幼儿介绍他们在“椅子”中的发现和设计。如此不仅实现了海报展示时间与空间的多样性，也帮助本班幼儿梳理海报制作经验，更有助于其他幼儿从中获得创意启发与探索。

消防车大探秘

浙江省绍兴市上虞区第一实验幼儿园 李青青 大班

一、主题海报思维导图

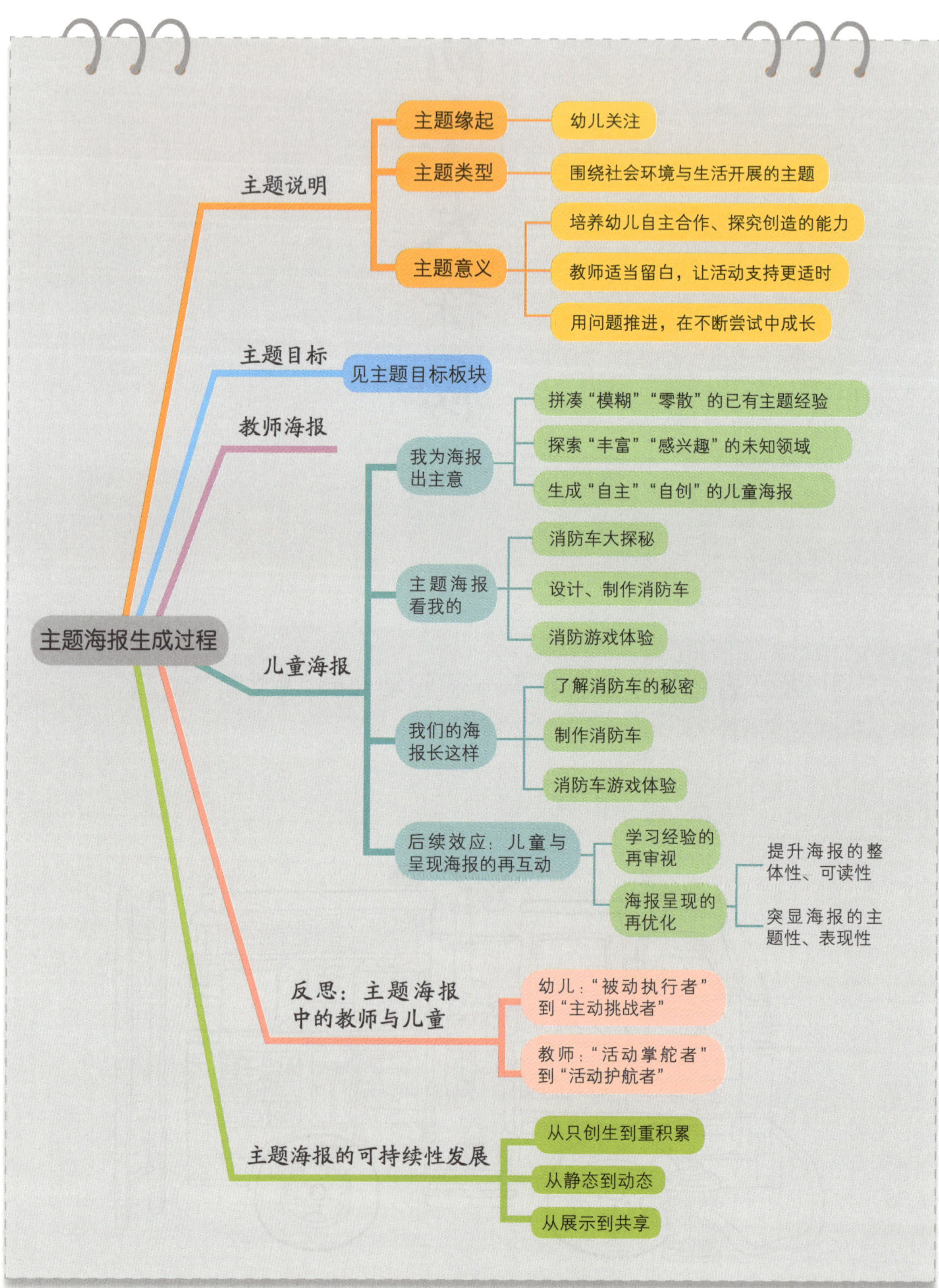
主题海报生成过程
主题说明
主题缘起
幼儿关注
主题类型
围绕社会环境与生活开展的主题
主题意义
培养幼儿自主合作、探究创造的能力
教师适当留白，让活动支持更适时
用问题推进，在不断尝试中成长
主题目标
见主题目标板块
教师海报
儿童海报
我为海报出主意
拼凑“模糊”“零散”的已有主题经验
探索“丰富”“感兴趣”的未知领域
生成“自主”“自创”的儿童海报
主题海报看我的
消防车大探秘
设计、制作消防车
消防游戏体验
我们的海报长这样
了解消防车的秘密
制作消防车
消防车游戏体验
后续效应：儿童与呈现海报的再互动
学习经验的再审视
海报呈现的再优化
提升海报的整体性、可读性
突显海报的主题性、表现性
反思：主题海报中的教师与儿童
幼儿：“被动执行者”到“主动挑战者”
教师：“活动掌舵者”到“活动护航者”
主题海报的可持续性发展
从只创生到重积累
从静态到动态
从展示到共享

二、主题说明

（一）主题缘起

周一早上来园时，几个住在金通华府小区的幼儿滔滔不绝讲起了双休日自家小区着火的事情。其余幼儿都好奇地聚拢来听这个着火的“重大新闻”。一位幼儿说：“老师，我爸爸说这件事情都上新闻了呢！我们一起来看看这个新闻吧！”于是，顺应幼儿的需求，我们从网上搜索了当时小区着火的视频和相关照片。看到消防车灭火的场景，幼儿不禁惊叹：“哇！消防车的工具真多！消防员叔叔好厉害哦！我长大了也要当消防员！”“咦！消防车的云梯是怎么伸长的呀？”“消防车的轮子好大呀，比我还要高吗？”……看着幼儿对消防车的好奇、对消防员的崇拜，我思量着这个话题一定会是一个很不错的班本主题，要是能借助幼儿园附近的“消防大队”进行参观、考察，更能如虎添翼，为此，班本主题“消防车大探秘”就此拉开了序幕……

（二）主题类型

围绕社会环境与生活开展的主题。

（三）主题意义

1 培养幼儿自主、合作、探究、创造的能力

“消防车”源于孩子真实生活中感兴趣的事件。通过“参观消防车——制作消防车——体验消防游戏”等一系列自主探索过程，培养幼儿自主、合作、探究、创造的能力。.

2 教师适当留白，让活动支持更适时

教师的课程理念开始转变，他们主动为幼儿留白，相信幼儿是有能力的，放手鼓励幼儿进行自主探索。教师会在幼儿遇到瓶颈难以继续探索时，给予适当支持，例如：问题引导、材料支持等。

3 用问题推进，在不断尝试中成长

“消防车大探秘”是从幼儿日常生活中的问题出发，不断生成的一系列自主探索活动。在主题开展中，幼儿发现和提出问题，相互商讨，用自己设想的计划、小组商讨的方案去尝试，去挑战，幼儿在本次活动中尝试失败数次，但是教师持续鼓励幼儿，给予幼儿材料和环境支持，幼儿也在与同伴的合作、自己的努力探索中进步成长。

三、主题目标

1. 了解消防车的种类、结构、功能，知道消防车与人类生活的关系。
2. 根据探究任务，积极主动收集消防车和消防员的相关信息，并尝试和同伴一起设计制作消防车，把数学经验运用于其中，培养主动获得信息的能力和经验迁移的能力。
3. 愿意在集体面前大胆提出关于消防车的问题，并能尝试用合理的方式寻找问题的答案，乐于与同伴分享精彩瞬间与自己的发现。
4. 通过游戏体验消防员叔叔工作职责的辛苦，萌发对消防员叔叔的崇敬之情，并在游戏评价中学习、反思与调整。

四、教师海报

幼儿已经到了学龄前的最后一个学期，尽管之前的活动都是本着开放的精神鼓励幼儿在活动中自主探索，但是很大一部分的主题活动依旧是由教师事先预设的。基于大班幼儿思维能力、学习技能迅速提升的年龄特点，本次活动，教师决定借助幼儿在讨论“消防车”中所展现出的浓厚兴趣，将预设的活动主题暂告一段落，转而开展幼儿热衷的“消防主题活动”。

但是，由于时间紧迫以及害怕长时间的搁置导致幼儿兴趣的冷却，本次活动，教师没有对活动发展路径进行规划和预设，只是抛出开放性问题：“消防车还有什么秘密？”“大家还想了解消防车的什么？”引导幼儿将自己的问题进行表征和记录，让他们带着问题去发现，怀着疑惑去探索。后续的一系列主题海报活动也是由幼儿在活动中利用敏锐的观察力和乐于挑战的精神，集合团体的智慧所生成。教师从活动开始，就和幼儿一起积极搜集、寻找资源，带着幼儿去消防队参观，访问消防员叔叔，在遇到“轮胎长度如何准确测量”“车门如何固定”“标签怎样粘贴在消防服上”等问题时，教师不再直接给予幼儿“正确的答案”，而是成为幼儿的挑战者，鼓励幼儿借助这一次次的学习机会自主探索和发现，和幼儿一起成为推动活动向前的力量。

伴随着幼儿经验发展和主题自主生成的路径，教师海报大致为“了解消防车的秘密—制作消防车—玩消防车游戏”这一发展脉络，大量留白，为儿童的构思、设计、实施、呈现提供了充足的发挥空间。(绿色箭头为预设，橙色箭头为生成)

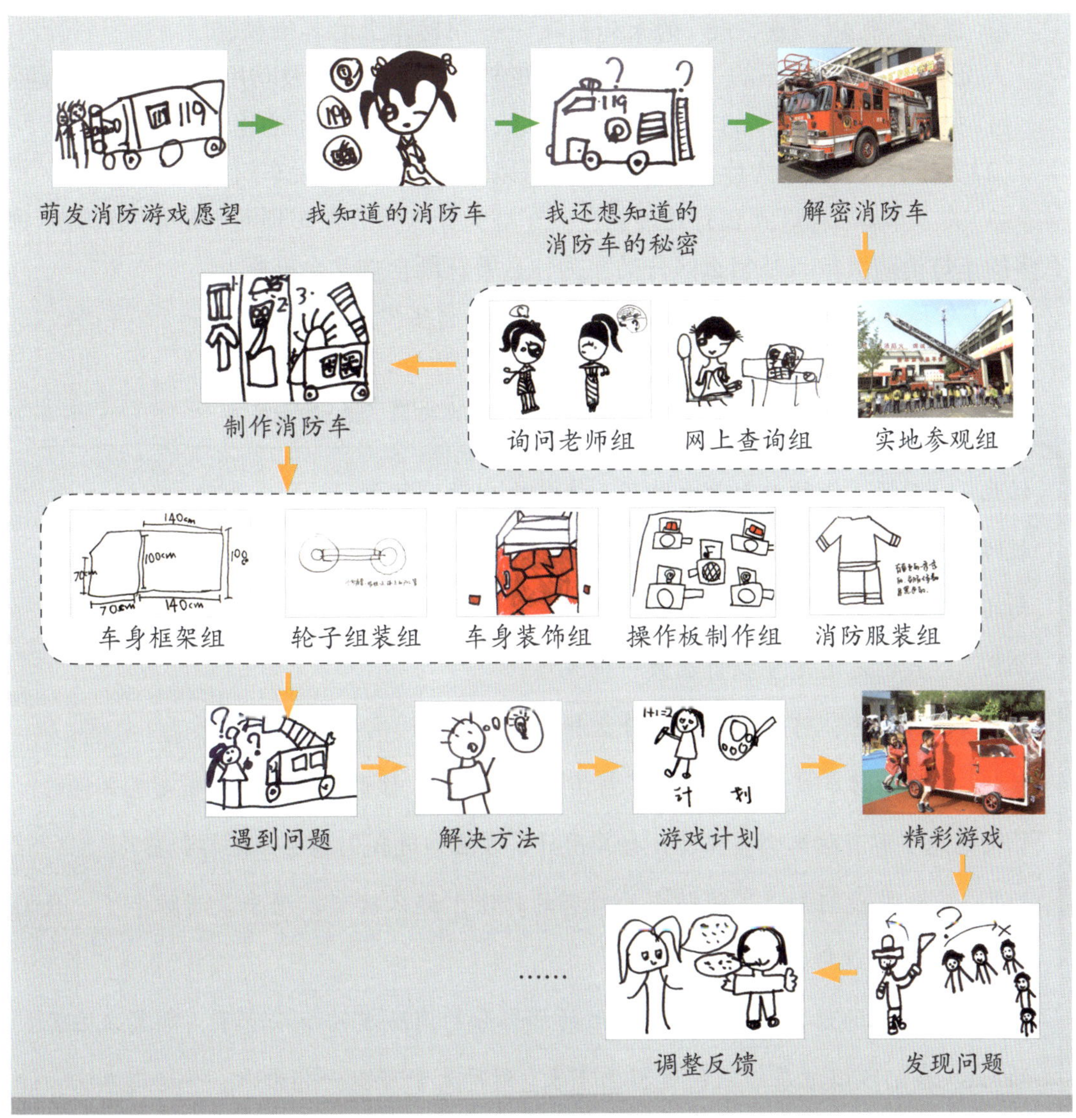

五、儿童海报

（一）我为海报出主意

1 拼凑“模糊”“零散”的已有主题经验——会喷水和鸣叫的“灭火车”

大班的幼儿都已经熟知消防车就是“救火英雄”，它之所以可以在浓浓的烈火中救人是因为消防车上有长长的水带，水带里有喷不完的水；还有一个可以伸得很长的云梯，可以去救高楼上的人。消防车开起来的时候会“呜……呜……呜……”地叫，上面还有一个警灯会闪闪发亮。

2 探索“丰富”“感兴趣”的未知领域——消防车上的其他秘密

大班孩子对于消防车的一些特殊、醒目的构造、存在缘由及功用充满了探索兴趣：

（1）关于轮胎：消防车的轮胎为什么那么大？好像比常见车的轮子要多？

（2）关于云梯：云梯为什么可以伸长？可以伸多长？后面大车门里会装些什么？

（3）关于车灯：警灯到底有几种颜色？车灯为什么要放在车顶而不是车的前方？那么多的车灯消防员叔叔是怎么区分的？为什么警灯既会响又会亮呢？

（4）关于车门：车门和车子怎么都是红色的？有多少门呢？

（5）关于水带：水带怎么连接？水箱里面的水用完了怎么办？……

3 生成“自主”“自创”的儿童海报——师幼共商，活动萌发

幼儿 1：老师，消防员叔叔太帅了，我们也想做消防员。

教师：好啊！可是做消防员叔叔的游戏你们需要哪些材料呢？

幼儿 2：那首先得有一辆消防车啊！可是幼儿园没有消防车，怎么办？

幼儿 3：我们是不是可以自己做一辆呢？

幼儿 4：好办法，可是消防车长什么样呢？

教师：要做消防车我们首先必须了解消防车的外形，你们知道的消防车是怎么样的？你们还想了解消防车哪些秘密？打算用什么方法知道我们想要知道的秘密？

幼儿 5：如果我们知道了消防车的所有的秘密，那么就可以动手做消防车了，我们可以分组做，这样会快一点。

教师：分组做的话，你只会知道你做的那部分的消防车的小秘密了，那怎么办呢？

幼儿 6：我们可以把每组做的过程画下来，到时大家可以一起看看，一起想办法……

幼儿 7：对，这样的话我们可以用画纸，就像美术课每人一张纸……

幼儿 8：这样不够的！消防车很大，我们人很多，我觉得墙上挂的那些大纸张可以拿来用。（说完指了指玄关旁边的入园签到表。）

幼儿 9：我们可以带回家、挂墙上，每天都可以写写画画，就像爸爸妈妈上班用的笔记本。

幼儿 10：做完了这些，我们就可以一起玩消防车游戏啦，快点、快点开始吧……

就这样，主题海报也随着我们对消防车的探索开始了……

（二）主题海报看我的

第一板块 消防车大探秘：了解消防车的秘密，为制作消防车储备经验（集体海报＋小组海报）

这一板块中幼儿随着探索问题的深入分成四步推进活动，第一步“我知道的消防车”，第二步“我还想知道的消防车”，第三步“用什么办法来解决”，第四步“一起想办法解密消防车”。

1 我知道的消防车（集体海报）

要玩消防员的游戏，首先必须有一辆消防车，为了把消防车做得更逼真，大家汇聚各自的消防车经验，拼凑出了一份翔实的“消防车拼图”。

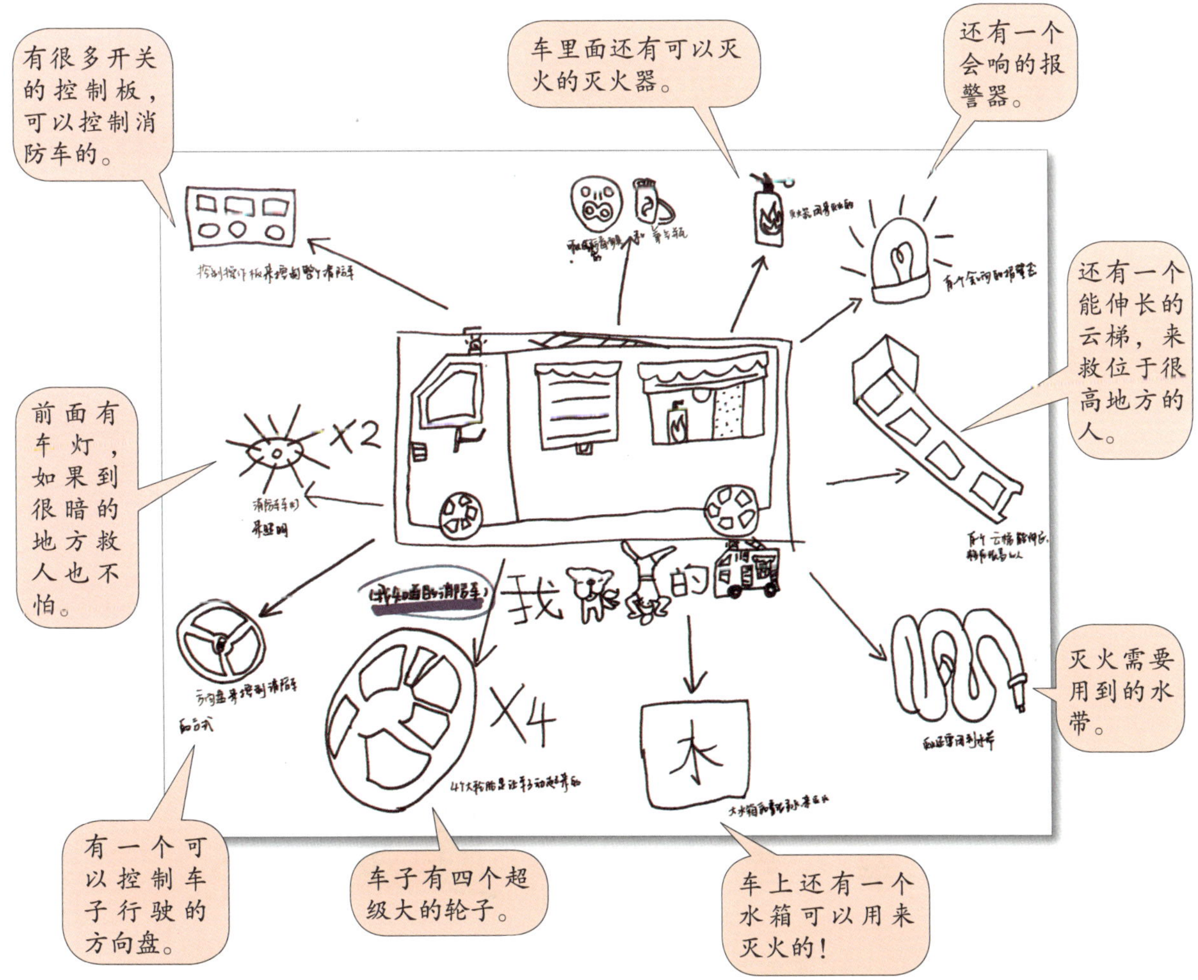

有很多开关的控制板，可以控制消防车的。
车里面还有可以灭火的灭火器。
还有一个会响的报警器。
还有一个能伸长的云梯，来救位于很高地方的人。
前面有车灯，如果到很暗的地方救人也不怕。
灭火需要用到的水带。
有一个可以控制车子行驶的方向盘。
车子有四个超级大的轮子。
车上还有一个水箱可以用来灭火的！
X2
X4

2 我还想知道的消防车的秘密（小组海报）[①]

（1）关于水带的问题

感兴趣的孩子：2号、14号、18号、25号、27号

问题1：水带不够长怎么连接？

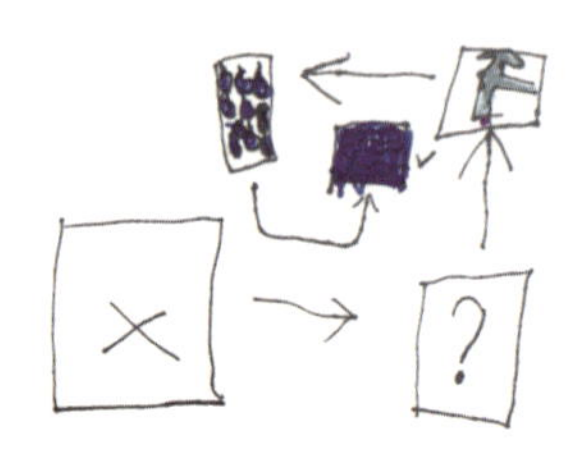

问题2：如果水箱里面的水用完了怎么办？

（2）关于车门的问题

感兴趣的孩子：1号、3号、9号、12号、19号

问题1：消防车到底有几扇门？

问题2：消防车车门的锁到底是怎样的？

（3）关于车灯的问题

感兴趣的孩子：4号、5号、8号、17号、20号、22号、23号、26号、28号

问题1：为什么警灯既会响又会亮呢？

问题2：警灯到底有几种颜色呢？

注：① 班级共有学生33人，为更好地助力大班幼儿的幼小衔接，在本学期伊始，在大班幼儿已经掌握50以内的数字概念并学会点数组合的基础上，开始在本班尝试使用学号。

问题3：到底按哪个按钮警报灯才会亮呢？

问题4：这么多按钮，怎么分得清呢？

（4）关于轮胎的问题

感兴趣的孩子：6号、10号、11号、15号、24号、29号、31号

问题1：轮胎到底有多大？

问题2：轮胎那么重，方向盘怎么控制呢？

问题3：消防车到底有多少轮胎？

（5）关于云梯的问题

感兴趣的孩子：7号、15号、16号、33号

问题1：云梯到底有多长呢？

问题2：云梯是怎么伸缩的？

问题3：怎么爬上云梯呢？

3 用什么办法解决我们想要知道的问题呢？（小组海报）

当孩子自己对这些问题很感兴趣的时候，他们会主动思考，他们会协商出各种方法并积极主动去尝试。

（1）方法1——问老师

水带组的幼儿说："要不我们去问一问老师吧！"于是，他们主动询问老师，获得了关于水带的经验。

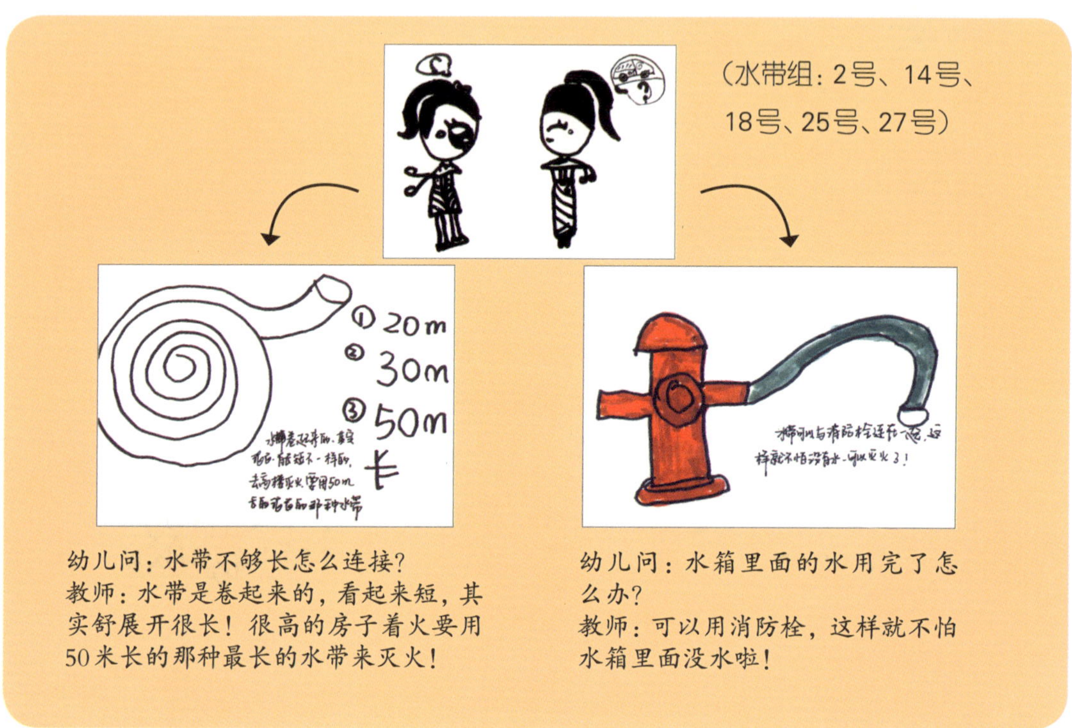

（水带组：2号、14号、18号、25号、27号）
①20m
②30m
③50m
长
幼儿问：水带不够长怎么连接？
教师：水带是卷起来的，看起来短，其实舒展开很长！很高的房子着火要用50米长的那种最长的水带来灭火！
幼儿问：水箱里面的水用完了怎么办？
教师：可以用消防栓，这样就不怕水箱里面没水啦！

（2）方法2——查电脑

车灯组幼儿说："电脑上能查很多东西，我们去电脑上查一下吧！""我回家请爸爸妈妈帮我一起查。"于是，幼儿都回家用电脑去查消防车灯的小秘密了！第二天，幼儿一到园就迫不及待地和大家分享起了车灯的秘密。

(3)方法3——参观消防大队

车胎组、云梯组和车门组的小朋友说:“消防大队离我们学校可近了,走过去马上就到了!”“要不我们还是去参观消防大队吧!还可以问消防员叔叔呢!”

问题1 怎么去消防大队呢?

“消防大队这么近!我们自己走过去就可以了!”“对呀对呀!”孩子都觉得走着过去很方便。“可是,我们要怎么走过去呢?”“我知道路线。”“我也知道路线。”于是,幼儿规划出了几条去消防大队的路线。(图1、图2)

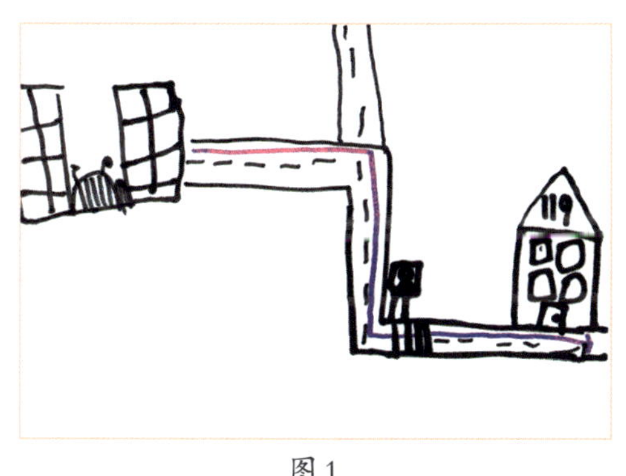

图1

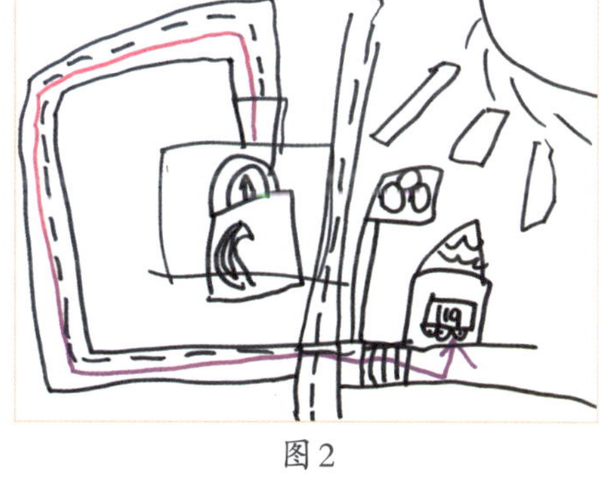

图2

那选哪一条路线过去好呢?

“我觉得第一种挺好的,转一个弯就到了!”

“对呀对呀!第二个绕一圈就远了呀!路就走多了!”

于是在幼儿投票商议下,我们决定用第一种,路走得少一点。

幼儿相互协商终于决定了参观路线。大班孩子虽然有初步的计划能力,但是考虑事情并不全面,于是,我问幼儿:“参观路线我们已经决定好了,那还要注意什么呢?”

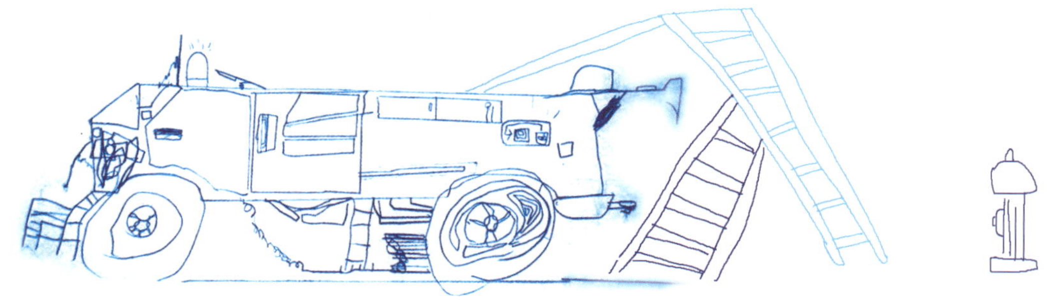

问题 2 去的时候还要注意什么呢?

队伍要排整齐。

跟着队伍，慢慢走，不推来打去。

要遵守交通规则，走斑马线，红灯停，绿灯行。

眼睛要观察周围的车辆。

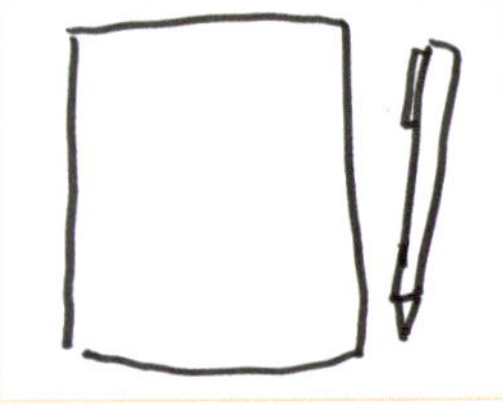

带上笔和纸，就可以记录我的小发现。

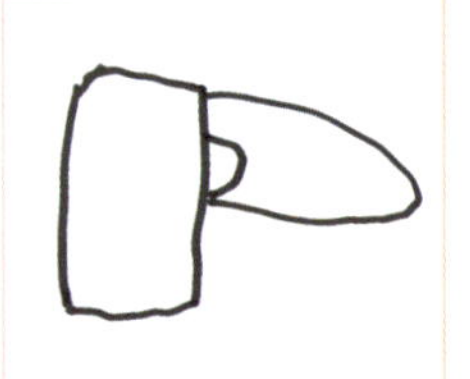

带上水杯，渴了就能直接喝水啦!

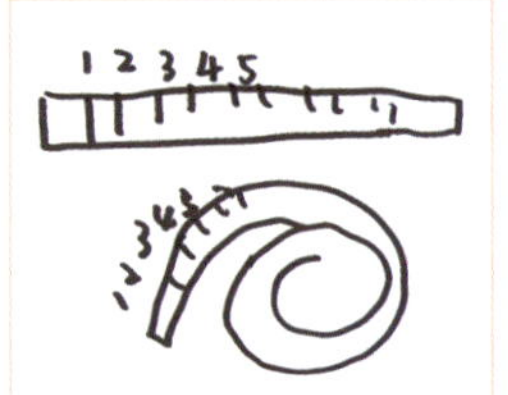

还要带上皮尺和绳子，用来测量轮胎。

穿运动鞋，走路舒服一点。

4 消防车原来长这样(小组海报)

幼儿带着问题来到了消防大队，开启了他们实地参观消防大队之旅。

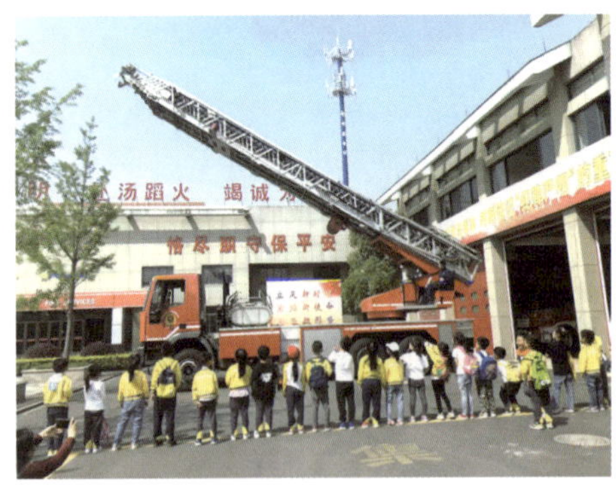

教师反思:

大班幼儿发现问题、思考问题的方式不再局限于纯粹的直接感受和主观臆断。起初在描述消防车的基本特征时，为了集中智慧，幼儿以集体海报为基础汇聚每个人的零散经验，在画纸上构造出一个完整的消防车示意图。通过集体海报，幼儿开始发散思维，根据自己感兴趣的领域提出一系列问题，并自发地组织兴趣相同的小朋友开展小组合作探索（此时，幼儿能自发地利用学号进行小组分工，体现出幼儿的数字表征、抽象逻辑能力的发展）。在发现问题、探索问题、解决问题的过程中，在主动思考、回溯已有经验的基础上，幼儿学会主动向老师、网络工具求助，并且积极参与实地考察来验证自己的猜想和假设。

活动中，幼儿将自己发现问题和解决问题的全过程用绘画记录的方式进行表征，一方面我们可以观察到幼儿在学习事物、思考问题时的思维特征，比如运用日常经验进行创造性表征（过马路慢慢走——用“乌龟”来强调速度要慢，用“好”字来代指整齐的队伍），可以有目的、有计划地开展活动（精心地规划去消防队的路线，准备好出行装备）。另外，幼儿通过自创海报巩固了自己的已有经验，梳理清晰自己的探索路径，最终为自己的活动开展提供了无限的可能，教师也能够依据儿童海报所呈现出的幼儿发展特征做出适当的支持。

✦小组海报 1——轮胎组（6 号，11 号，13 号，21 号，34 号）

问题 1　怎样测量轮胎的大小呢？

“我们带了皮尺和绳子，拿出来量一下吧！”

第一次测量

哇！好大好长哦！有30厘米！

咦？不对呀！我们量出来的是32厘米呀！

问题 2　为什么量出来的长度不一样呢？

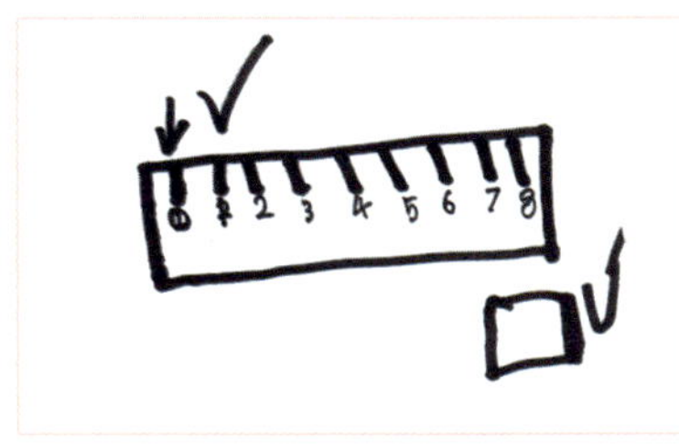

量的方法肯定错了，要对准数字“0”，从数字0开始量。

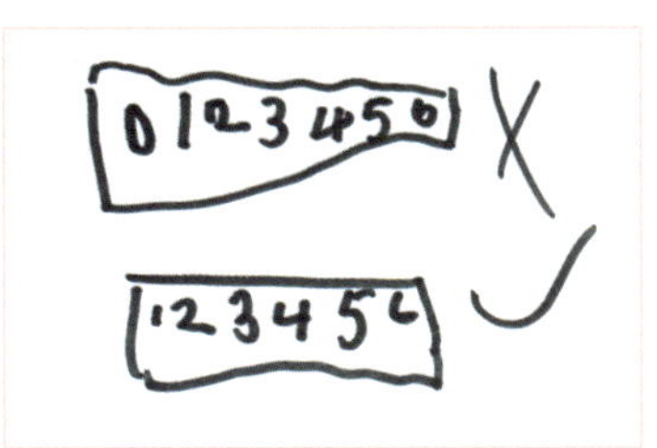

也可能没有拉紧！量的时候要拉紧，不然就不准了！

第二次测量：于是，幼儿按照讨论的方法，进行了第二次测量。

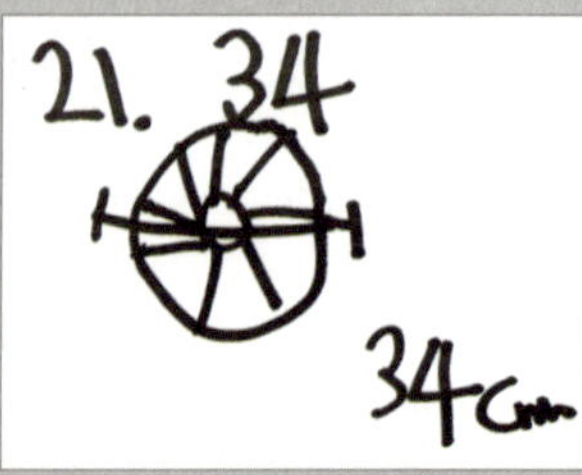

21号和34号：“我们量出来是24cm哦！这下对了吧！”

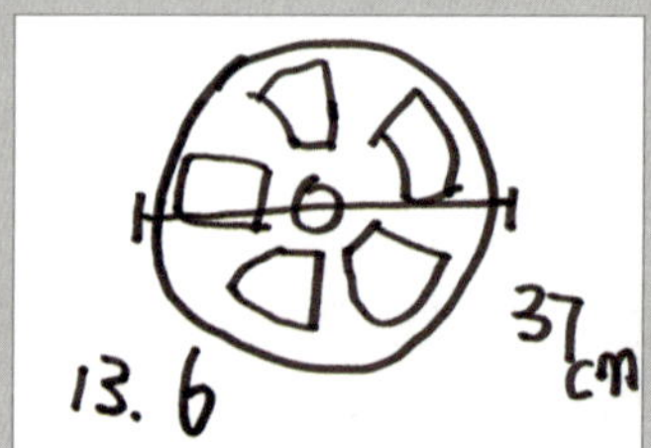

13号和6号：“不对呀！我们也是对齐数字0，再拉紧测量的，怎么我们测量出来的是36cm呀！”

问题3 那到底怎么回事呀！

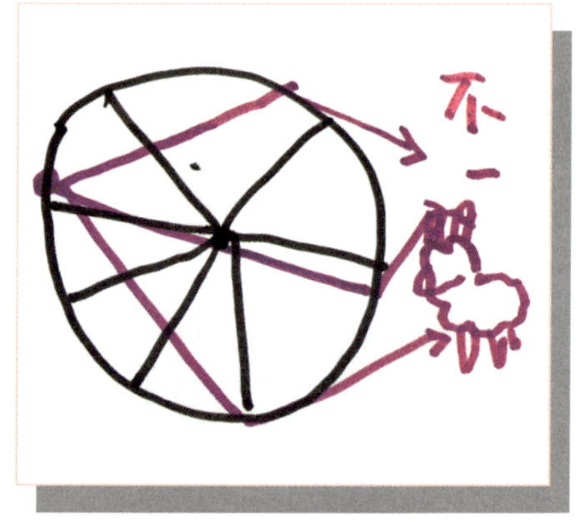

“我知道了！量的位置动一动，量的地方不一样，量出来的长度就不一样了！”

“每条线长度都不一样，那哪条线才是真正的轮胎长度啊？”教师问道。

有的幼儿盯着圆圆的轮胎突然说道：“我记得妈妈切生日蛋糕的时候沿着蛋糕中心长长的切一刀就是几个一样大的蛋糕，会不会……”说完去轮胎那里，一直在轮胎那里比画妈妈切蛋糕的“十字架”切法。

“我知道了！”一位幼儿指着轮胎的中心，“从这个中心开始到轮胎周围的都是一样近，绳子穿过这里的话，长度就是一样长了！”

幼儿按捺不住自己的激动，“对对对，这样就可以一样长了，爸爸切西瓜也是沿着中间把西瓜给切成两边一样大的，我们量出来的一样长的数字就是轮胎的长度。”

“我知道了，他不动，我拉着尺子穿过轮胎中心走到另外一头就好了呀！这个数字就是轮胎的大小了！”

后来，幼儿发现这些数字不仅一样长（38厘米），而且是轮胎里最长的数字，幼儿总结道：“只要穿过圆圆的物体中心的直直的线，是这个物体最长的长度。”

第三次测量：

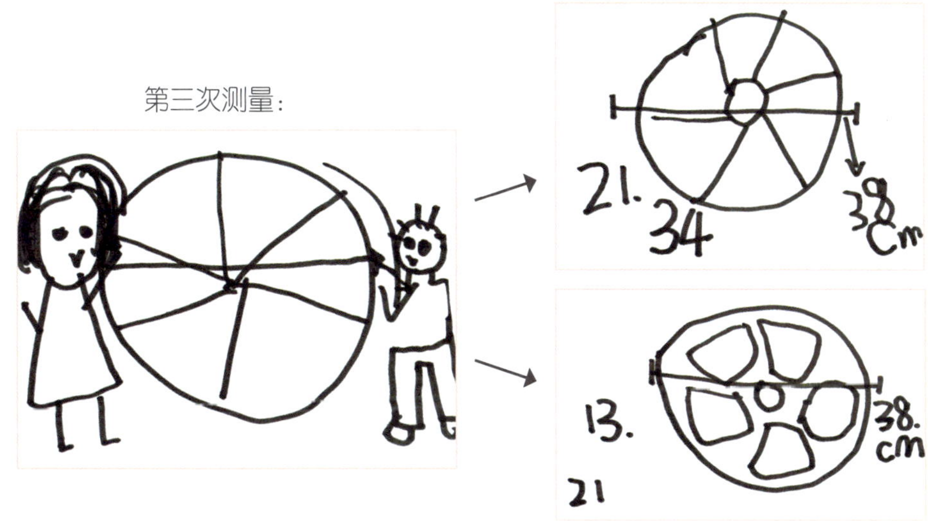

轮胎终于量出来了！“哇！消防车好高噢！到底有多高呀！”

问题 4　消防车到底有多高呀？我们该怎么测量呢？

消防员叔叔帮我们拉一下绳子！我们量一量消防车有多高！

我们来和消防车比一比吧！

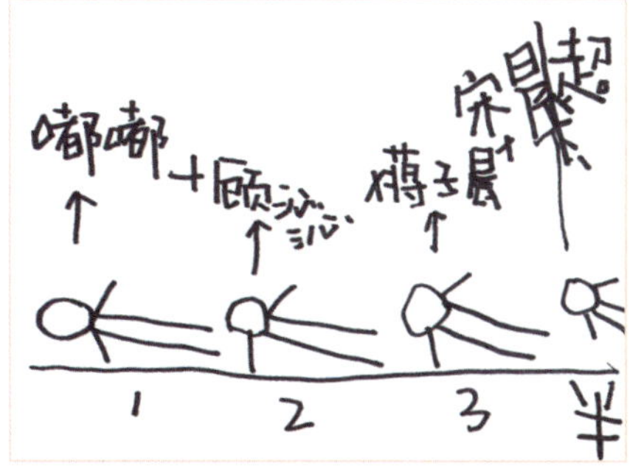

消防车高度就是把嘟嘟的身高、顾沁沁的身高、蒋子晨的身高和宋晨超身高的一半加在一起那么高！

问题5 消防车到底有几个轮胎呢？

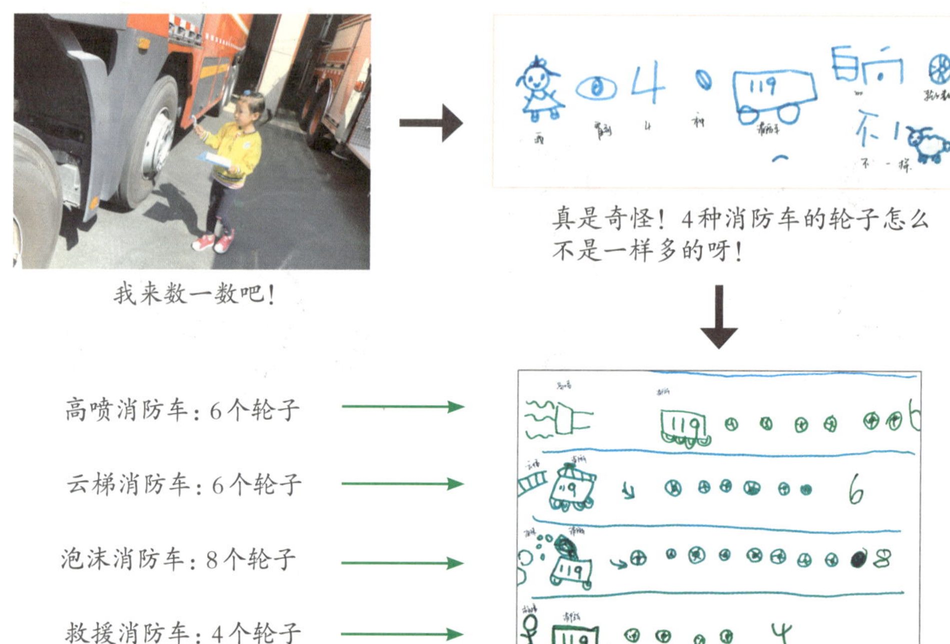

我来数一数吧！

真是奇怪！4种消防车的轮子怎么不是一样多的呀！

高喷消防车：6个轮子

云梯消防车：6个轮子

泡沫消防车：8个轮子

救援消防车：4个轮子

咦？为什么不同的消防车的轮子的数量是不一样的呢？

我们问问消防员叔叔吧！

消防员叔叔说："因为泡沫消防车里面有很多水，太重了，需要多装几个轮子。"重一点的车子轮胎多一些，轻一点的车子轮胎少一些。

教师反思：

为了解决"轮子有多长""消防车有多高""轮子有多少"这些数学测量问题，幼儿运用了标准测量工具——尺子。但是在活动中，幼儿虽然知道尺子的功能，但是对具体的物体如何操作尺子测量，幼儿并没有正确的认识。这时我们发现，幼儿关于尺子的“理论”与“实践”是脱节的，一旦幼儿开始操作，就会产生各种问题。

也许有人想，这个时候就是传授给幼儿关于“直径”“等距”“均分”等概念最好的机会。但是，教师依旧选择相信幼儿，相信幼儿可以自己发现问题症结之所在。于是，幼儿不断试误和反思，发现了尺子的松软、刻度“0”的标记并未在轮子的最开头等这些影响最终测量结果的因素。幼儿在厘清测量技术上的问题之后，又面临着具体物体测量的困境。但是，由日常生活中的切蛋糕的经验迁移和启发，幼儿发现并总结了如轮胎一类的圆形物体的基本特征，“直径”“等距”“圆心”“对称”等概念开始建立。另外，在之后的高度测量中幼儿借助等量对换（用班级里同伴的身高来比拟消防车高度），把抽象的高度数据在心中进行具象的转换，通过消防车构造的不同联想到消防车功能的不同……

我可以预见日后幼儿测量各种形状物体依旧会遇到各种疑惑，但是在这次探索过程中幼儿所形成的努力思考、不断尝试、一步步探索直至解决问题的学习品质是异常珍贵的，也是让我为之骄傲和振奋的。

✦小组海报2——云梯组（7号、15号、16号、33号）

问题1　云梯是先爬上去再伸长还是先伸长再爬上去的？

“我觉得应该是先伸长再爬上去，不然如果掉下来怎么办？”

“我觉得是边伸长边爬，这样救人的时候就可以节省时间了！”

“应该是先爬上去到顶上，有一个可以站的地方，然后再伸长，这样更方便呀！”

观察，询问中……

先伸长架到高楼窗户上，然后再快速爬上去！

问题 2 云梯为什么可以伸长?

我们的猜想：

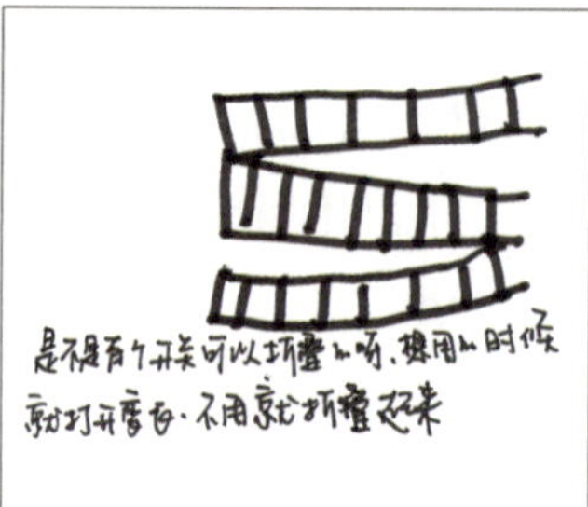

是不是有个按钮，按一下，梯子就会折叠起来？

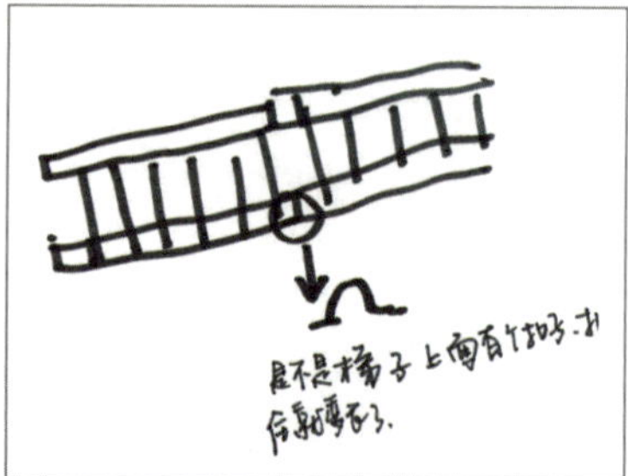

梯子之间可能有扣子，两个梯子连起来了！

是和雨伞收拢变短一样吗？

观察，询问中……

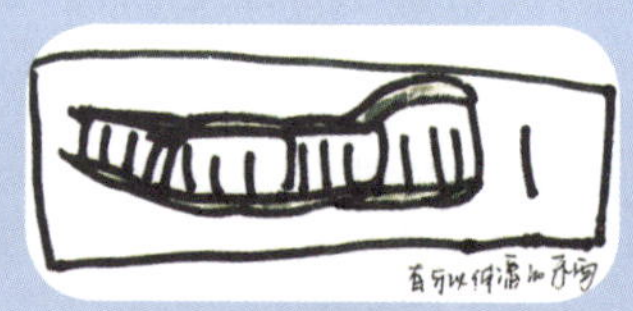

1. 里面有一个可以伸缩的样子有点像起重机的东西。

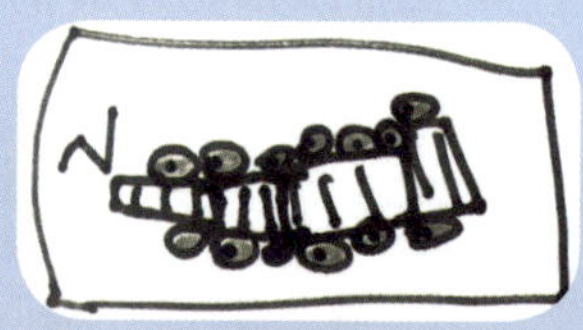

2. 上面有转盘在帮助伸缩。

3. 里面有一节一节可以扣住的地方。

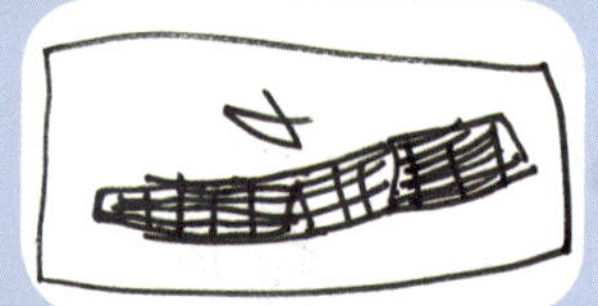

4. 里面有很多铁丝，在帮忙。

消防员叔叔还和我们解释说：“云梯是伸缩的，里面有钢丝和滑轮来帮助云梯伸缩。除了伸缩云梯，还有折叠式的云梯。”

参观时新延伸的问题，小组海报3——消防服是用什么材料做的？能防火吗？

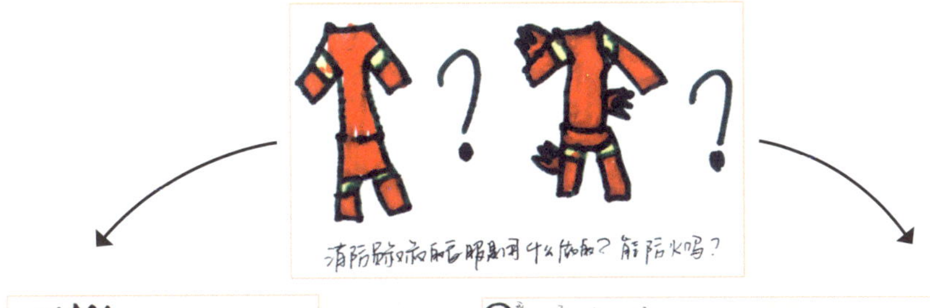

消防服是用金属铝箔做的！

消防服能防火，但是只能防一点点时间，时间长了也会着火，要用水扑灭。

消防员的衣服重不重的？我们不知道，要不再去参观消防大队吧！

穿一穿消防服！

哇！消防服好厚哦！穿着可真热！又像铁块一样重！

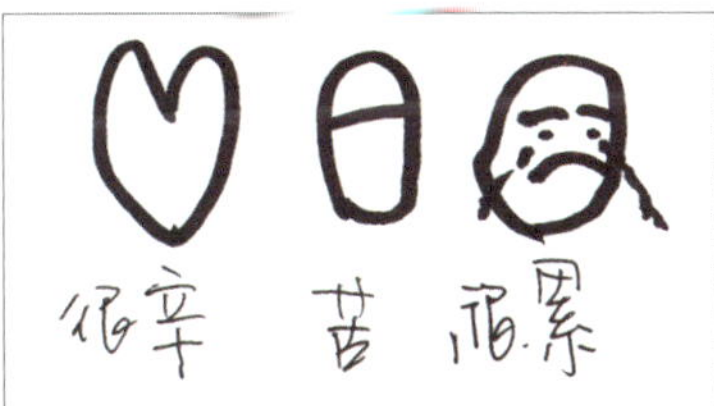

消防员叔叔可真辛苦呀！

教师反思：

以上一系列儿童海报的艺术表征不再局限于对事物和发现成果的简单陈列，而是融入了幼儿自己的思考和情感。在“探索云梯”的活动中，幼儿学会了结合具体情境进行推理和猜想，幼儿开始将生活中的事物和经验在海报上进行整合，在实地考察和询问后，再进行总结，并且突出关注到的细节和关键。幼儿真正做到了深度学习。此外，幼儿在进行表征时也别出心裁，尽管幼儿的语言表征能力并未成熟，书写能力也不够，但是幼儿借助自己的想象和创造力制作出了通俗易懂、妙趣横生、感情丰富的主题海报，比如，辛（谐音“心”）苦（苦苦的药丸），很厚很热（出汗的小人），时间一长（钟表“从三点到十点”），铝（谐音驴）箔（谐音伯伯）……这些艺术作品是幼儿自主探索中的真情流露和头脑风暴下的产物，儿童海报不仅融入了主题活动中，更是随着幼儿的活动的深入具备更丰富的价值和内涵。

第二板块　设计制作消防车——在制作中提升、丰富关于消防车的经验，为开展消防员游戏做准备（小组海报）

在零距离接触和探索消防车后，幼儿积累了和消防车相关的丰富经验。于是，大家开始迫不及待地制作消防车，幼儿相互之间自由分组、计划、分工、寻找材料、进行制作。

✦小组海报1——消防车车身框架组

问题1　用什么材料搭建消防车车身？

（1）方法1——用纸板搭建

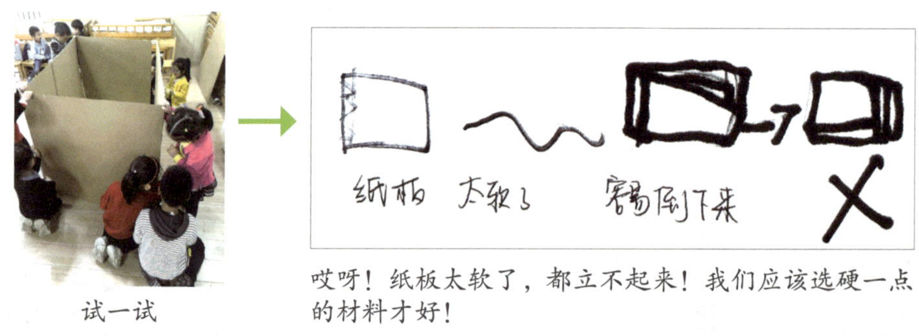

试一试

哎呀！纸板太软了，都立不起来！我们应该选硬一点的材料才好！

（2）方法2——用硬一点的螺母积木

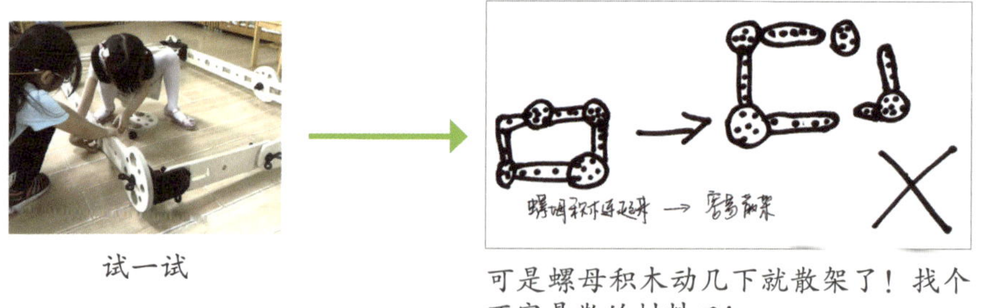

试一试

可是螺母积木动几下就散架了！找个不容易散的材料吧！

（3）方法3——用木工坊的长木条

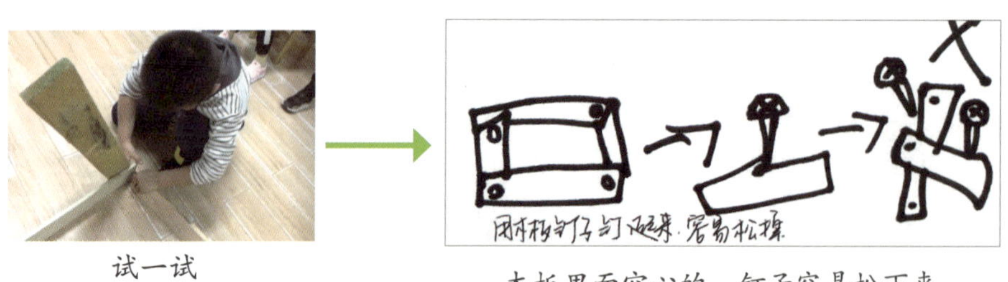

试一试

木板里面空心的，钉子容易松下来。

（4）方法4——用PVC管连接

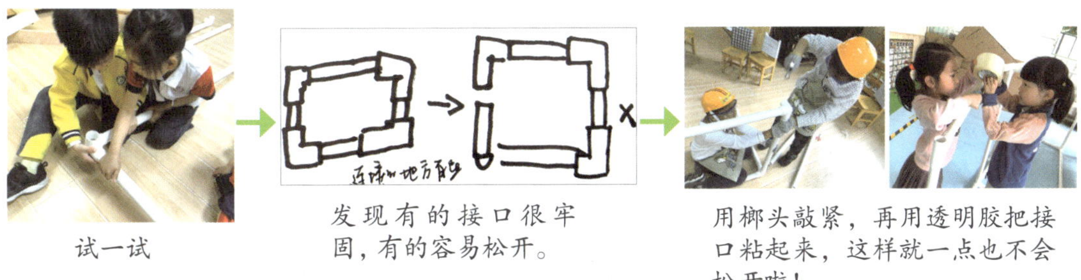

试一试　　发现有的接口很牢固，有的容易松开。　　用榔头敲紧，再用透明胶把接口粘起来，这样就一点也不会松开啦！

问题2 车身到底要多少根PVC管呢?

看来用PVC管搭建车身是个不错的主意。于是幼儿就地取材，把教室里所有的PVC管都找了出来，用尺子一量，发现长度为140厘米的有2根，长度为100厘米的有2根，长度为70厘米的有3根，这些都可以用来搭建我们的消防车，可是搭建一辆消防车究竟需要多少长短不同的PVC管呢？大家先画个图进行预算：

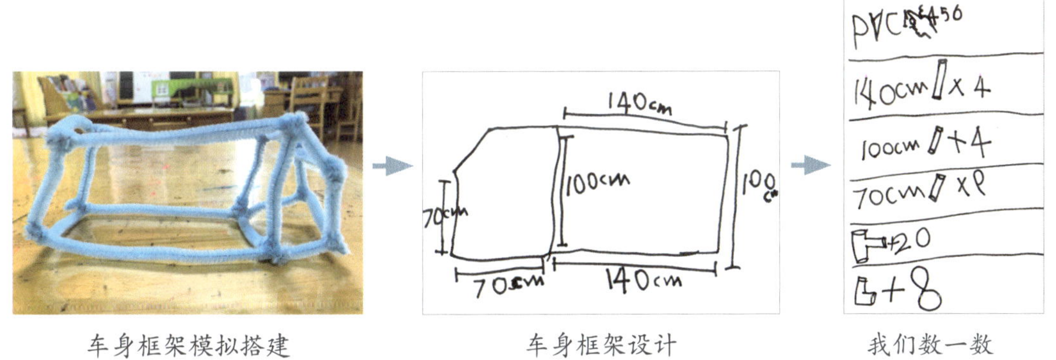

车身框架模拟搭建　　车身框架设计　　我们数一数

问题3 70厘米长的PVC管不够了，怎么办?

有了这样的预算，幼儿很清楚所需要的PVC管数量，于是幼儿在幼儿园的角角落落进行寻找，可是70厘米的PVC管数量还是不够，怎么办呢？有了，把长一点的PVC管锯短点不就好了嘛！

量一量　　做标记　　锯一锯

✦小组海报2——轮子组装组

问题1 轮子用什么连起来?

车身构建完成，幼儿迫不及待地就想把轮子装上去。可是在装轮子的时候用什么材料链接呢?

（1）方法1——用铁棒试一试

找到铁棒 → 在轮轴中插进去 → 太细了，卡不牢。需要粗一点的棒子。

（2）方法2——用粗一点的竹棒试一试

找到竹棒 → 插进去 → 太粗了，插不进，需要比铁棒细一点，又比竹棒粗一点的材料才行。

（3）方法3——用PVC管试试吧

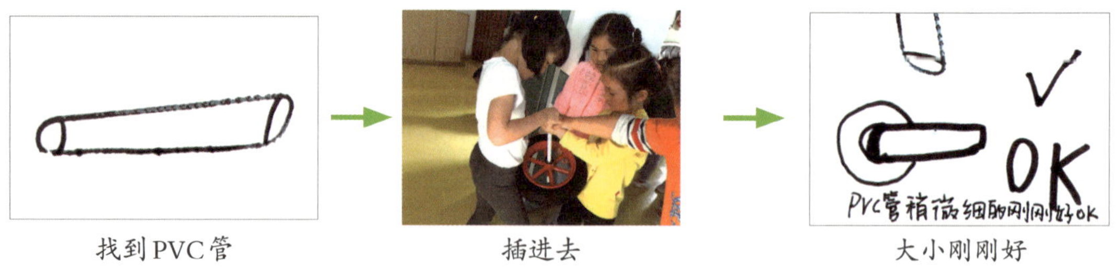

找到PVC管 → 插进去 → 大小刚刚好

问题2 PVC管总是弯掉怎么办?

幼儿正在为找到大小合适的PVC管而开心，可是新的问题再次来袭，他们发现连接车轮的PVC管太软了，总是弯掉，这可怎么办呢？于是幼儿又展开了探究……

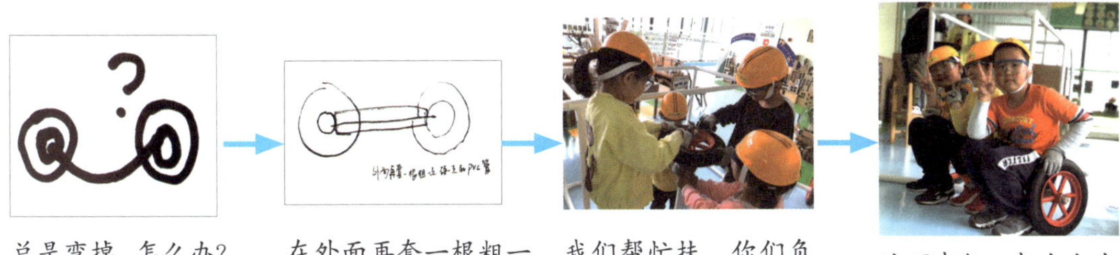

总是弯掉，怎么办？

在外面再套一根粗一点的PVC管试一试！

我们帮忙扶，你们负责敲！

这下我们一起坐上去也不会弯下去了！

问题3　怎么把轮子装到车上去呢？

终于成功啦，可是如何将车轮和车身进行连接呢？

（1）方法1——直接把车身放上去试试吧！

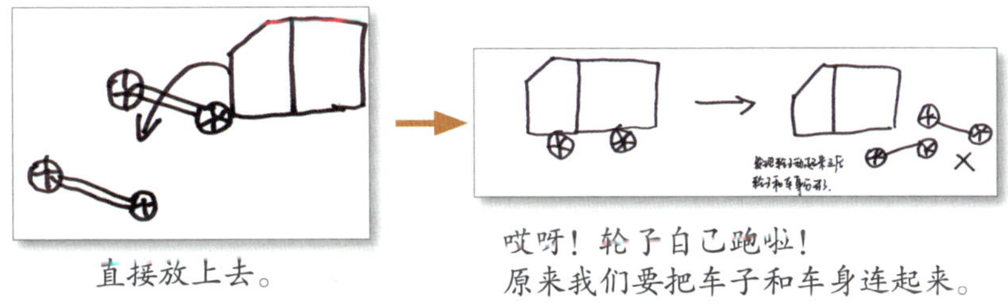

直接放上去。

哎呀！轮子自己跑啦！
原来我们要把车子和车身连起来。

（2）方法2——用毛根绑起来试试吧！

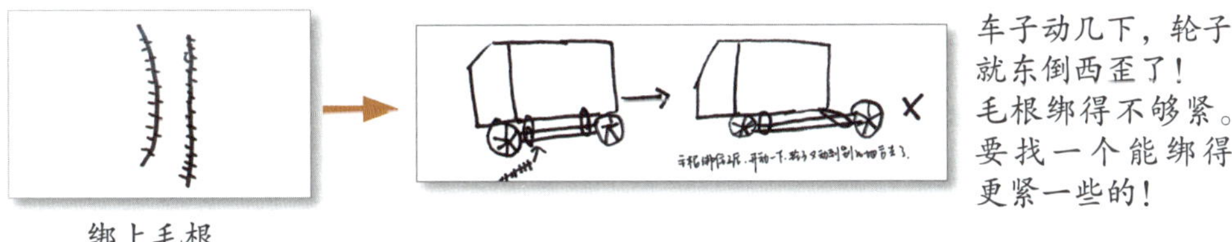

绑上毛根

车子动几下，轮子就东倒西歪了！毛根绑得不够紧。要找一个能绑得更紧一些的！

（3）方法3——那就用透明胶绑起来！

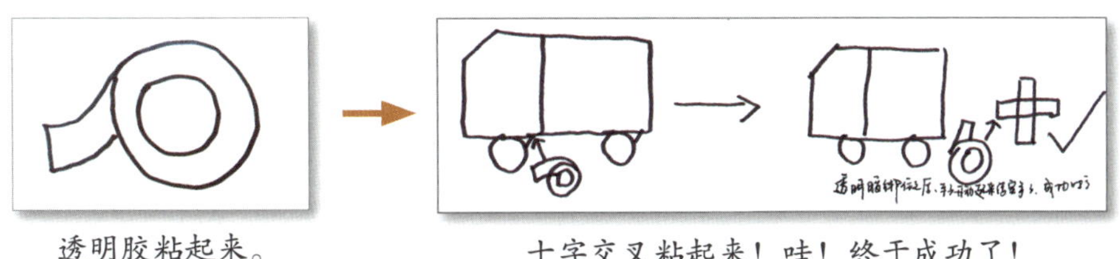

透明胶粘起来。

十字交叉粘起来！哇！终于成功了！

✦小组海报3——车身装饰组

问题1　车顶怎么老是塌下去？

徐择一说：“我们的消防车只有一排架子怎么行？要不我们找个东西盖在上面，变成一个车顶吧！”于是幼儿找到了一块很大的空调板，大家齐心协力把它抬了过来做成了车顶。可是，没过多久，车顶却塌了下来。

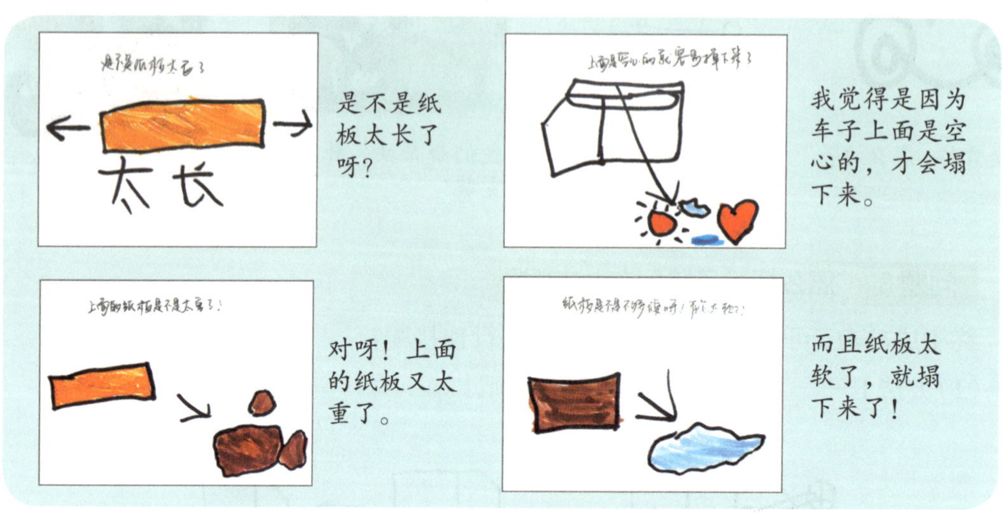

太长
是不是纸板太长了呀？
我觉得是因为车子上面是空心的，才会塌下来。
对呀！上面的纸板又太重了。
而且纸板太软了，就塌下来了！

在幼儿热烈的讨论中，姚晨熙说：“要不我们在车顶上用透明胶一圈一圈地包住，这样车顶就不是空心了，而且也能托起纸板的重量！就这样试一试吧！”

用透明胶包住试试

发现透明胶都耷拉下来，撑不起空心板，要包得紧一点

透明胶拉得不够紧

一个人很难拉紧

要两个人相互帮忙

于是，幼儿相互配合，你站在这头拉，我站在对面接。很快我们的消防车顶就完成啦！

问题 2 用什么来做车门呢?

要不用KT板吧!

KT板太容易破了！要找一个结实一点的。

木板比较结实！要不用木板吧!

木板太厚了！不好锯呀!

那用纸板试一试吧!

纸板比较硬，还容易剪割（谐音“疙瘩”的“疙”），刚刚好!

问题 3 车门怎么装上去?

用透明胶粘住试一试

纸板太重了，没几次开关就掉下来

要不用木工坊的合页试一试

门上螺丝孔越来越大，门又坏掉

在经历几次失败之后，幼儿有些气馁，于是，教师问幼儿：“为什么合页用在纸板上会粘不住呢？”这一问题启发幼儿进行新的思考：

纸板太软了！

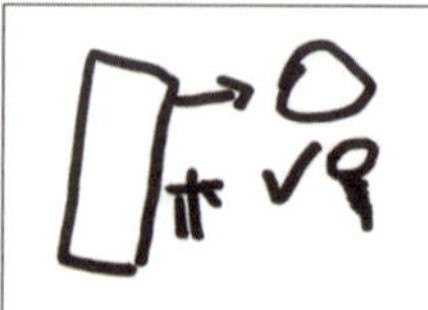

硬的木头会不会就能钻进螺丝了呢？

那我们在装合页的地方装上木条不就好了嘛！

于是，我们在纸板门的一边装上了长木条！

问题 4 怎样打孔才不会跑掉？

当幼儿安装上了木条之后，新的问题又来了。装合页还要在木条上打孔呢！可是打孔的时候，为什么打着打着，打孔机总是往别的地方跑呢？

猜一猜，我们认为……

是不是钻的力气太小了！

已经很大力了！PVC管太滑了，打着打着就滑到别的地方去了。

刚开始的时候要钻得慢一点，洞对准之后，有点小洞洞了再打快一点。

一个人钻不了孔，需要分工，一个人在旁边扶牢车子，一个人打孔。

试一试，我们发现了……

打孔机要放得平一点，再钻孔。

帮忙扶的小朋友，扶得不够用力。

你用力钻洞，我认真扶牢。

然后再拧上螺丝，在大家的齐心配合、共同努力下，车门终于装好啦！

问题5 怎么把消防车变成红色呢？

（1）方法1——用水粉颜料

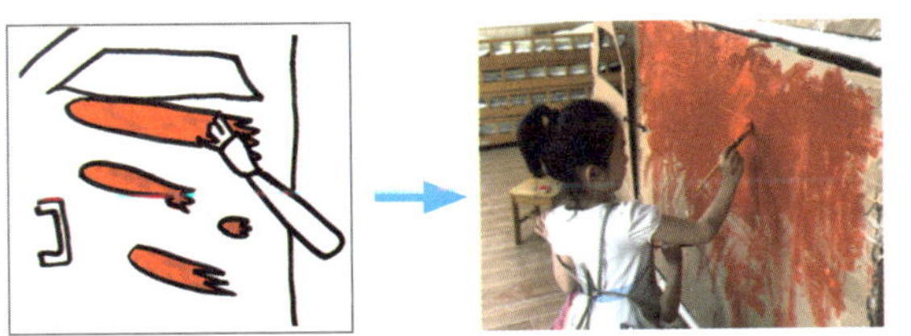

用水粉涂成红色试试吧！

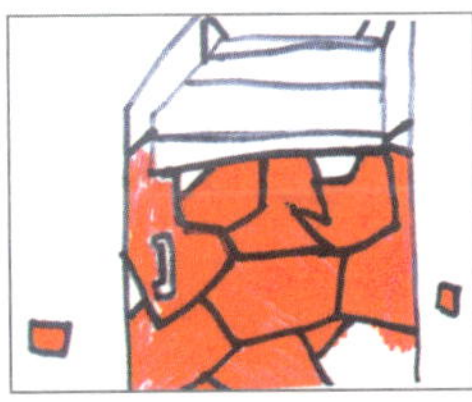

水粉容易把衣服弄脏，等水粉变干后，会一片片地掉下来。

（2）方法2——用即时贴

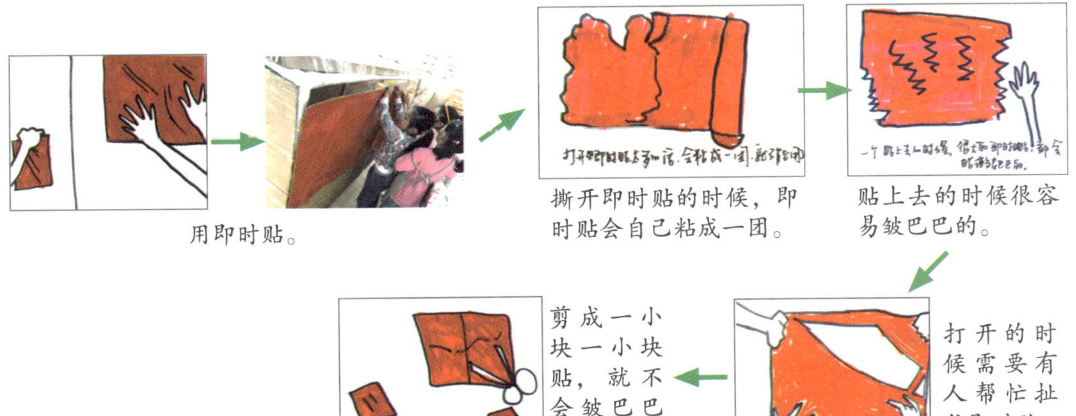

用即时贴。

撕开即时贴的时候，即时贴会自己粘成一团。

贴上去的时候很容易皱巴巴的。

打开的时候需要有人帮忙扯住即时贴。

剪成一小块一小块贴，就不会皱巴巴了！

✦小组海报4——操作板制作组

看着整辆红色消防车完成后，幼儿兴奋不已，在消防车上面贴上了119的标志。正当幼儿以为大功告成的时候，杨泽煜说："我们的消防车都不会报警，也没有车灯呀！""我有办法了！装一个音响放消防车的声音不就好了吗！"徐择一说。看着光秃秃的车顶，有些幼儿想到了运用科探区的电路来制作车灯。

问题 1 操作板用什么材料做呢？

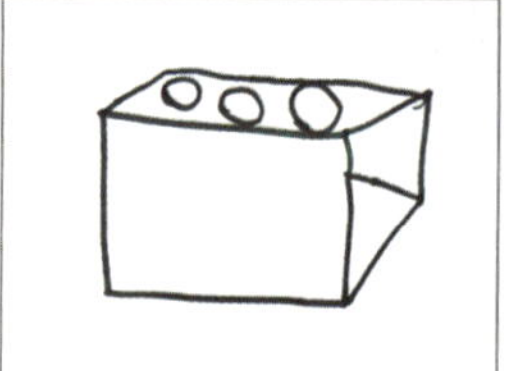

用大的方形纸盒。

试一试。

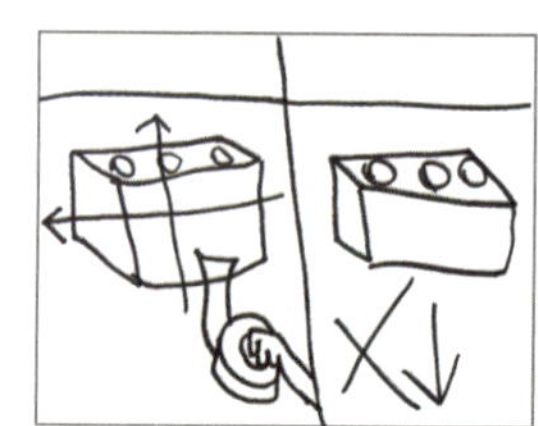

盒子太重了，粘不住，要换一个稍微轻一点的盒子。

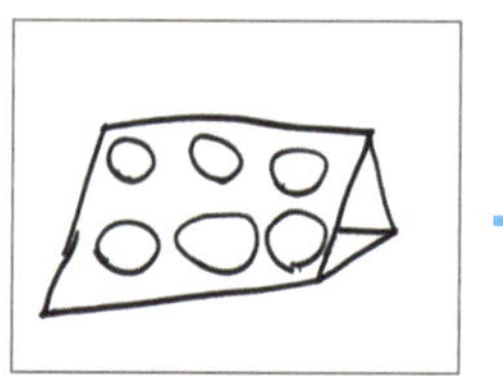

那用这个小一点的三角形盒子试一试吧！

咦！这个盒子刚刚好，不会掉下来。

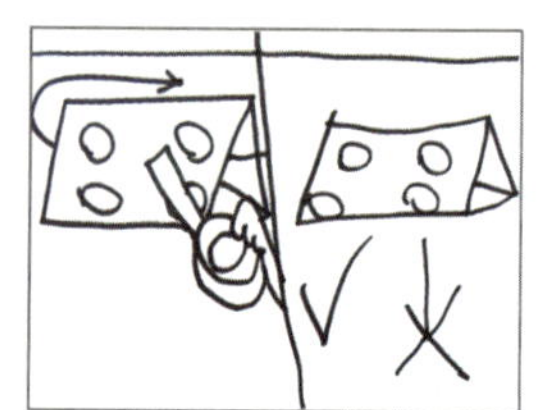

透明胶穿过盒子中间，粘住，这样粘起来更牢固！

问题 2 操作板上的按钮分不清怎么办？

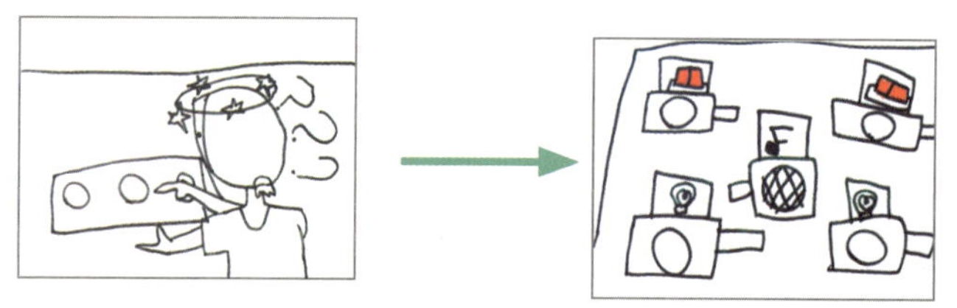

开关旁边贴上图，这样就不会搞错了！

问题 3 电线怎么连？

怎么连才能刚刚好？

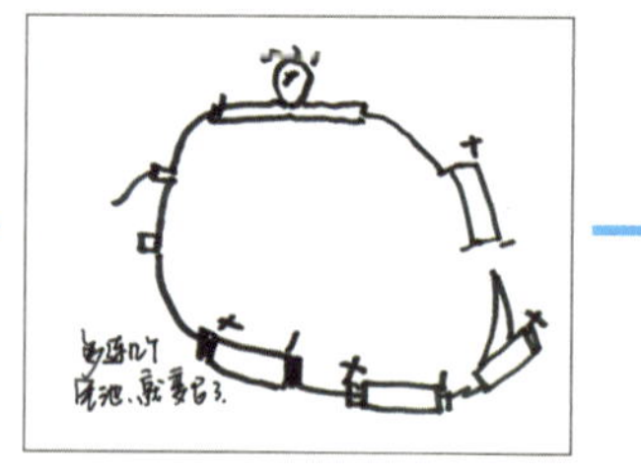

多连几个电池，这样电路就长一点！

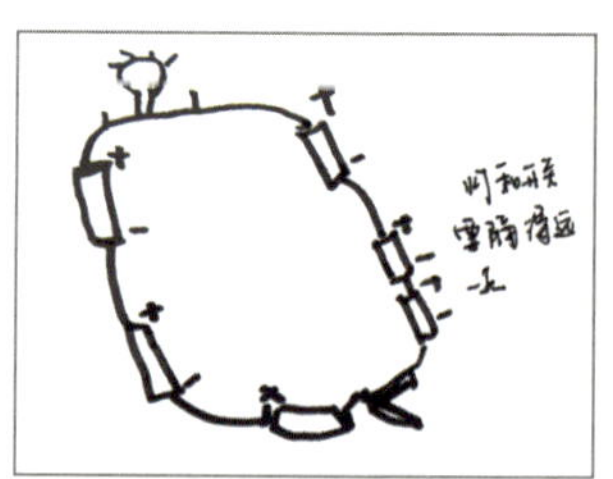

灯泡和开关要离得远一点。

问题 4 为什么车灯不会亮?

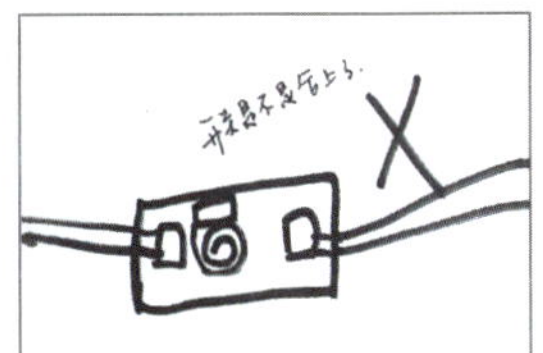

检查一下：开关要合上。

检查一下：灯泡有没有转紧。

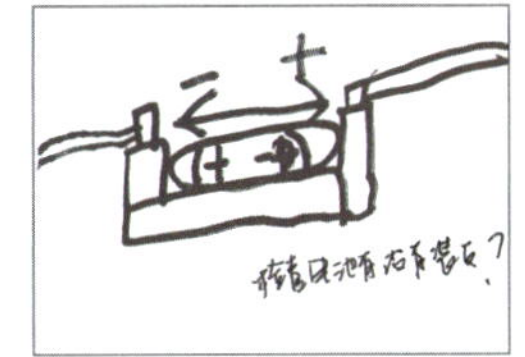

检查一下：电池有没有装反。

小组海报 5——消防服装制作组

问题 1 消防员叔叔的衣服到底是什么样的呢?

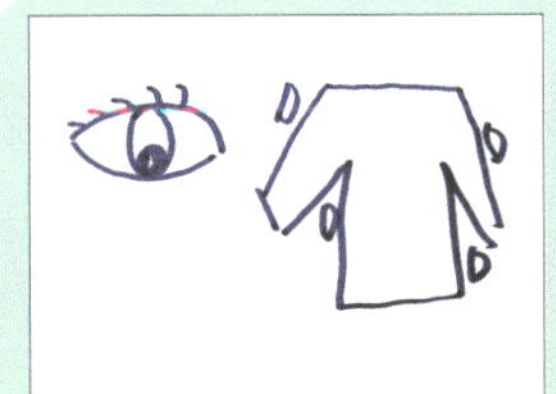

看起来像雨衣一样。

衣服上和裤子上有一条条长条纹。

问题 2 需要什么材料呢?

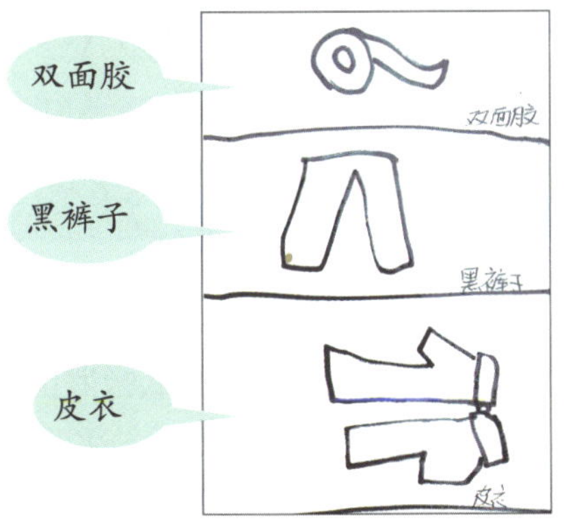

黄纸

塑封纸

白纸

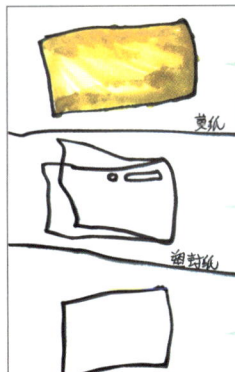

问题 3 皮衣服太大了怎么办?

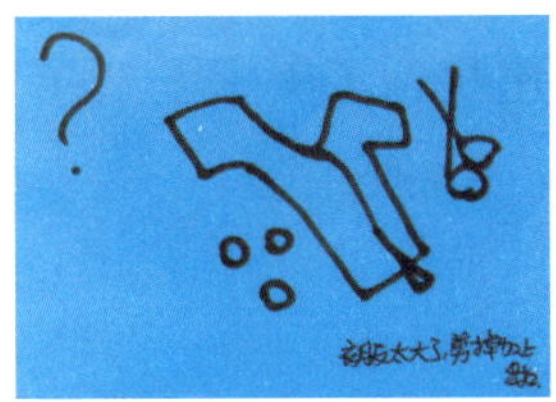

把衣服剪掉，加上纽扣。

用雌雄贴当纽扣，还可以调节。可是太麻烦了！

要不还是简单点，沿着边把衣服旁边的部分剪去吧！

问题 4 皮衣做不上记号怎么办?

用记号笔试一试，发现看不清楚!

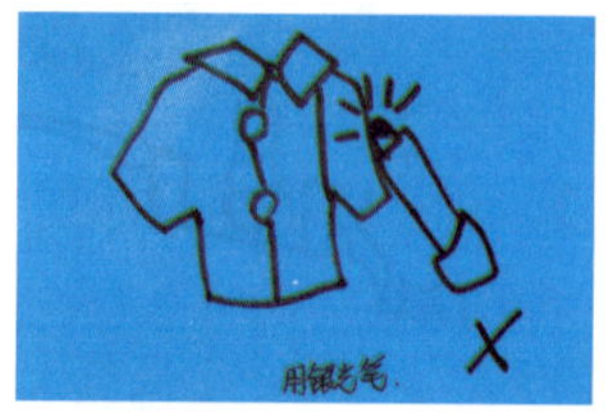
用荧光笔试一试，发现看不出来!

要不贴个双面胶做记号吧！终于可以了!

幼儿给皮衣做上标记之后，就按照自己的大小进行裁剪。“哇！现在穿着才差不多！”可是消防衣服的一条条黄色的标记怎么装饰上去呢？幼儿发现直接用黄色的纸贴上去很容易破掉，而且很容易掉下来。

“之前去摸消防员叔叔的衣服，就像塑胶一样，不会被水泡湿，也不会被火给烧掉。”……幼儿想到了先前的健康活动中，老师把小朋友们做好的“防流感口诀”进行塑封，贴在洗手台上，可以防水还可以稳稳地贴在墙面上。

于是幼儿就把黄色的彩纸进行了塑封。

问题 5 塑封纸怎么装上去呢?

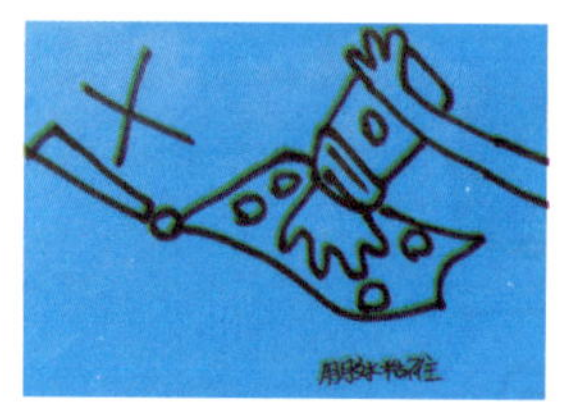
用胶水粘，发现粘不住

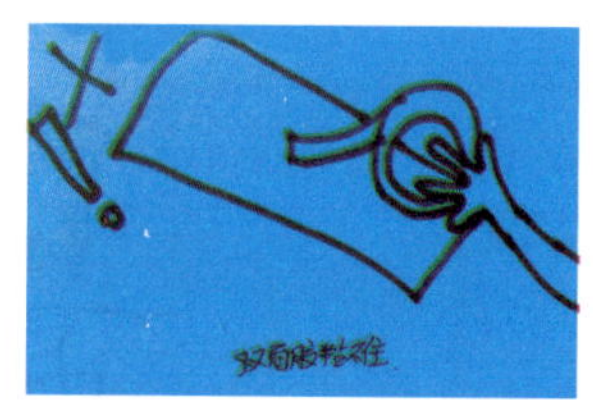
用双面胶也粘不住

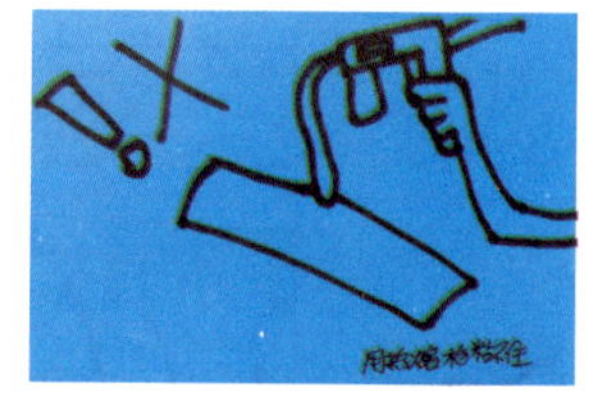
热熔胶枪也粘不住

尽管塑封纸是防水的，而且比较坚硬，但是幼儿发现塑封纸比普通纸张要滑得多，胶水、胶枪、双面胶等无法将其固定。于是，我问幼儿：“除了用粘起来的方法，还有什么办法呢？”

欣欣突然跑去洗手台，看到“防感冒口诀”，大声说道：“老师是把‘防感冒口诀’钉在了墙上！”

“对，钉上去比粘上去更加稳！”幼儿借着这个发现，迅速找到了美工区正在写着教案的刘老师手中的订书机，说：“要不我们用订书机把标记订上去吧！”

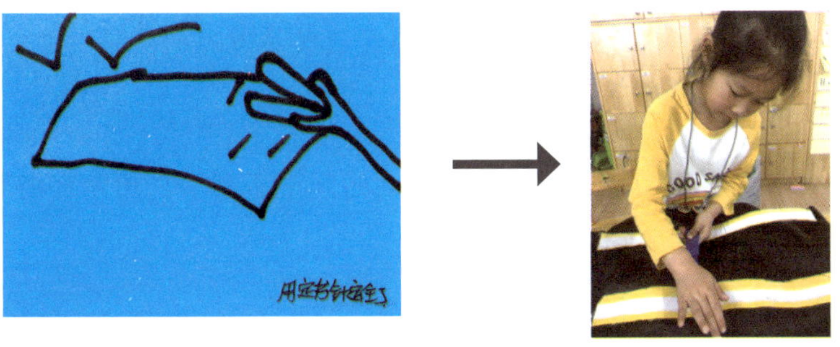

消防服装完工啦!

教师反思:

在项目活动中，幼儿所展现的知识经验和学习技巧已经远超教师的预期，幼儿的智慧在自主活动中得到充分彰显。从制作消防车到制作消防员的衣服，教师除了为孩子提供制作材料的支持外，均未直接干预到活动当中。幼儿会事先列好计划表，绘制好制作样图，有目的、有计划地尝试各种材料和器具(制作轮胎、搭建框架时各种材料的试误与验证)，并学会摆脱功能固着(如双面胶不止可以粘贴物体，还可以成为车轮与车身的固定剂)，但是，最值得称道的是幼儿在自主合作中对于各种材料的创造性使用和对问题能够结合事物特征和具体情境进行推论分析，如将PVC管化整为块(涉及幼儿数学均分、组合的概念)；将即时贴剪成小块以避免褶皱；在打孔、固定纸板和胶带时一方固定一方拉扯(涉及物体大小受力不同的二力平衡、摩擦力等力学原理)；将合页、木条、纸板有机组合，组装成稳固的车门(涉及物质材料组合后结构稳定性的经验)……幼儿并未系统地学习过抽象的物理学知识，从零开始制作车辆对幼儿来说已经是一个远超已有知识水平的挑战。但是，幼儿将自己的经验、想法、热情投入车辆制作的工作中，在遇到问题时提出各种假设和可能，并不厌其烦地一一验证。面对五花八门、功能各异的材料，幼儿努力探寻材料之间的共性和组合的可能性，使得每个材料的价值得到最大程度的发挥。

这一阶段主题海报活动下的幼儿不仅在学习品质、经验迁移、动手操作能力方面有了显著的提升，而且学会了利用海报进行车辆建构、服装设计的过程推演，将自己的问题进行生活化的表征，并从已有生活经验和同伴的智慧中寻找突破点。儿童海报不再是仅仅承载着对活动中儿童主观体验表达的活动工具，而是成为推动和启发儿童经验重构和智慧碰撞的重要活动资源、活动内容。

第三板块 消防游戏体验——在玩消防游戏中感受消防员叔叔的辛苦，进一步丰富巩固经验（集体海报）

消防车的制作最终大功告成！期待已久的消防游戏时间终于到了！可是在游戏中幼儿依旧面临许多问题，他们在游戏前讨论着……

问题1 哪些人来参加呢？谁来当队长？

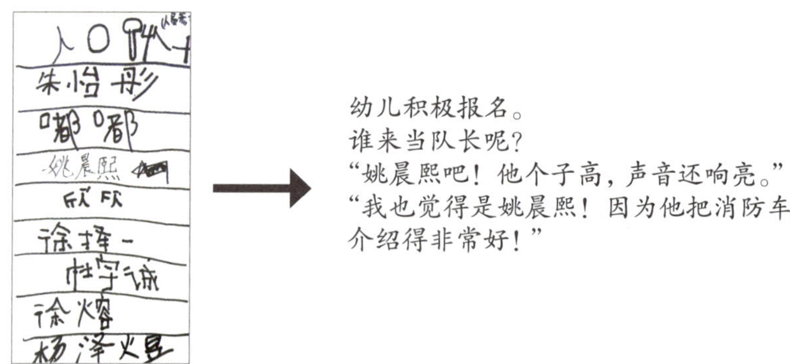

幼儿积极报名。
谁来当队长呢？
“姚晨熙吧！他个子高，声音还响亮。”
“我也觉得是姚晨熙！因为他把消防车介绍得非常好！”

问题2 消防员叔叔不出警的时候，平时是在干什么的呢？

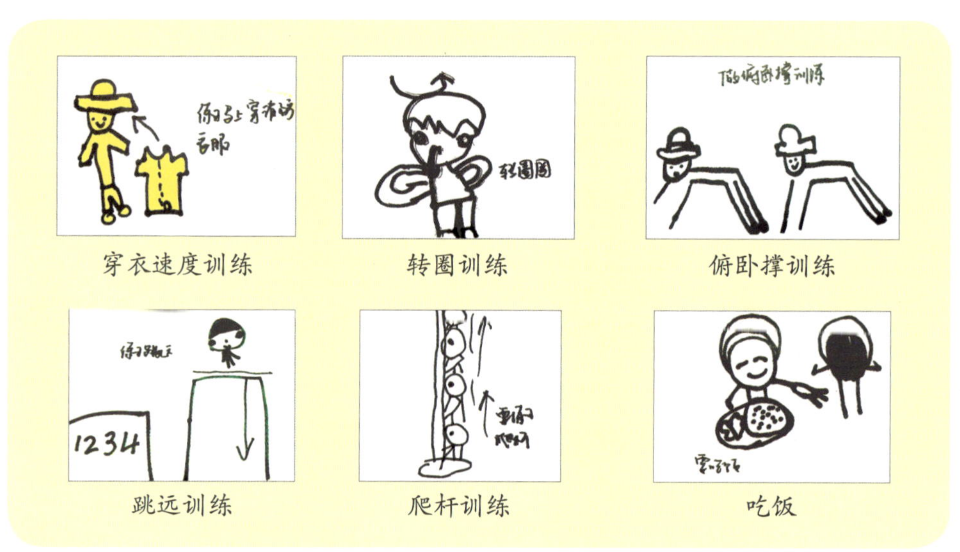

穿衣速度训练　转圈训练　俯卧撑训练
跳远训练　爬杆训练　吃饭

我们一起来游戏

我们的发现——游戏中的问题

问题 1 消防队长指挥不认真，怎么办？

姚晨熙队长不认真

换认真一点的徐择一当队长

消防队长要知道规则：声音要大，要学会救人，会管理队员，不随便离岗

问题 2 消防队出警时候乱糟糟，怎么办？

幼儿看到了自己在灭火时候的慌乱样子，都觉得是因为我们事先没有分工。于是，幼儿开始根据每个人所喜欢的、所擅长的领域进行分工。

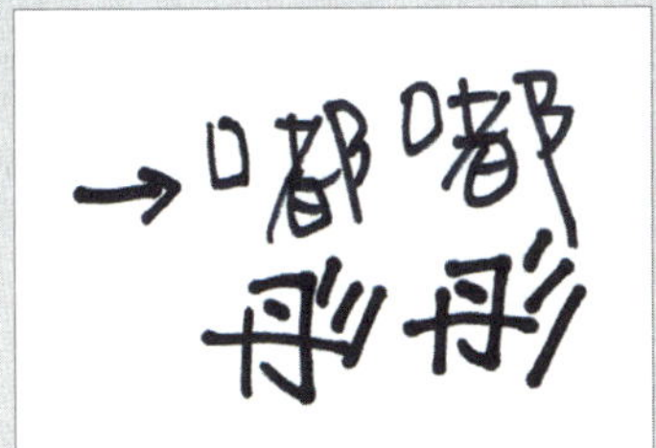

嘟嘟和彤彤负责救援

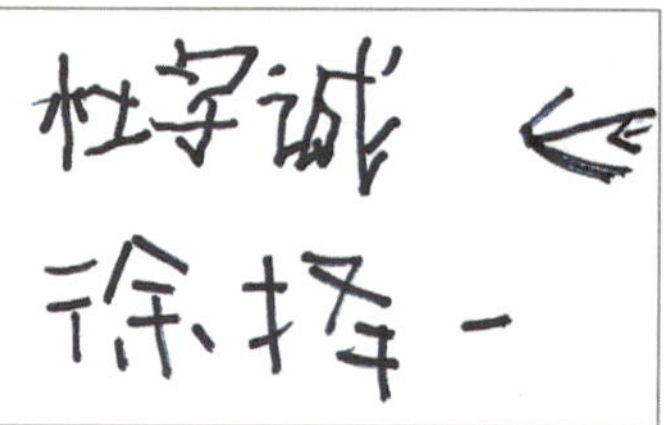

诚诚和择一负责疏散人群

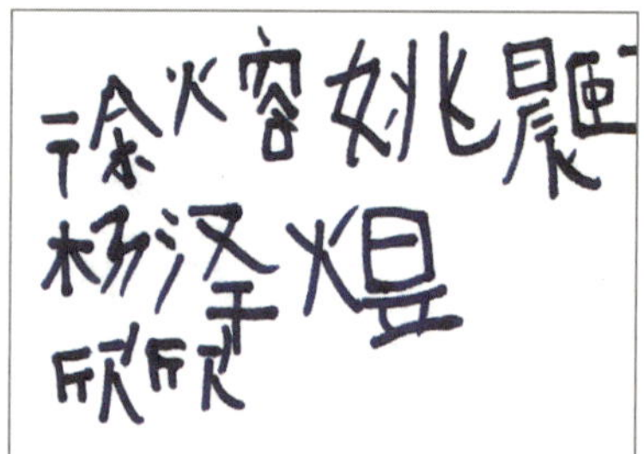

徐熔、姚晨熙、杨泽煜和欣欣负责灭火

教师反思：

先前的活动中幼儿展示出了卓越的学习能力和思考推理能力，并且在设计消防游戏的活动中，幼儿丰富的前置活动经验使得游戏活动准备和设计极为顺利，但是幼儿在实施消防游戏的活动中出现了职责不明确、规则不统一的乱象，幼儿做出调整，通过协商投票选出更为合适的“领导者”，并且学会协商制订更为合理的游戏规则，发挥众长，各司其职。但是，或许是幼儿在活动中的目的不一致（心理学家帕顿将大班年龄阶段的游戏定义为联合游戏，幼儿可以交流共同的游戏话题，交换游戏材料，但是幼儿依旧按照各自的兴趣开展游戏活动），幼儿分工合作能力在消防游戏中的表现逊色于在探索和建构消防车活动中的表现，在后续的类似游戏活动中，教师可以适当鹰架幼儿，鼓励幼儿积极开展合作游戏。

（三）我们的海报长这样（成果展示：集体海报、小组海报呈现）

1 了解消防车的秘密

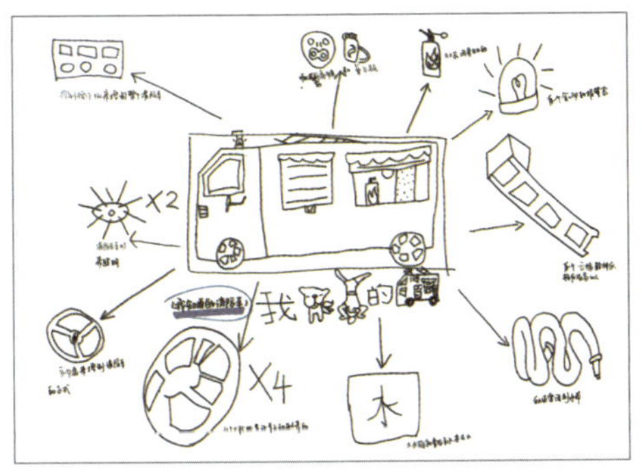

我知道的消防车（集体海报）

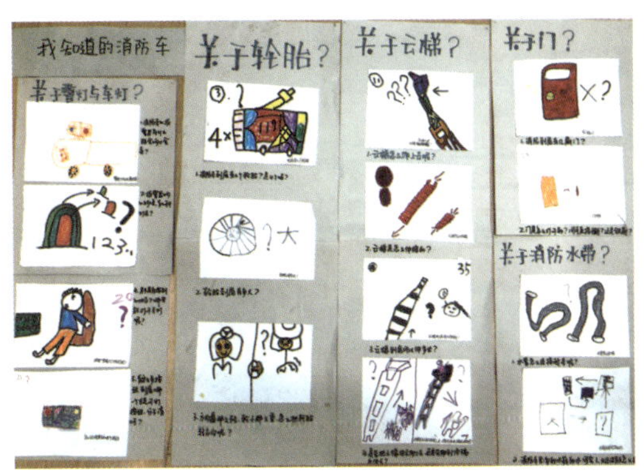

我还想知道的消防车（集体海报）

用什么方法解决（集体海报）

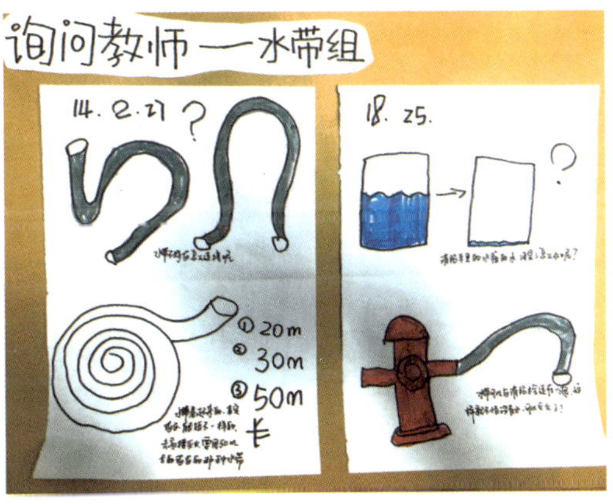

询问教师组（小组海报）

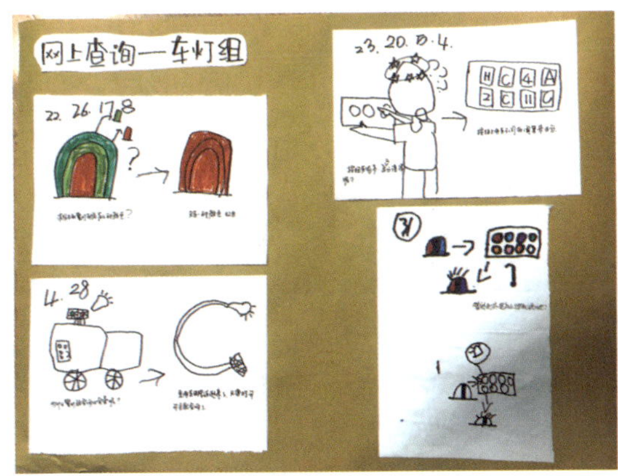

网上查询组

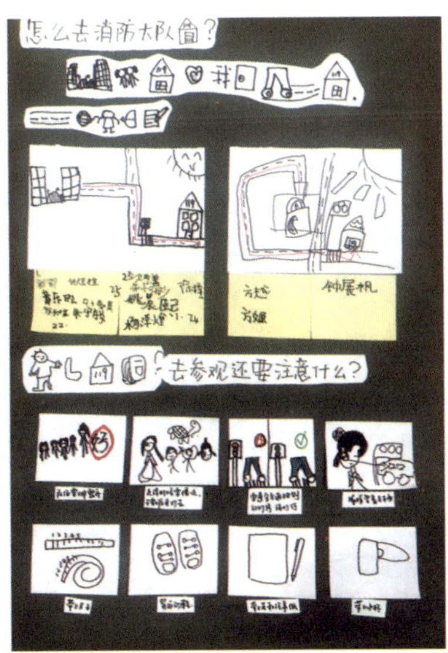

网上查询组

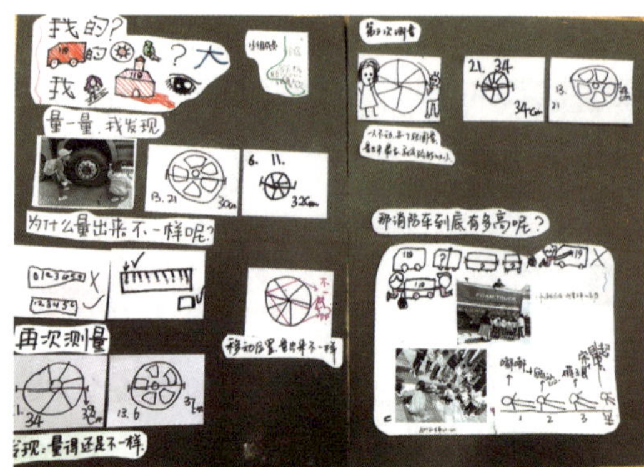

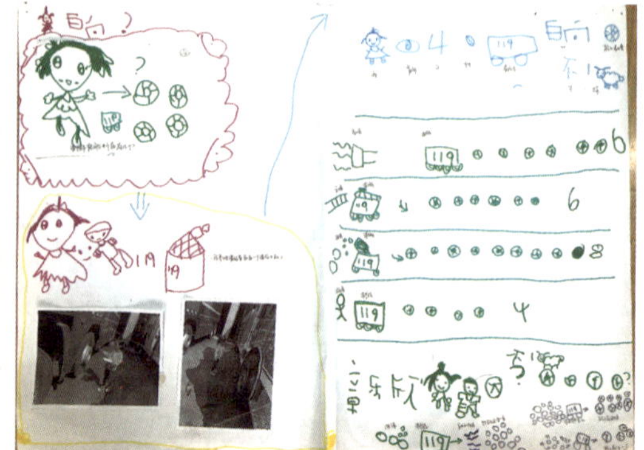

轮胎组

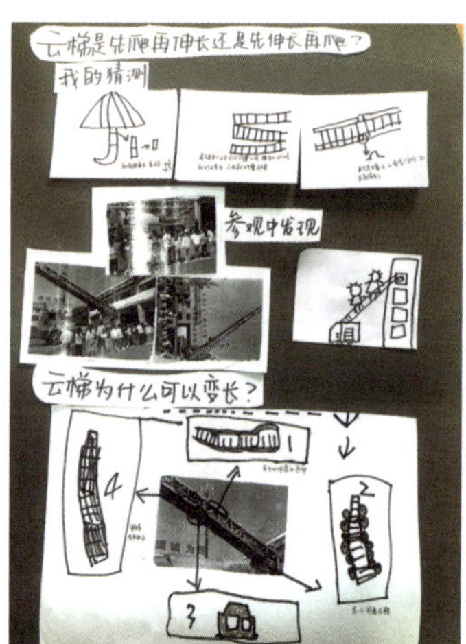

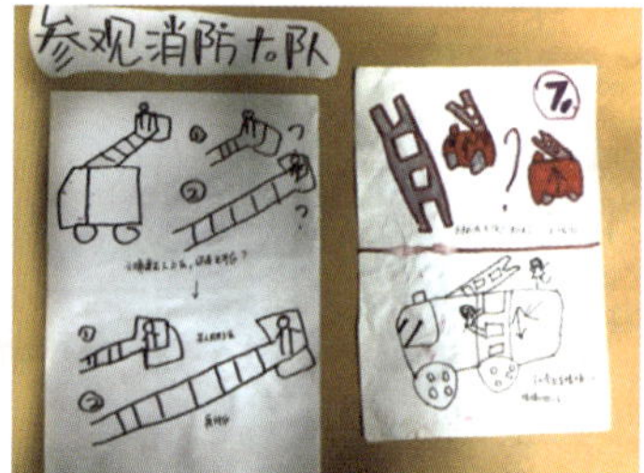

云梯组

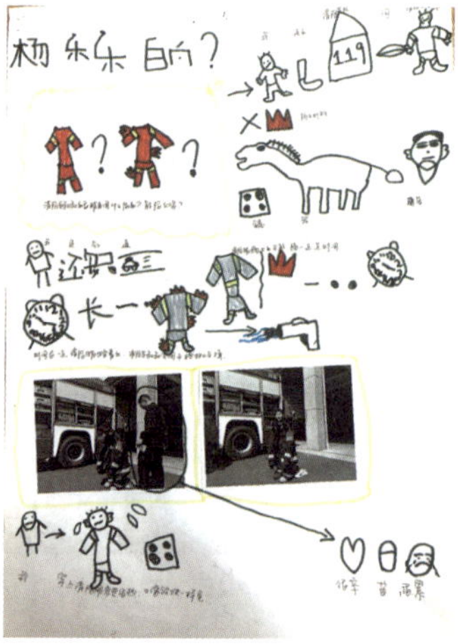

新问题：消防服装

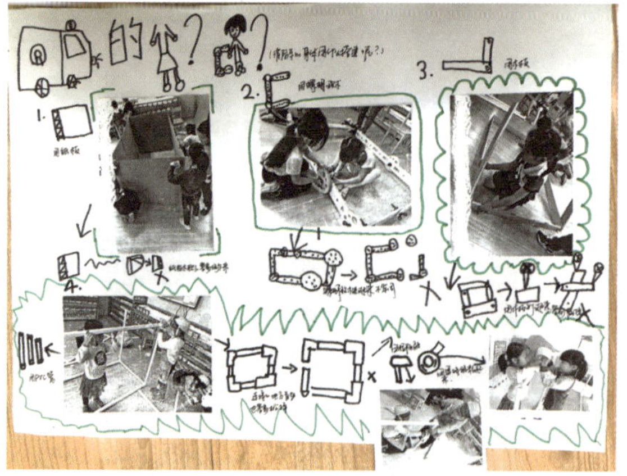

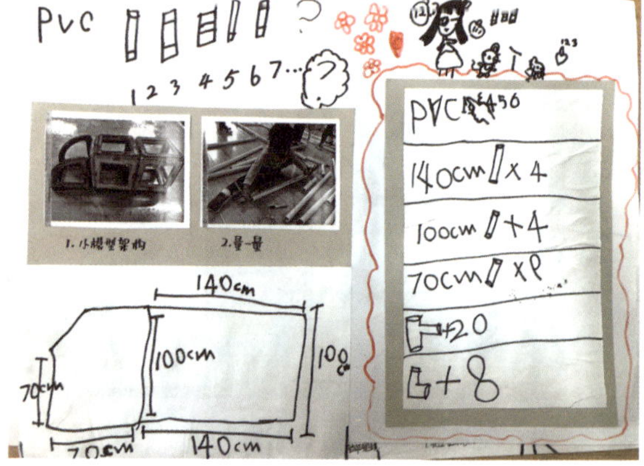

车身框架组

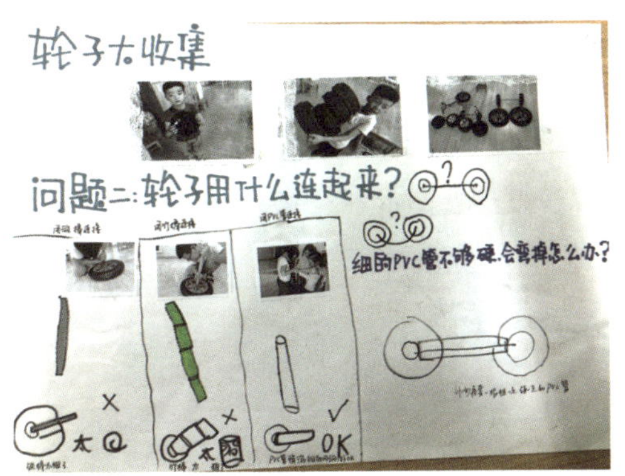
轮子大收集
问题二：轮子用什么连起来？
细的PVC管不够硬，会弯掉怎么办？
OK

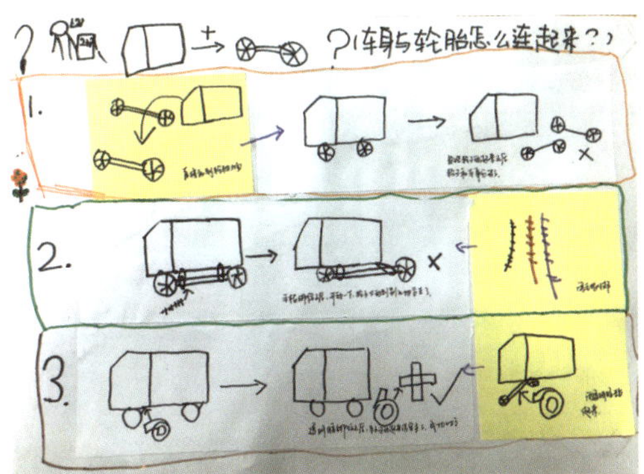
车身与轮胎怎么连起来？
1.
2.
3.

轮子组装组

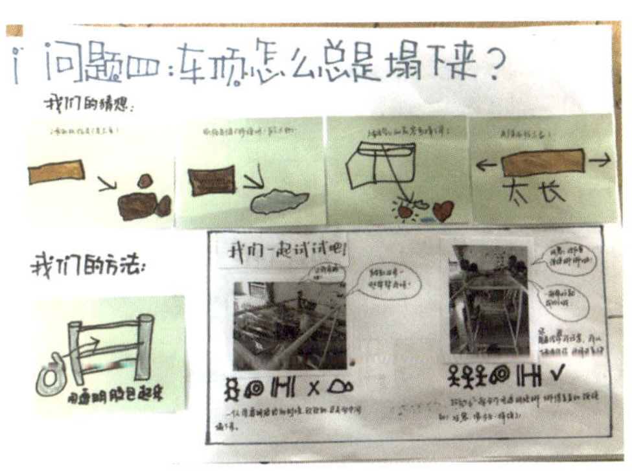
问题四：车顶怎么总是塌下来？
我们的猜想：
太长
我们的方法：
我们一起试试吧！

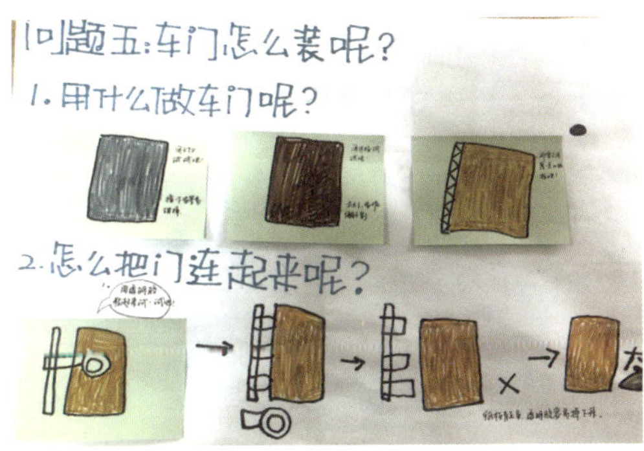
问题五：车门怎么装呢？
1.用什么做车门呢？
2.怎么把门连起来呢？

1.为什么打孔时候总是容易跑？
2.孔怎么老是歪掉呢？

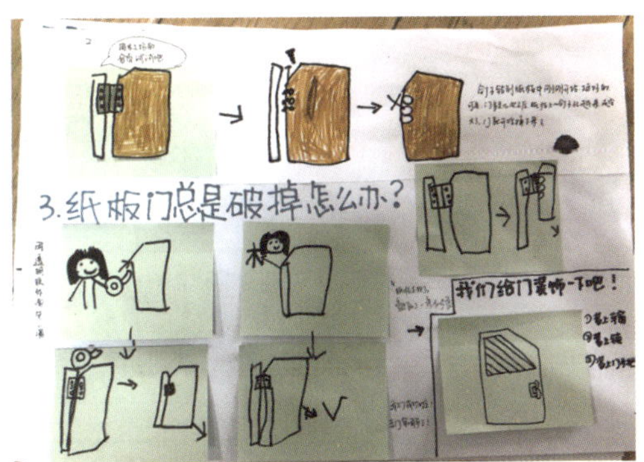
3.纸板门总是破掉怎么办？
我们给门装饰一下吧！

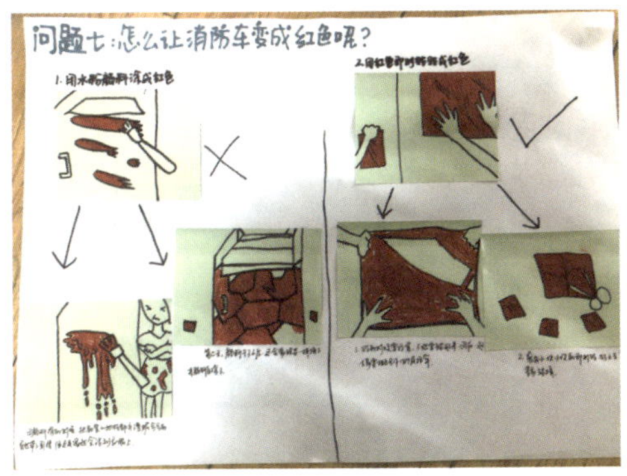
问题七：怎么让消防车变成红色呢？

车身装饰组

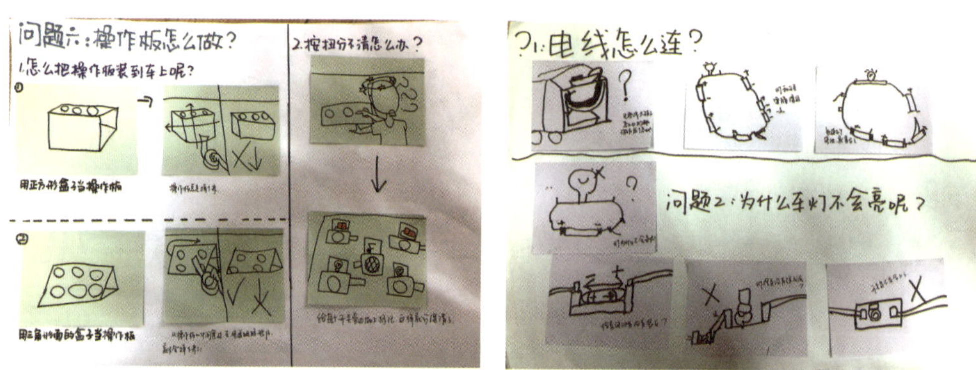

操作板制作组

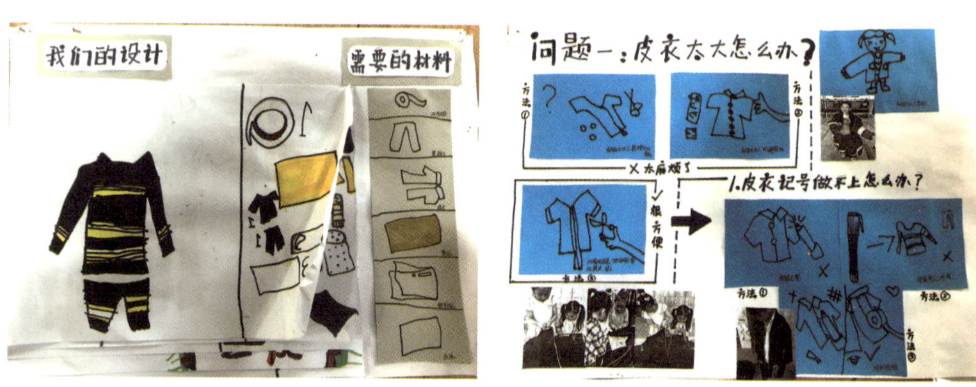

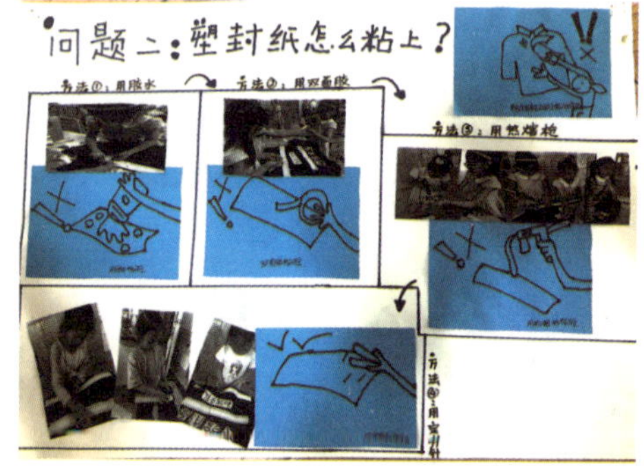

消防服装组

（四）后续效应：儿童与呈现海报的再互动

1 学习经验的再审视

幼儿发现问题、解决问题的过程就像涟漪，层层推进、逐渐发散，每个孩子灵机一动的想法都能引发其他孩子对活动中问题的深入思考及亮点的持续挖掘。海报后续活动中幼儿自觉地回溯自己的活动成果，对于自己的新生经验进行巩固和审视，对不适切的地方进行调整，直到达到自己的预期为止。例如，幼儿会对消防游戏中“消防员”出警时的“混乱现象”感到不满，他们执着于探索如何解决这些问题。通过对之前活动过程的再梳理，幼儿发现自己并未在游戏活动之前进行明确的分工和准备，并且活动的规则模糊，导致游戏活动磕磕绊绊。当孩子尝试弥补自己在活动中的疏漏后，他们会不由自主地将这些经验迁移到其他活动环节，并且进行补充，例如，有小朋友说：“‘医护人员’做人工呼吸的时候也太用力了，方法不对！‘医护人员’应该要学一下救人的方法。”

2 海报呈现的再优化

在儿童海报呈现后，幼儿不局限于在同伴之间、班级内部进行互动，而是主动邀请邻班的小伙伴、弟弟妹妹、别的班级老师来进行参观点评，并积极向大家介绍自己和小伙伴一起在制作儿童海报的时候的问题和发现，而这些热情的“听众们”也纷纷各抒己见、献计献策。幼儿不仅从自己角度出发自我创生主题海报，而且能够积极借助集体的智慧，站在他人的角度和立场将主题海报升华为人人共享和不断优化的集体成果。

（1）提升海报的整体性、可读性

例如，在消防游戏组的介绍当中，许多弟弟妹妹会给出意见。“海报画得有一些太挤了！看不清楚！”“对呀！全部都挤在一块了！看起来太费劲了！到底谁是灭火组？谁是救援组的呀！”“像我们平时一样用表格的方式画出来，那样看起来才清楚呀！”

于是，消防游戏组的孩子在仔细研究海报的整体布局的基础上，结合大家的阅读特点，将之前分散的消防游戏小组海报重置成便利贴的形式，然后根据小组工作种类进行排列粘贴。一方面，这使得原本有限的海报呈现空间得到最大化利用，另一方面也使得零散拥挤的主题海报整体更加美观，增强了海报的可读性。

（2）凸显海报的主题性、表现性

例如，几位中班弟弟妹妹在看到消防车组孩子的主题海报之后，说：“这画的是他们用锯子在锯窗户！哇！我一下子就看出来了。”“可是，消防道具组画的裁剪和粘贴纸板都看不出来，不知道画里的人物在干些什么！”“用细一点的笔去画，会更清楚一些！”消防道具组的幼儿将这些宝贵的建议进行记录，大家针对反馈反复对照调整。“好像我们的颜色涂得太多了，就看不清楚了！”“我们画的时候要把人拿着剪刀剪纸板的动作画得更大一些，再配上文字说明！这样才有更多的人看得懂呀！”“我们可以把多余的部分删去，比如裁剪的时候就不要画小花小草了。”……幼儿结合大家的建议，开始明白为了有效向观众传递信息和表达思想，必须突出海报重点内容，详略得当，在部分地方可以进行简略的装饰性绘画，用通俗易懂的方式（突出道具、被操作物体、动作器官）表现出自己所呈现的海报主题。

消防道具组：用剪刀剪纸板

消防车组：用锯子割窗户

六、反思：幼儿和教师的身份转变

（一）幼儿："被动执行者"到"主动挑战者"

回溯整个主题海报活动，幼儿不再被束缚在预设的主题下按部就班地完成任务，而是在自主活动中“做中学”“做中求进步”，主动挑战新的问题，学习新的知识。首先，在幼儿制作海报并付诸实践的过程中，幼儿分工合作收集信息与材料（如消防车和消防衣物的基本组成），主动发现问题相互协商（如搭框架、涂颜色、贴标志），合力解决问题（如综合大家提出的材料纸板、钉子、合页制作成坚固的木门），在活动中尽管多次挑战失败，但是幼儿的学习兴趣却更加浓烈。其次，在对整个主题活动进行艺术表征过程中，幼儿串联起零散的环创、美工知识，在构思、排版、装饰等方面综合绘画、符号、图片等多种方式来表征自己的发现和想象。整个活动结束后，幼儿在教师的放手下，在不断探索和挑战中获得了全方位的提升。

（二）教师："活动掌舵者"到"活动护航者"

整个主题海报活动从结果看是令人喜悦的，然而在整个主题活动中，有高潮也有低迷。教师几度没有把握，担心活动低潮期的幼儿是否有能力直面活动中的困难，比如：幼儿在测量轮胎长度的时候，起初漫无目的拿着尺子随意测量，几番波折依旧无法统一意见，教师几次欲直接干预活动，传授给幼儿"直径、等距、均分"等测量知识，但是在幼儿的坚持探索、不断联想和试误中，幼儿通过"均分蛋糕"延伸到"轮胎长度"，并反复论证，直到各小组测量长度统一。在整体活动开展中，教师为幼儿提供开放的探索环境（带着幼儿去消防队参观、访谈消防员叔叔、一起寻找资源、抛出开放性提问）来激发幼儿自主学习和探索的欲望，当幼儿遇到波折时，教师也不急于告诉幼儿方法，而是鼓励幼儿再次尝试，学会自行纠正和调整。教师不再是随意决定活动走向和驱赶活动向前的"掌舵者"，而是鼓励幼儿直面挑战，为孩子提供材料支持，一同寻找与利用活动资源，成为支持幼儿自主学习的"护航者"。

七、主题海报的可持续发展

（一）从只创生到重积累

幼儿在制作消防车灯时，自发地将上学期“电路”主题中学习电流的经验迁移至消防灯制作中，之前在主题海报上所记录的“灯泡电路图”也为幼儿设计“车灯草图”提供了很大的帮助。此外，幼儿还将先前主题海报活动“雨棚诞生记”里作为雨棚框架的PVC管运用到消防车身构建中。幼儿主题海报活动不再只是简单创生和一味地向前推动（幼儿没有主动将前后活动经验进行联结，遇到类似事物无法有意识地进行参考借鉴，只是局限于利用当前活动的场景、材料开展活动），而是开始注重将类似的、已有的经验迁移和积累，持续与即时的活动情境整合，不断地加以巩固和拓展。

（二）从静态到动态

主题海报的呈现形式可以不局限于墙面上的张贴，还能发展成更加多元的、立体的形式，即由静态到动态。幼儿在主题海报制作过程中拥有了巨大的自我创作空间，但是随着事物的发展、活动的延伸、儿童思维的扩散，只以平面为主要呈现形式的海报无法满足幼儿活动的需要。因此，幼儿可以拍摄一些主题活动中的探索片段（如逐帧记录种植区的植物生长，以快放的形式感受植物的生长历程）；可以将海报制作成一本折页式的图书来进行分享；可以将海报的呈现地点由室内走向室外，由园所走向家庭……

（三）从展示到共享

本次活动中主题海报的利用率还有待提高。主题海报是幼儿学习过程的重要呈现，也是幼儿与他人分享自己探索和体验的一个关键途径。实现主题海报在班级间分享互通有利于进一步激发幼儿的思维碰撞，使得主题海报由一种艺术展示作品转向为共同分享借鉴的学习成果。无论是同年龄阶段还是不同年龄段的分享交流，幼儿之间可以事无巨细地分享海报排版制作、艺术表征形式、活动探索发现等相关经验，同时幼儿语言表达能力和社会交往能力也会随着活动的开展不断深化（学会倾听意见、表达观点，逐渐摆脱自我中心，和同伴们共同学习，共同进步）。

带着地图去徒步

江苏省无锡市侨谊幼儿园金科园　李炜

一、主题海报思维导图

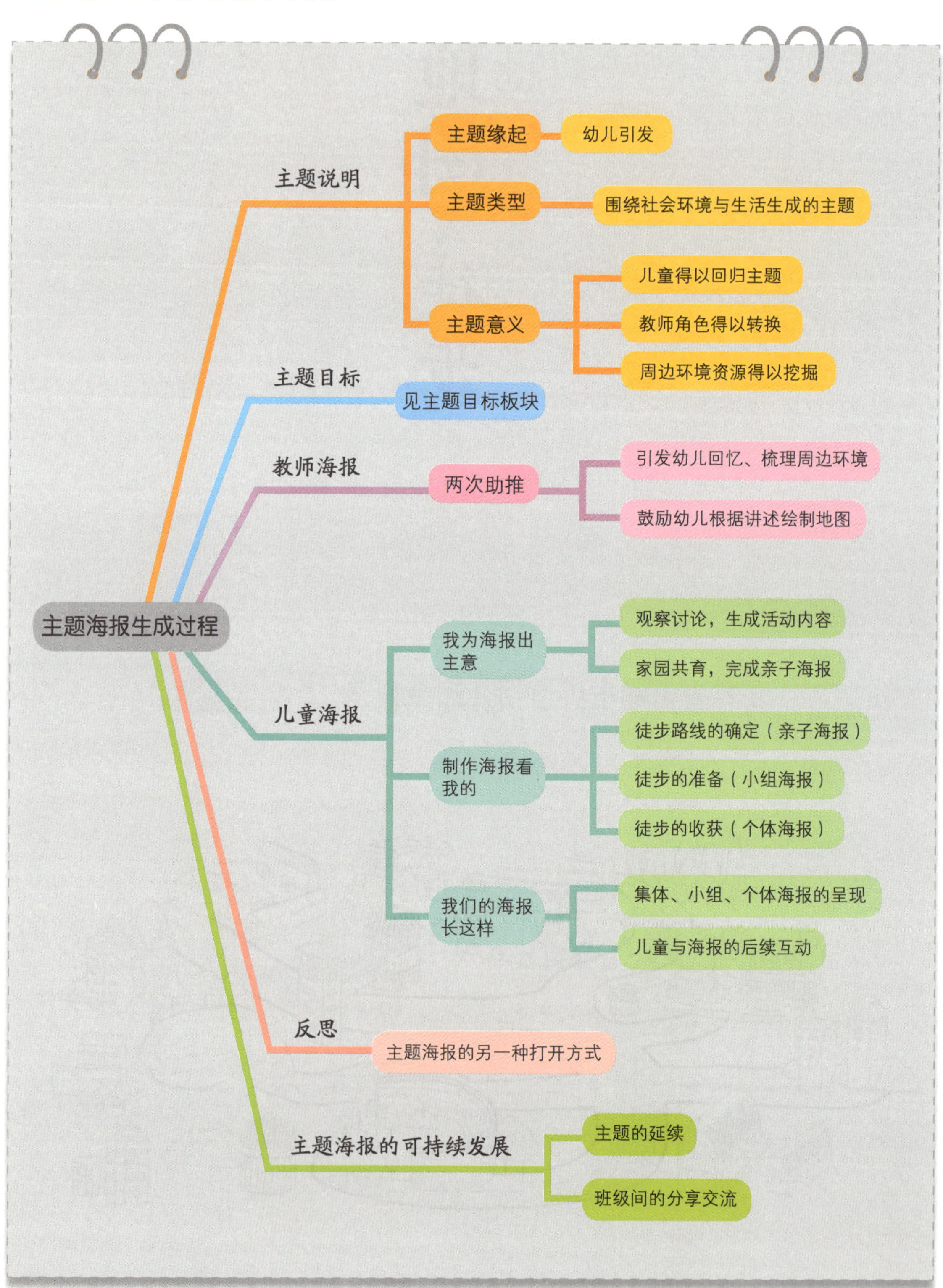
主题海报生成过程
主题说明
主题缘起
幼儿引发
主题类型
围绕社会环境与生活生成的主题
主题意义
儿童得以回归主题
教师角色得以转换
周边环境资源得以挖掘
主题目标
见主题目标板块
教师海报
两次助推
引发幼儿回忆、梳理周边环境
鼓励幼儿根据讲述绘制地图
儿童海报
我为海报出主意
观察讨论，生成活动内容
家园共育，完成亲子海报
制作海报看我的
徒步路线的确定（亲子海报）
徒步的准备（小组海报）
徒步的收获（个体海报）
我们的海报长这样
集体、小组、个体海报的呈现
儿童与海报的后续互动
反思
主题海报的另一种打开方式
主题海报的可持续发展
主题的延续
班级间的分享交流

二、主题说明

（一）主题缘起

幼儿园外面新建了一片小树林，幼儿在小树林里尽情地撒欢、奔跑、嬉戏。“这里地方真大呀！”“旁边还有马路、汽车，那里还有桥……”“这里的草地绿绿的，和幼儿园不一样，小树也都发芽了。”“我下次还想出来玩。”幼儿你一言我一语地边玩边讨论，他们对走出幼儿园的强烈向往从话语中满溢出来。

（二）主题类型

围绕社会环境与生活生成的主题。

（三）主题意义

1 儿童得以回归主题

纵观整个主题活动，幼儿在观察、讨论、设计中了解幼儿园周边的环境、绘制徒步路线、带着地图参加徒步活动。整个主题活动中幼儿是主角，他们合作、坚持，主动解决问题，验证、比较、分享，一个个活动是幼儿自由与自主的见证。

2 教师角色得以转换

儿童成长的节拍是儿童生命、创造的节拍，它在儿童生活中的方方面面，其中最为重要的体现在课程中。在这个儿童发起、儿童唱主角的主题活动中，教师不再站在指挥者的位置，而是始终站在儿童立场，追随儿童的节拍，适时适宜地回应助推儿童，与儿童共生共长。

3 周边环境资源得以挖掘

本主题中，我们尝试树立新的教育资源观念，师幼共同筛选幼儿园周边环境资源，挖掘社区资源和课程的整合价值。幼儿根据兴趣妙用资源，尝试开启探究与深度学习。我们期望以此打破幼儿园与周边环境隔离的不良状态，促进二者融合，发挥幼儿园与周围环境的真实价值。

三、主题目标

1. 了解幼儿园周边的地形环境，设计并绘制徒步路线图。
2. 乐意参与徒步活动，能根据地图坚持走完全程。
3. 尝试记录从准备到实施的徒步全程。
4. 愿意与同伴合作解决问题。

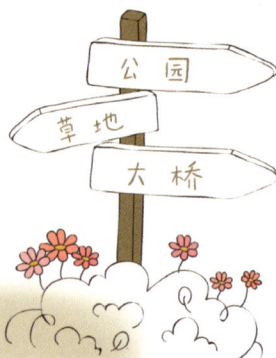

四、教师海报

教师海报的主体虽为教师，但它绝不是由教师掌控并制作的主题框架，正如儿童海报离不开教师参与一样，教师海报也需合儿童之力为主题后续展开做准备、打基础。考虑到幼儿是在与世界接触中主动构建知识的，主题开展以幼儿的不断观察、思考、探究来推进：自己设计徒步线路图—讨论确定统一路线—小组商讨准备工作—带着地图去徒步—徒步后的分享。儿童在主动学习中使用直接经验构建知识，印证自己的想法，增加新的理解，扩展思维。

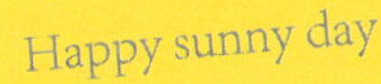

儿童萌发走出幼儿园的愿望

儿童萌发

梳理前期经验，了解幼儿园周边环境，制作集体海报

教师助推

观察海报，引发进一步探究的愿望

个人海报：设计徒步路线

辛子参与

亲子验证路线

小组合作

小组海报：讨论徒步的准备

亲身体验

出发！

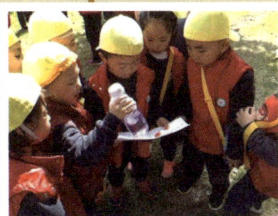

带着地图去徒步

分享提升

个体海报：徒步经验分享

五、儿童海报

（一）我为海报出主意

1 萌发兴趣，梳理前期经验

由于主题源自幼儿“走出去看看”的意愿，我们便想放弃预设，听听幼儿对主题的计划。制作儿童海报前，我们进行了两次助推，帮助他们梳理前期经验：1.引发幼儿根据已有经验回忆幼儿园周边环境，从幼儿园附近的道路到桥梁、建筑，一个个地名的呈现帮助孩子梳理周边的环境，为下一步制作海报埋下伏笔。2.鼓励幼儿根据语言讲述的环境绘制地图，从单一的道路、建筑，到架构整个周边环境地图的空间概念，幼儿有了由单向思维到建构多维空间的体验与尝试。

2 观察讨论，生成活动内容

有了这张手绘地图后，幼儿经常会围在一起边看边讨论。“这是我们幼儿园，这里是茂业，我们可以从运河西路这里走过去。”“还可以到隔壁的南湖小学去，往德才路的那头走。”

围绕集体海报的观察与讨论逐渐深入，幼儿开始由畅想“走出去”到思考“怎样走”，为后续活动的开展提供了可能，这或许便是教师海报的学习价值。师幼协商讨论完成的教师海报张贴在教室的醒目位置，幼儿可随时观察、研究，海报不只是环境，更是幼儿经验的呈现、学习的记录，同时引发幼儿进一步深入探究。

3 家园共育，完成亲子海报

幼儿徒步的愿望越发强烈，在得知全班一起徒步还需等待一段时间后，幼儿决定在周末先和爸爸妈妈开启一场徒步之旅。

（二）制作海报看我的

1 设计徒步路线（亲子海报）

幼儿的生活应当是完整的，他们应当以自己的方式来生活。我们常期望的“儿童立场”，即是尊重儿童、理解儿童、相信儿童，因此，我们在主题中尝试将主题的决定权还给幼儿。幼儿产生徒步去哪儿、怎么走等问题后，便由他们自己尝试解决。与此同时，由于幼儿提出想和爸爸妈妈一起徒步，家长资源便自然进入，主题海报的创制呈现出另一种可能。王博设计了一条最美徒步路线，沿途经过运河西路的景观带，可看到春天的草地与花朵。当晚，王博和妈妈一起拿着路线图走了一遍路线。

王博的最美徒步路线

李舜宇："我是从幼儿园出发，经过运河西路到清宁大桥下面的小公园里。那里有一大片草坪，我们可以在里面玩老鹰捉小鸡的游戏。回来的时候，我们可以从墨文路、德才路回来。"

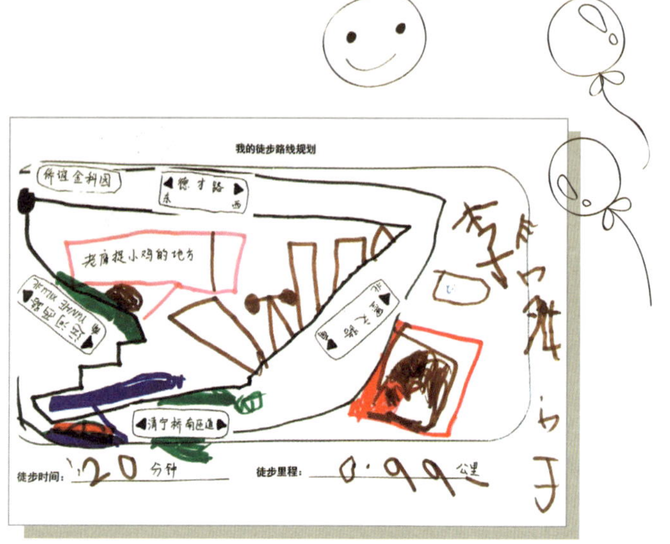

李舜宇的徒步路线

王致远选择的目的地是清宁大桥，但他走了两条不同的路线，并对两次徒步时间进行记录比较，找到了最短路线（红色标注的路线比蓝色标注路线短）。

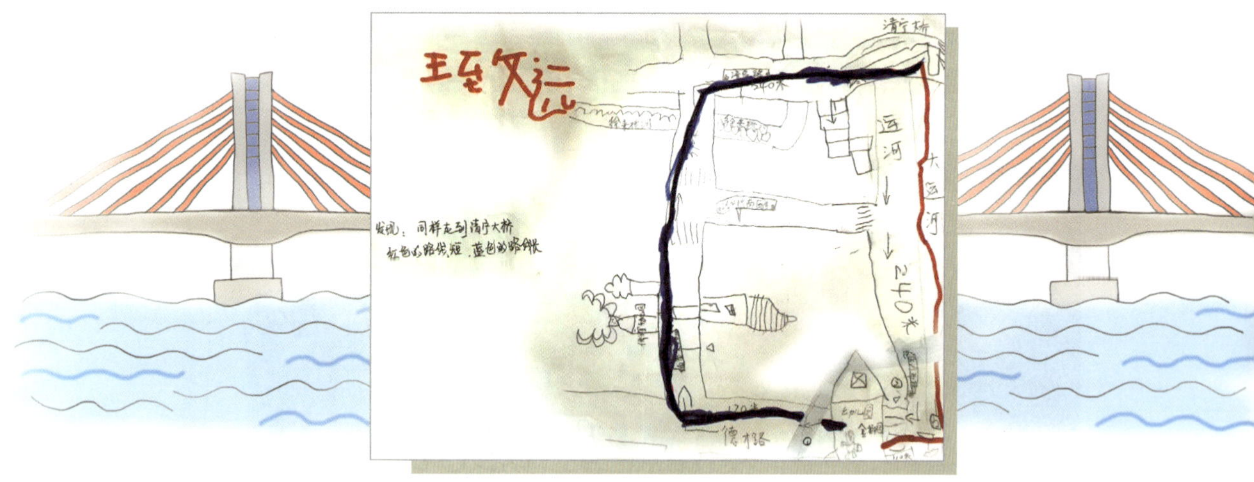

王致远的徒步路线

还有幼儿设计了去金城湾公园、太湖广场、锡惠公园等处的徒步路线，所有幼儿都积极主动地投入到徒步路线的设计与规划中。

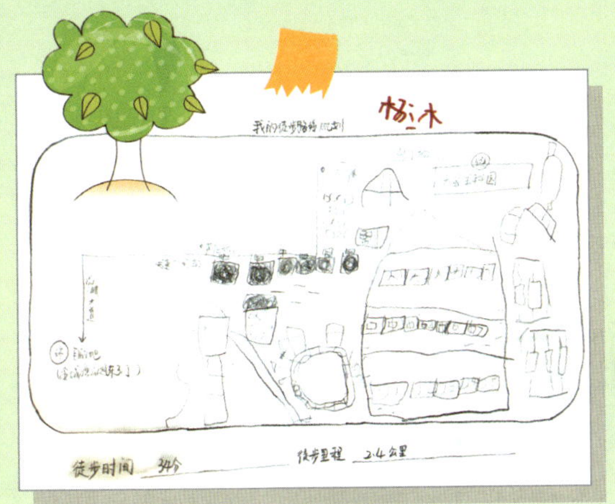

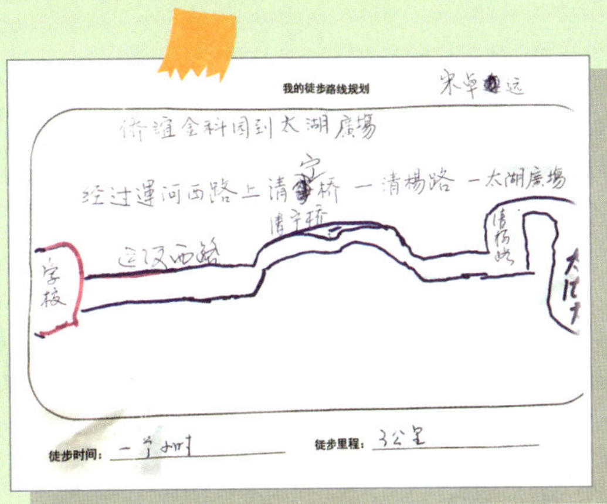

幼儿设计的徒步路线

幼儿在班级交流分享了各自设计的徒步路线，并通过投票选出最终方案：幼儿园——运河西路——清宁大桥下的小公园。这一路线当选的理由是幼儿认为路线附近有很多的树、草地和花，徒步时间与距离皆适宜，目的地还有大草坪可供活动。

教师反思：

为了将主题还给幼儿，我在创制教师海报时便尝试邀请幼儿，期望自主题伊始便与幼儿共同讨论。教师海报的最终呈现是一张幼儿表征的地图，在之后的时间里，这张地图不仅帮助幼儿直观认知幼儿园周边环境，更引发他们的进一步探究。幼儿在自发组织的一次次观察讨论中逐步形成徒步活动的雏形方案，并选择与爸爸妈妈一起徒步，使得“徒步地图”从一点逐渐发散出整面。父母与幼儿的共同实践实现了一次高质量的亲子陪伴，加入主题活动的爸爸妈妈们积极参与，在网络平台发布幼儿设计的路线图及初次徒步过程。与此同时，幼儿对同伴所分享路线图的初步感知为后续班级分享交流环节积累了一些经验。

2 徒步的准备（小组海报）

幼儿就徒步路线达成一致后便开始付诸行动，出发前要做什么准备呢？幼儿分小组讨论。“要穿园服。”“要穿适合徒步的运动鞋！”“还可以带个小水壶。”这时，球球着急地举手说：“还有，还有！要带上我们的地图！”

教师反思：

与一个人或多个人共同游戏是促进幼儿社会性发展的重要元素，他们需要互相交流自己的想法，倾听他人想法，并能将“我们”置于“我”之前。小组海报是幼儿共同商讨后分工绘制、剪贴的成果，他们在与同伴的互学商讨中，为后续的徒步活动做充分准备。

3 徒步的收获（个体海报）

徒步完成，主题就结束了吗？由于幼儿的已有经验、性格等皆不同，行走在同一条徒步路线上，不同幼儿的所思所想必然不同。回到班内的幼儿开始兴奋地讨论徒步时的感受与见闻，为了更清楚地向同伴表达自己的想法，幼儿陆陆续续拿出自己的画本和笔制作个体海报。

1 个体海报之“春天”

我们看到了幼儿园外的春天，有很多粉粉的樱花树，还有蜜蜂采蜜，这些都是幼儿园里看不到的。

2 个体海报之“没见过的清宁大桥”

我们经过了清宁大桥，但以前都是在桥上走的，这次在桥下看到了好多的桥墩，这是大桥的支撑点，回去我搭大桥的时候要把这些桥墩也都搭建出来。

3 个体海报之“过马路要注意”

我们发现出去的时候过马路要跟紧，不然小朋友都走掉了，就要掉队了。

教师反思：

一张张个体海报展现了幼儿活动后的回顾、分享。对于他们来说，这是一次经验的提升，是将直观经验内化的过程，正是平常教师注重对幼儿这一习惯的培养，才能从幼儿的个体海报中看到幼儿对于春天美景的观察与发现，切身体会到幼儿遵守交通规则的重要性，以及看到对桥梁的观察引发的后续建构活动内容。

（三）我们的海报长这样

1 集体海报

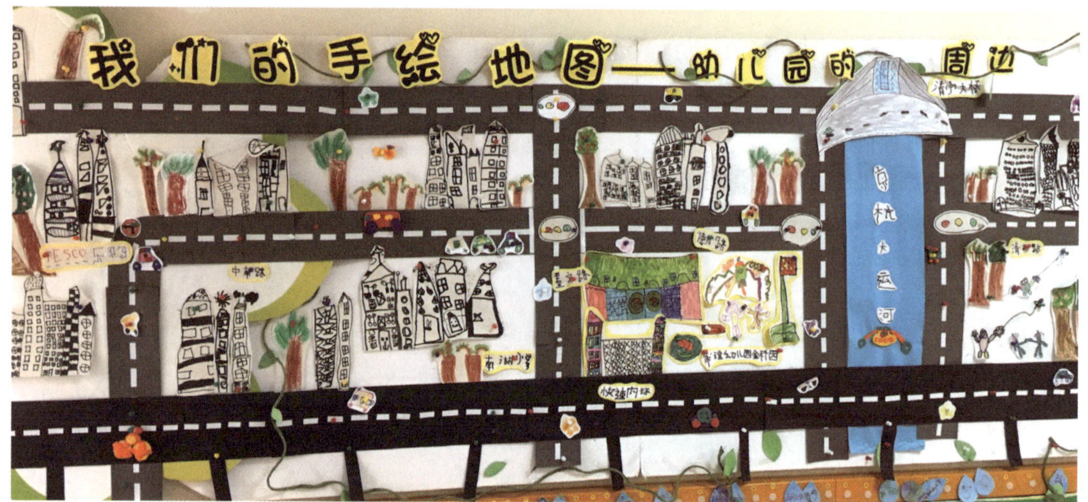

2 小组海报

3 个体海报

1 徒步路线

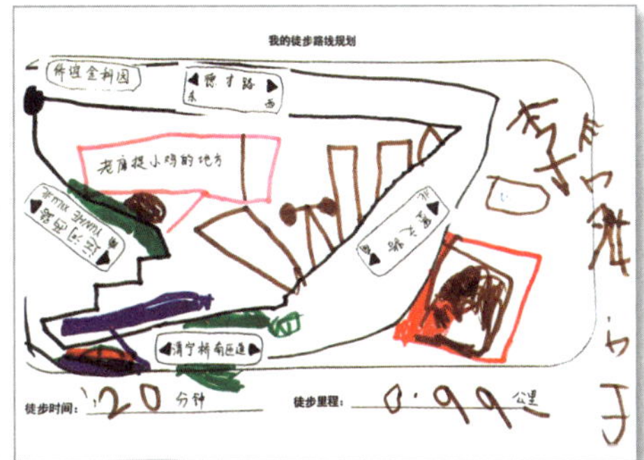
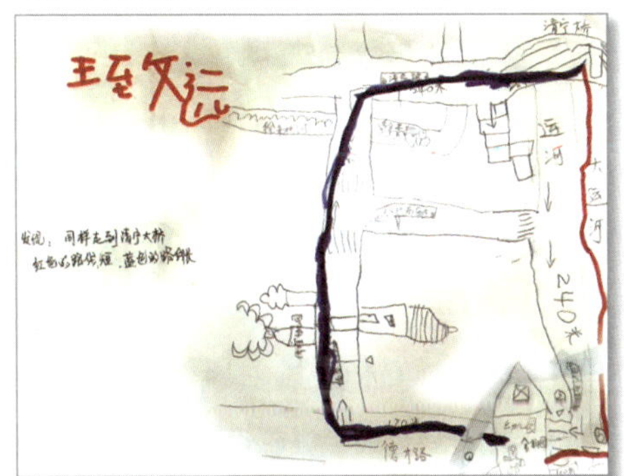

2 徒步的收获

4 儿童与海报的后续互动

徒步活动后，恰逢无锡马拉松比赛拉开帷幕，幼儿便兴奋地共同研究锡马路线。他们比对主题海报，尝试以创制主题海报的方式来表征锡马路线。幼儿还提议在幼儿园开展一次属于自己的马拉松活动，并模仿锡马将自己的活动命名为“园马”。

六、反思：主题海报的另一种打开方式

（一）因幼制宜：中班也能玩转海报

对刚进入中班第二学期的幼儿来说，语言表达与书面表征能力皆远不及大班幼儿，其社会性情感及同伴交往能力也尚在发展。如此看来，他们似乎并不能独立展开主题，也不具备创制主题海报的条件。以儿童为中心的主题当然不是大班年龄段的专属，但中小班与主题间的关系如何？中小班幼儿能推动主题吗？当我们思考、质疑这些问题时，“带着地图去徒步”在幼儿的向往与兴趣中诞生了。幼儿“走出去”的想法不断推动主题发展，于是我们便决定先跟随幼儿，即他们对幼儿园周边环境好奇，我们就共同回忆幼儿园旁边有什么；他们想尝试手绘地图，我们便支持他们的表征；他们想进行较强空间感的地图绘制（对中班下幼儿来说有难度），我们便辅助制作地图中的“马路”。“马路”为幼儿在头脑中建构空间提供基础，幼儿依托“马路”完成了地图绘制，师幼合作且以幼儿为主的教师海报得以呈现。

（二）家园联动：丰富海报内涵外延

《幼儿园教育指导纲要》指出：幼儿园应与家庭、社区密切合作，综合利用各种教育资源，共同为幼儿的发展创造良好的条件。虞永平教授也提出：一些幼儿园应通过对所在区域内资源的搜集，制作出社区资源地图。本主题中，幼儿对徒步的迫不及待为活

动引入了家长资源，我们便顺势而为邀请家长与幼儿共同助力主题发展。幼儿与家长设计徒步路线，创制亲子海报，一同尝试按图徒步。海报无论于幼儿还是家长都不再只是一张纸。在与父母共同设计徒步路线的过程中，幼儿有了亲情体验，在设计时，想法、建议被采纳时，幼儿产生心理体验，在白纸上表征想法前或许幼儿会有一些紧张与兴奋，根据自己设计的路线图行走令幼儿将关注点聚焦在社会与自然的某些方面……对他们而言这是认识世界，对我们而言则看到了主题海报与家庭资源结合后的强大能量。家长们积极在网络平台分享与幼儿徒步的图片并配以文字记录过程及想法。图文分享使得主题意义更为完整，也更完善了主题海报的创制过程及内容。

由于中班幼儿能力尚在发展，主题海报的呈现略显稚嫩，主题的推进也不够深入，但在“带着地图去徒步”主题活动的开展中，幼儿主动做决定、提要求、尝试讨论，想方设法准确表达自我。我们能看到幼儿的自主意识，也能感受到幼儿在表达表征上的努力，更令我们觉得主题海报的创制不是只与幼儿表征能力相关的绘画行为，而应当是不同年龄特点与能力水平的幼儿生发出的适宜于自身的表达形式。我们常看重教育内容的确定、教育方式的选择、教育结果的评价，换句话说，我们更看重教师能做什么。我们用一个个主题为幼儿营造环境、提供条件，把教师认为重要的、适合的内容放入，等待幼儿学习，但正如杜威所言：“任何一个阶段的生活的主要任务，就是使生活过得有助于丰富生活自身可以感觉到的意义。”因此，幼儿更有意义的生活并非教师为其提供、帮其去过的生活，而是幼儿尝试去发现与建构现在生活的意义，只要他们觉得自己的生活是有意义的，就可以。主题及主题海报也一样，每一年龄班幼儿都有生成、挖掘主题的潜力，也各有创制主题海报的灵感与能力。

七、主题海报的可持续发展

（一）主题的延续

本主题之后便是由无锡马拉松引发的全园“迷你马拉松”活动，以本次主题海报的制作经验为基础，幼儿迁移经验，许多想法与创意在活动中生发。

（二）班级间的分享交流

自由活动时，幼儿向他班同伴介绍自己制作的海报，为了方便幼儿取放，我们便同幼儿一起将海报以绘本形式呈现。海报不仅在本班展示，也在班级间传阅并放入公共区域共享。幼儿在与同伴分享中自我效能感得以提升，语言表达能力也得到锻炼，同时其社会性交往能力也有了发展的环境与可能。

小小DIY蛋糕师

浙江省绍兴市上虞区第一实验幼儿园 陈秋芳 

一、主题海报思维导图

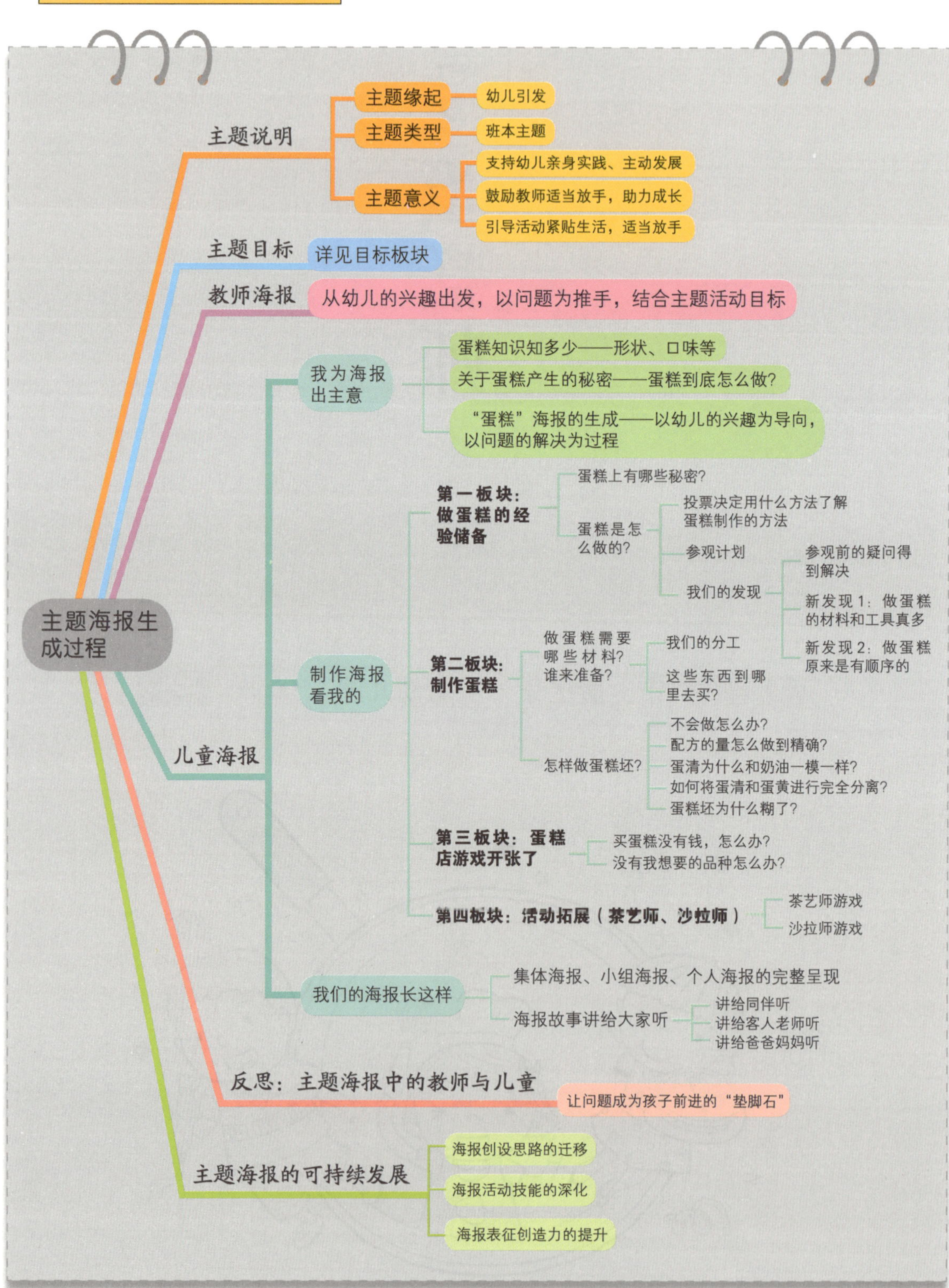
主题海报生成过程
主题说明
主题缘起
幼儿引发
主题类型
班本主题
主题意义
支持幼儿亲身实践、主动发展
鼓励教师适当放手，助力成长
引导活动紧贴生活，适当放手
主题目标
详见目标板块
教师海报
从幼儿的兴趣出发，以问题为推手，结合主题活动目标
儿童海报
我为海报出主意
蛋糕知识知多少——形状、口味等
关于蛋糕产生的秘密——蛋糕到底怎么做？
“蛋糕”海报的生成——以幼儿的兴趣为导向，以问题的解决为过程
制作海报看我的
第一板块：做蛋糕的经验储备
蛋糕上有哪些秘密？
蛋糕是怎么做的？
投票决定用什么方法了解蛋糕制作的方法
参观计划
我们的发现
参观前的疑问得到解决
新发现 1：做蛋糕的材料和工具真多
新发现 2：做蛋糕原来是有顺序的
第二板块：制作蛋糕
做蛋糕需要哪些材料？谁来准备？
我们的分工
这些东西到哪里去买？
怎样做蛋糕坯？
不会做怎么办？
配方的量怎么做到精确？
蛋清为什么和奶油一模一样？
如何将蛋清和蛋黄进行完全分离？
蛋糕坯为什么糊了？
第三板块：蛋糕店游戏开张了
买蛋糕没有钱，怎么办？
没有我想要的品种怎么办？
第四板块：活动拓展（茶艺师、沙拉师）
茶艺师游戏
沙拉师游戏
我们的海报长这样
集体海报、小组海报、个人海报的完整呈现
海报故事讲给大家听
讲给同伴听
讲给客人老师听
讲给爸爸妈妈听
反思：主题海报中的教师与儿童
让问题成为孩子前进的“垫脚石”
主题海报的可持续发展
海报创设思路的迁移
海报活动技能的深化
海报表征创造力的提升

二、主题说明

（一）主题缘起

“小小DIY蛋糕师”的活动源于糯米小朋友的生日聚会。在生日那天，糯米邀请了班级几个孩子到家里开Party，糯米妈妈为幼儿准备了精美的小蛋糕，而且是每人一份。第二天到幼儿园，幼儿还在津津乐道地分享着蛋糕的花色与美味，引得班级其他幼儿羡慕不已。刚好，我们在进行主题“勤劳的人们”，基于幼儿对蛋糕的兴趣，又考虑到幼儿园周边有“蛋糕坊”、幼儿园里面有“生活馆”这些教育资源，于是在征求幼儿意见的基础上我们开展了“小小DIY蛋糕师”主题活动。

（二）主题类型

“小小DIY蛋糕师”是在大主题“勤劳的人们”下的子主题，与“小小DIY茶艺师”“小小DIY沙拉师”两个小主题并列而行，围绕着幼儿的生活及所处的社会环境展开。

（三）主题意义

1 支持幼儿亲身实践，主动发展

平时能馋出口水的蛋糕对幼儿来说很常见，但是当幼儿想自制属于自己的蛋糕时就面临着一系列的考验。本主题活动的开展就为幼儿亲身体验蛋糕制作，了解蛋糕师职业提供了契机。同时，鼓励幼儿在探索制作蛋糕的活动中发现问题、解决问题，在自主学习中获得主动发展，认可自己和集体的能力。

2 鼓励教师适当放手，助力成长

无论是制作蛋糕，还是开展蛋糕游戏，幼儿都是毋庸置疑的活动主体。因此，教师必须从儿童的视角梳理幼儿所面对的问题。同时，根据中班儿童学习的心理特点，教师以递进式、开放式的问题生成主题脉络，在幼儿遇到问题时，给予幼儿充分的时间、资源，鼓励幼儿自主解决问题，和孩子一起探索，共同成长。

3 引导活动紧贴生活，不断创生

在学期初始的一次点评活动中，教师和幼儿一起聊到了长大后想做的事情，班级里的许多幼儿都想长大后开一个面包店，让自己的家人、老师、同伴甚至街上的狗狗都能吃上香喷喷的面包，幼儿这份质朴的梦想直接来源于现实生活，并对幼儿产生重要的影响。本次主题活动在幼儿的生活中创生，幼儿不仅能够在其中感知新鲜真实的事物、体验生活的乐趣，也能够随着活动的开展不断进步和成长。整个主题活动紧扣日常生活（如“蛋糕房”中的游戏、用“厨房器具”制作蛋糕……），幼儿在平常的生活中不断探索，利用所产生的问题创生出新的知识经验，推动后续活动的发展。

三、主题目标

1. 了解蛋糕师职业及蛋糕制作流程，初步感知不同职业的辛苦，养成认真、细心、负责的工作态度，并激发对不同职业的敬仰之情。
2. 学习多方法收集信息，提高解决问题的能力，在参观、体验、制作、游戏等活动中有自己的独特发现和表达。
3. 尝试使用打蛋机等制作蛋糕的工具，体验自我劳动的快乐。愿意模仿不同职业中人们的工作，培养积极主动与人交往的习惯。

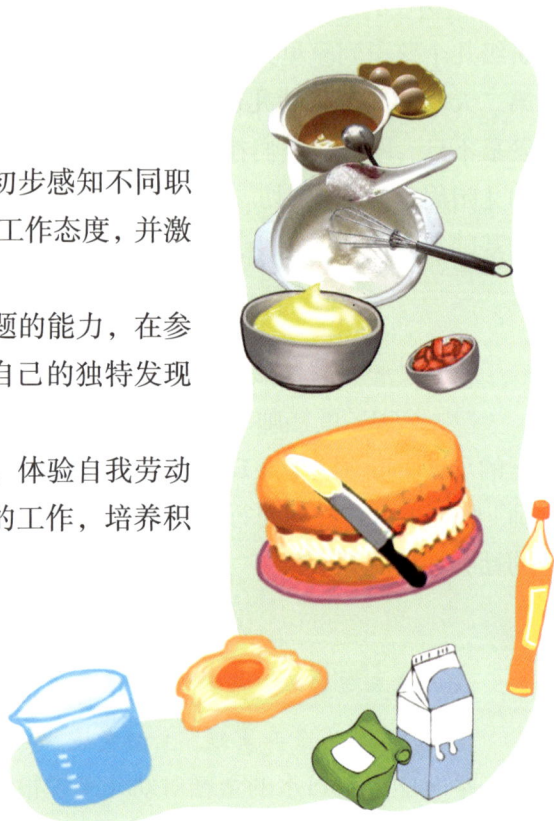

四、教师海报

“小小DIY蛋糕师”教师海报推翻了以往的以教学逻辑为线索的活动开展方式（即按照主题活动类型、特点来预设活动，如严格按照活动计划规定的时间、内容、具体材料开展活动，幼儿一旦脱离预定轨道就要及时拉回），开始结合中班幼儿乐于尝试、热衷于探索外界事物的年龄特点，从幼儿对蛋糕的兴趣出发，结合主题活动的核心目标，以如何制作DIY蛋糕为主线，从蛋糕怎么做的问题入手，在解决成为DIY蛋糕师的一个一个问题中，逐步展开、自然生成活动。活动中，幼儿所经历的一系列问题解决的过程就是主题开展的过程，也是教师海报生成和发展的过程。

由于中班幼儿的抽象思维和推理能力发展并未成熟，主题活动的推进方式就需要以幼儿生成的问题为引，不断深入挖掘，直到问题的最终解决和主题目标的实现。因此，教师海报将儿童的疑问进行梳理，以儿童问题为中心建构出活动的大致框架，注重幼儿在蛋糕活动中的问题生成和经验重组，尽可能地减少教师在活动中的预设。

五、儿童海报

(一)我为海报出主意

1 蛋糕知识知多少——蛋糕的形状、装饰、口味、颜色等

幼儿在谈论中发现蛋糕有着各式各样的形状，有的是方的，有的是圆的，有的是小兔子形状的，还有的是多层的；蛋糕上可以放各种各样的东西，有水果、巧克力、小汽车玩具等等；蛋糕还有各种各样的口味，有的是水蜜桃口味的，有的是巧克力味的……蛋糕上还有奶油，味道甜甜的，很好吃，颜色很漂亮。

2 关于蛋糕产生的秘密——蛋糕究竟应该怎么做

关于蛋糕孩子还想知道蛋糕是怎么做出来的，自己怎么做蛋糕，做蛋糕要准备什么东西，蛋糕上好看的花纹是怎么做的，等等。

3 “蛋糕”海报的生成——以幼儿兴趣为导向，以问题的解决为过程

由于与蛋糕相关的知识零散、抽象，中班的幼儿无法通过媒体、绘本，或是教师的说教和描述这些间接经验完成自己的蛋糕制作。因此，整个主题还是需要以问题推进，鼓励幼儿在活动中自主探索。所以，活动伊始，教师引导孩子将问题进行梳理和归类，大问题下联结小问题，从问题出发，层层推进，海报作为幼儿进行活动记录和主观体验表征的载体，成为幼儿开展活动的重要形式。

活动中，有的问题是依托集体智慧解决，集体海报就成为聚集大家计策的平台；有的问题着重于通过小组商议解决，小组海报就成为大家合力解决难题的探索过程的呈现；有的问题是孩子想独自一探究竟，个体海报就成为幼儿倾注心血的艺术作品。在解决问题的过程中，幼儿都有着强烈的表达欲望，希望将自己的观点与大家共享。幼儿在活动中解决问题的过程也是海报内容生成的过程。

（二）制作海报看我的

第一板块　做蛋糕的经验储备……

GO～

问题 1　蛋糕上还有哪些秘密呢？

蛋糕是很受幼儿喜欢的甜点，在糯米家过完生日的孩子时不时地聚在一起交流。“糯米妈妈送给我的蛋糕很漂亮，上面的奶油像去舟山玩耍时见到的波浪。”昂昂说：“上次我过生日的时候，妈妈给我买的蛋糕是很大的，上面还有一匹马，因为我属马。”奇奇说：“我最喜欢蛋糕上的奶油，比水果糖更软更甜。”……此时，蛋糕成为幼儿无法绕开的兴趣话题，于是教师组织幼儿再次深入讨论——幼儿还吃过哪些蛋糕？蛋糕上还隐藏着哪些大家刚才并没说到的秘密？

借助讨论的热情，幼儿不断将自己见识过、品尝过的蛋糕绘制出来，并突出每个蛋糕最为明显的特征。几十位幼儿分享自己的经历，几十幅特点各异的“蛋糕成品图”汇聚在一起成为儿童自主创生的集体海报，也成为后续活动开展的灵感来源。

以集体海报的方式呈现

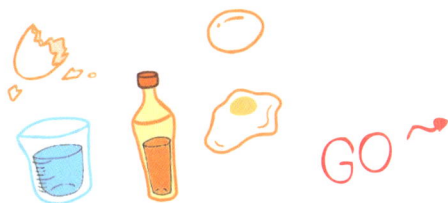

蛋糕上有很多层水果的。
蛋糕上有圣诞老人和玩具火车。
我吃过的蛋糕是小兔子形状的。
蛋糕上有很多的珠子和奶油。
草莓蛋糕我吃过，蛋糕的颜色很漂亮。

幼儿对蛋糕有说不尽的话题，也能说出自己内心的感受。从他们的表征中可以发现幼儿对蛋糕上的装饰品有浓厚的兴趣，对蛋糕的形状设计也有着自己的独特喜好，比如：有的孩子喜欢水果蛋糕；有的喜欢玩具蛋糕；有的喜欢兔子蛋糕；有的喜欢装饰有美丽的珠子的蛋糕……

问题 2 蛋糕是怎么做的呢?

在了解了蛋糕的外形特征后，幼儿迫不及待地想亲手做一个自己画出来的蛋糕！可是怎样才能做出一个蛋糕呢？有的孩子说问问爸爸妈妈就知道了，有的提议到网上看视频，有的说到蛋糕店看看蛋糕师怎么做的……最后，通过投票表决大家一致同意到蛋糕店去参观是最好的办法。

1 投票决定——用什么方法了解蛋糕的制作（以集体海报的方式呈现）

14人同意到蛋糕店去看看。

7人同意看看做蛋糕的视频。

5名幼儿说用鼻子闻闻就知道了，可是遭到了其他小朋友的反对。

最后，我们依据少数服从多数的原则，决定去蛋糕店看做蛋糕。

注：5位计划用鼻子闻的幼儿认为我们现在闻到午餐的味道就能知道要吃些什么，蛋糕是用什么做的也可以同理闻出来。其余幼儿反对的原因是认为闻别人的蛋糕是不卫生的，而且大家的蛋糕都不一样，怎么能闻出来不同的蛋糕是用什么材料做的？最终，这个方法被大家否决。

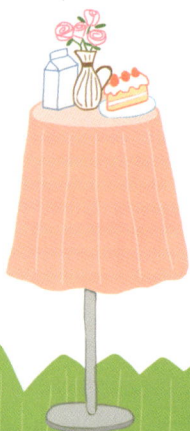

2 参观计划——我想知道的关于做蛋糕的问题(以集体海报的方式呈现)

幼儿对参观蛋糕店很是期待，大部分孩子最想了解的是蛋糕上五颜六色的装饰物是怎么粘在上面的，奶油又是怎样放上去的，好看的花纹是怎么做出来的。玲玲感兴趣的是奶油和蛋糕坯哪个先做。这时，垚垚说："那我们把最想知道的问题记下来吧，要不然会忘记的。"然后，幼儿就设计了参观的计划。

我想知道糖珠是怎么放上去的?
水果是怎么切得这么好看的?
桃子蛋糕是怎么做出来的?
奶油是怎么挤到蛋糕上的?
我想知道蛋糕上的花纹是怎么做出来的?
我想知道蛋糕上五颜六色的东西是什么?

海报成为幼儿展开活动计划的重要依托，幼儿为使后续活动有序开展，主动利用海报整合大家的经验和疑惑，使得参观蛋糕店的活动(如观察花纹制作、蛋糕装饰等)更加具有目的性、计划性，对孩子任务意识的培养也有着莫大的助益。

3 我们的发现（以集体海报的方式呈现）

带着问题参观蛋糕店后，幼儿的困惑一一得到了解决。

糖珠是用夹子放上去的

奶油是用长长的刀刮上去的

花纹是用裱花嘴挤出来的

刀很薄，所以水果切得很好看

做桃子是用模具的

五颜六色的是糖珠

玲玲关于蛋糕坯和奶油谁先做的问题在参观蛋糕店后也解决了！（个人海报）

我想知道是先做奶油还是先做蛋糕坯？

我发现是蛋糕师先拿出蛋糕坯。

然后把奶油搅拌均匀。

最后用刮刀把奶油刮到蛋糕坯上。

在原先的问题得到解答的同时，幼儿也发现了很多新的问题，比如：

我们的新发现1：做蛋糕需要的材料和工具真多

蛋糕师做蛋糕需要的材料和工具眼花缭乱，真是多！有稀奶油、蛋糕坯、装饰蛋糕用的水果、巧克力以及打蛋机、转盘、裱花嘴、长长的刀、盘子、叉子等。很多名字都没有听到过，问了蛋糕师才知道的。在教师的建议下，我们把众多的材料分成了两大类，一类是食品材料类的，另一类是工具类的。

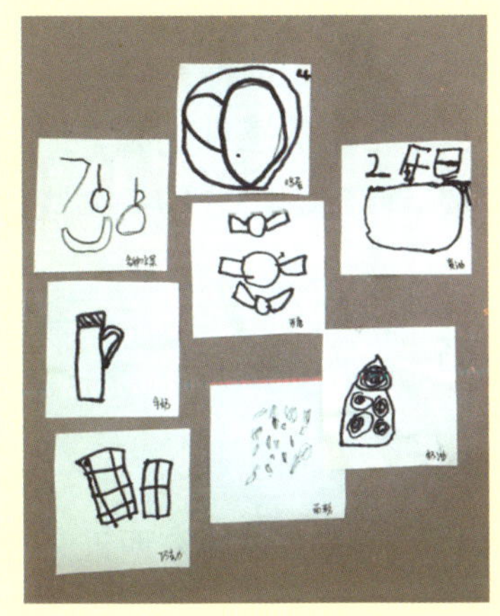

这是可以吃的

这是做蛋糕的工具

我们的新发现2：做蛋糕原来是有顺序的

在蛋糕店我们发现蛋糕师做蛋糕有一定的顺序，不能颠倒，先要准备蛋糕底坯，然后再放奶油，再在上面放上水果，最后切开来大家一起分享。

1.做蛋糕

2.挤奶油

3.放水果

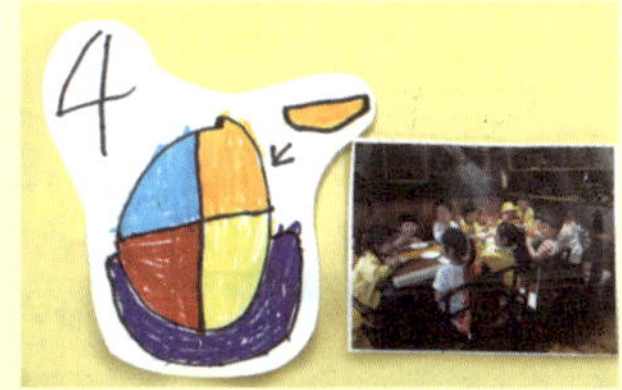

4.切开来分

教师反思：

对于蛋糕，幼儿有着直观的感受，能尝试用自己的方式进行表征。但对于怎样DIY蛋糕，幼儿是好奇又陌生，也很期待。带着这些疑问，我们和幼儿一起走进蛋糕店，近距离观察、体验蛋糕制作的过程，深化幼儿和蛋糕相关的经验，在实地考察后发现问题的关键和解决的思路。在参观蛋糕店的过程中，幼儿亲眼看到蛋糕的制作过程，先前的已有经验得到了印证，自己的疑惑得到了解释，还发现了事先未曾预想到的新问题。在亲身实践中，幼儿用自己的眼睛观察，用自己的思维思考，用自己的方式表达，集体海报、个体海报成为幼儿展示发现成果、见证问题解决、表达活动感受的平台。

第二板块 制作蛋糕（小组海报呈现）

在参观蛋糕店的基础上，幼儿都对做蛋糕有了一定的感性经验，但真正要亲自动手制作时，幼儿面临的问题接踵而至。第一次做蛋糕到底需要准备哪些材料？这些材料谁来准备呢？怎么准备呢？

问题1 做蛋糕需要哪些材料？谁来准备？

1 我们的分工

做蛋糕之前首先要准备各种各样的食材和工具，这么多的东西谁来准备呢？幼儿有的说我准备糖珠，有的说我准备转盘等等，可是东西实在太多了，幼儿说好像很乱哦，搞不清也记不住啦！通过讨论，后来大家一致决定分工合作，把类似的材料分在一起，然后共分成四组，并制订购买清单，进行购买认领。在准备材料的过程中，幼儿根据自己的喜好分工，有的准备工具，有的准备水果，有的准备装饰蛋糕的装饰物，有的准备糖珠、稀奶油等食材。

食材组

工具组

装饰组

水果组

2 这些东西到哪里去买呢？

认领完购买任务后，有的幼儿发现自己认领的东西在平时是很少见到的，比如：转盘、稀奶油、糖珠、蛋糕上的装饰物等。这些东西到哪里才能选购到呢？大家想了很多的办法。

- 工具组的决定：

到家里找找

让老师带来

阿姨的蛋糕店里去借一借

皓皓说，家里就有打蛋机，可以带来；糖糖说，自己阿姨是开蛋糕店的，转盘向阿姨借一下就可以了，还希望陈老师也可以把家里的工具带来。

- 食材组的决定：

小二说，面粉、糖、醋食堂里有，我们向食堂阿姨去要一点。

方法一：到幼儿园食堂找找

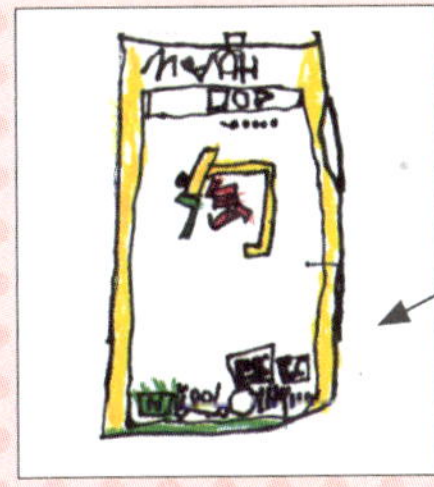

玲玲说，稀奶油没有听到过，淘宝网上什么都有，请妈妈帮忙去找找。

方法二：到淘宝网选购

- 装饰组的决定：

彬彬说，巧克力大通超市有，可以去选购，有很多。

方法一：到大通超市选购

萍萍说，小玩具样的装饰去淘宝网上买，妈妈在网上买过玩具的。

方法二：到网上找

我终于买到了糖珠（个人海报）

昂昂需要准备的是五颜六色的糖珠，在认领完后，他很着急，他说：“这个到哪里去买呢？”皓皓提议说：“到网上买，网上什么都有的。”陆老师给的建议是想一想有什么跟这个比较像，可以代替一下。最后，昂昂的决定是到大通超市买五颜六色的彩虹糖，用彩虹糖代替糖珠。

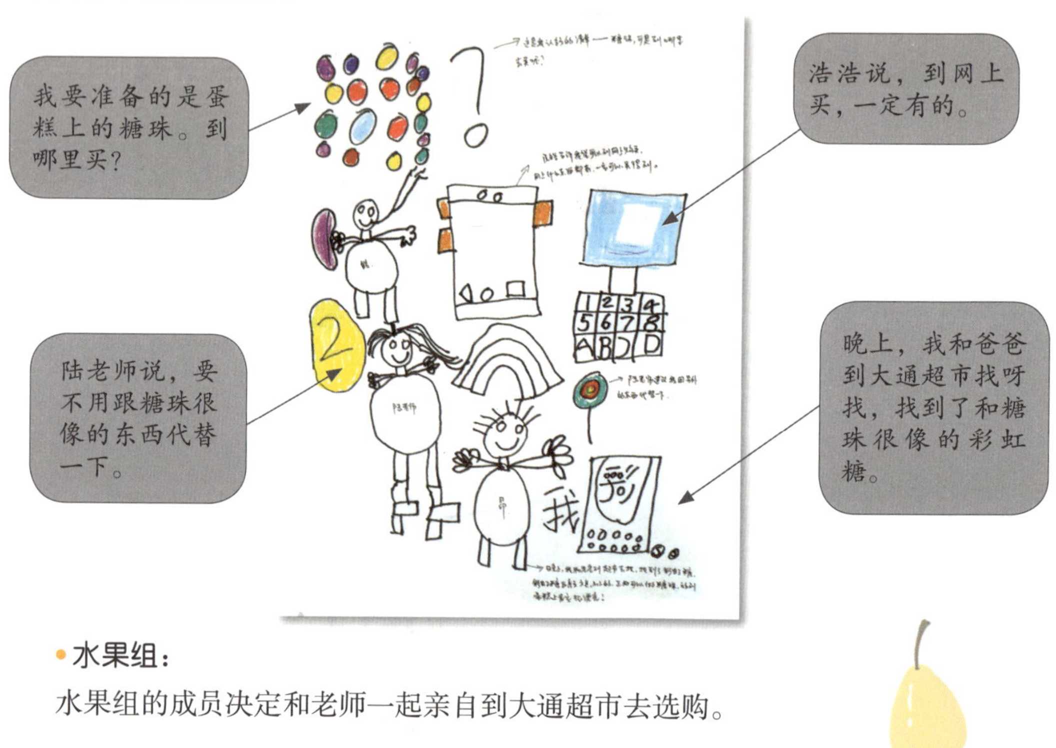

我要准备的是蛋糕上的糖珠。到哪里买？
浩浩说，到网上买，一定有的。
陆老师说，要不用跟糖珠很像的东西代替一下。
晚上，我和爸爸到大通超市找呀找，找到了和糖珠很像的彩虹糖。
我
彩

- 水果组：

水果组的成员决定和老师一起亲自到大通超市去选购。

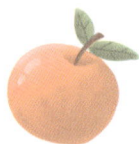

我们经过投票表决，最后决定一起到大通超市去选购。

小组成员制订的水果购买清单包括西瓜、葡萄、火龙果和香蕉等水果。

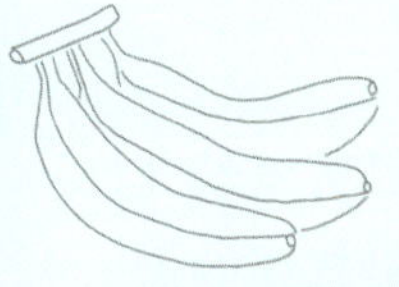

买水果中遇到的问题 1　找不到卖水果的柜台（个人海报）

准备了10元钱，把钱装进包包了，去大通超市买水果。

到了超市怎么都找不到卖水果的地方。

乘坐公交车去大通超市，我用了一元钱。

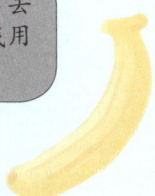

后来我们看到了写着水果两个字的牌子，找到了我要买的香蕉。

买水果中遇到的问题 2　钱不够了，怎么办？（个人海报）

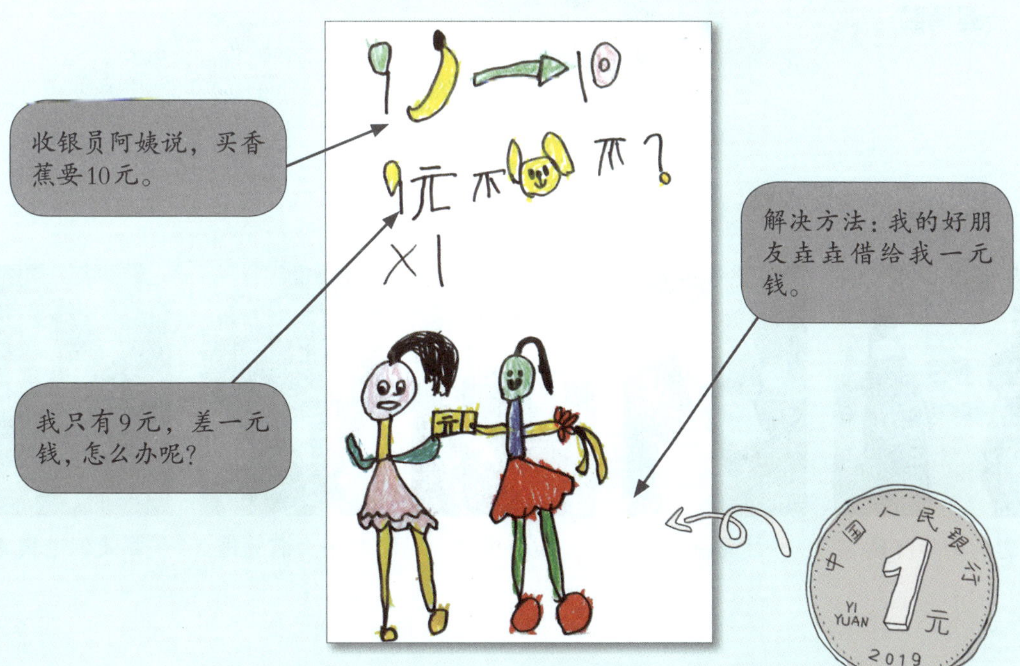

收银员阿姨说，买香蕉要10元。
我只有9元，差一元钱，怎么办呢？
解决方法：我的好朋友垚垚借给我一元钱。
中国人民银行
1 元
YI YUAN
2019

问题 2 怎样做蛋糕坯?

1 不会做，怎么办?（小组海报）

现做的蛋糕坯很难买到，怎么办？小朋友们说：“那就自己做吧。”怎么做呢？幼儿决定分工去网上查、问问爸妈、看做蛋糕的视频。第二天，幼儿开始讨论蛋糕坯的做法。糖糖说，没有奶油的蛋糕坯叫戚风蛋糕，好像很难做的。幼儿并不认同糖糖的观点，因为幼儿觉得材料越少东西越好做，比如搭积木，积木块越少越容易搭建。于是，在一番调查发现后，幼儿发现做戚风蛋糕需要鸡蛋、糖、油、醋、面粉，可是这些原材料和做好的戚风蛋糕差得太远了，幼儿怎么都无法想象鸡蛋和面粉混合后能变成鼓鼓的蛋糕坯（蛋糕坯和材料之间的联系需要幼儿在实际操作中才能发现与体会）。

九九灵机一动说：“我们的点心都是食堂阿姨做的，问问阿姨，是不是会做戚风蛋糕。”幼儿去问了阿姨，阿姨走进了中三班，亲自给幼儿演示怎样做戚风蛋糕，还带来了一张“制作秘方”。

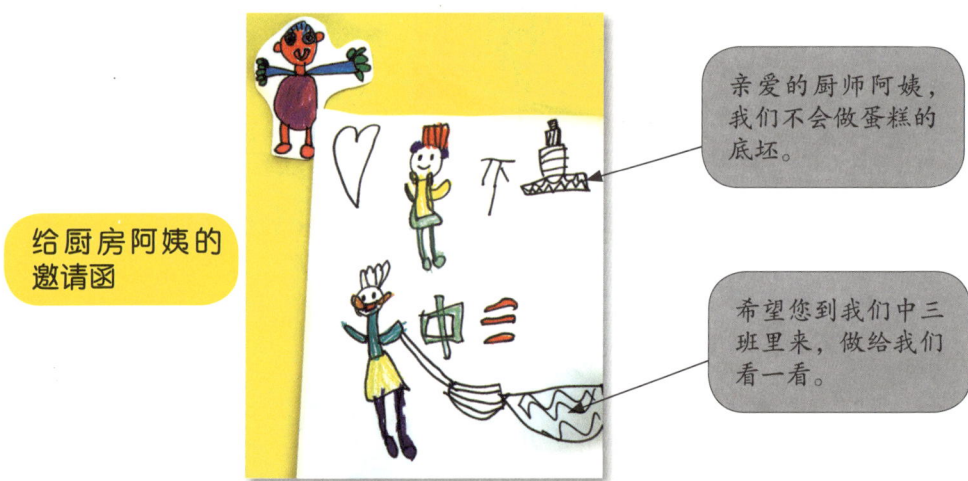

中三
亲爱的厨师阿姨，我们不会做蛋糕的底坯。
希望您到我们中三班里来，做给我们看一看。

给厨房阿姨的邀请函

邀请厨师阿姨

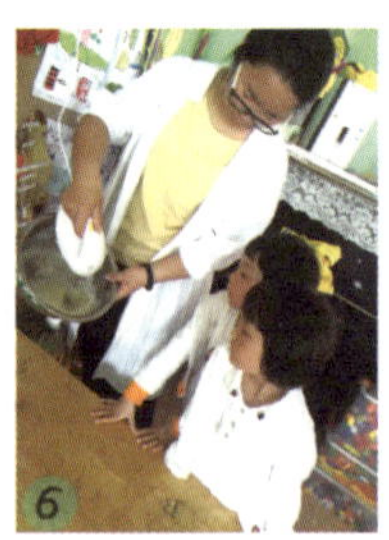
打蛋白霜

搅拌蛋黄

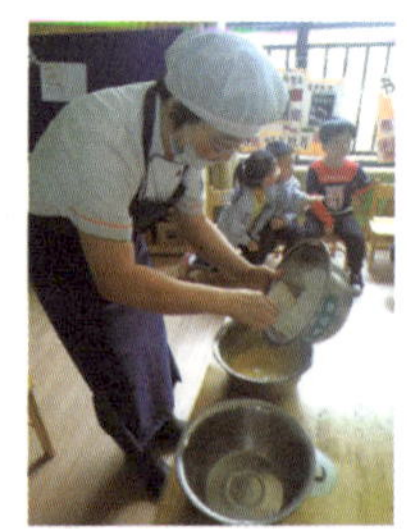
把蛋白霜放进

蛋糕液倒进模具

为了满足幼儿制作DIY蛋糕的心愿，厨房阿姨给大家列了一个材料清单的便条。幼儿发现清单上的材料只能从字面意义上理解，说起这些名字还需要在头脑中一一对应转化。于是，幼儿将材料清单转化为海报呈现，用明亮的颜色和多样的形状表征，直观易懂。

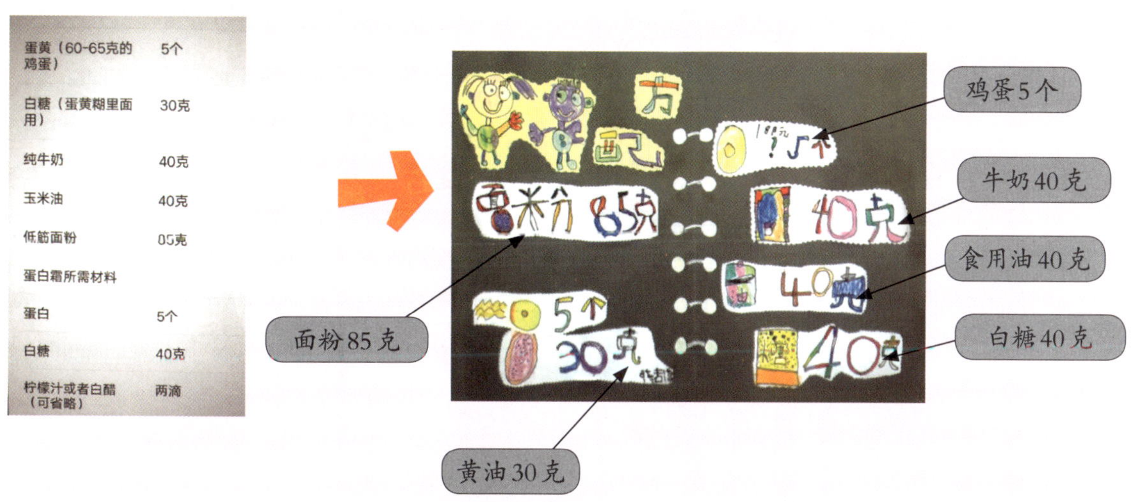

蛋黄（60-65克的鸡蛋）	5个
白糖（蛋黄糊里面用）	30克
纯牛奶	40克
玉米油	40克
低筋面粉	05克
蛋白霜所需材料	
蛋白	5个
白糖	40克
柠檬汁或者白醋（可省略）	两滴

2 配方的量怎样做到精确?

我们按照厨师阿姨给的“制作秘方”，尝试做戚风蛋糕。厨师阿姨告诉幼儿，做戚风蛋糕要严格按照“制作秘方”来做，少一点都不行。那85克面粉到底是多少呢？怎么准确不差地准备85克面粉呢？

此时，中班幼儿已经对100以内的数字所对应的概念有着一定的认知基础，如幼儿量身高时已经能够识别100左右的数字所代表的长度概念。但是85克面粉能不能用一个标准单位来进行测量呢？

3 怎么准备85克面粉呢？我们想到了用电子秤来帮忙。（小组海报）

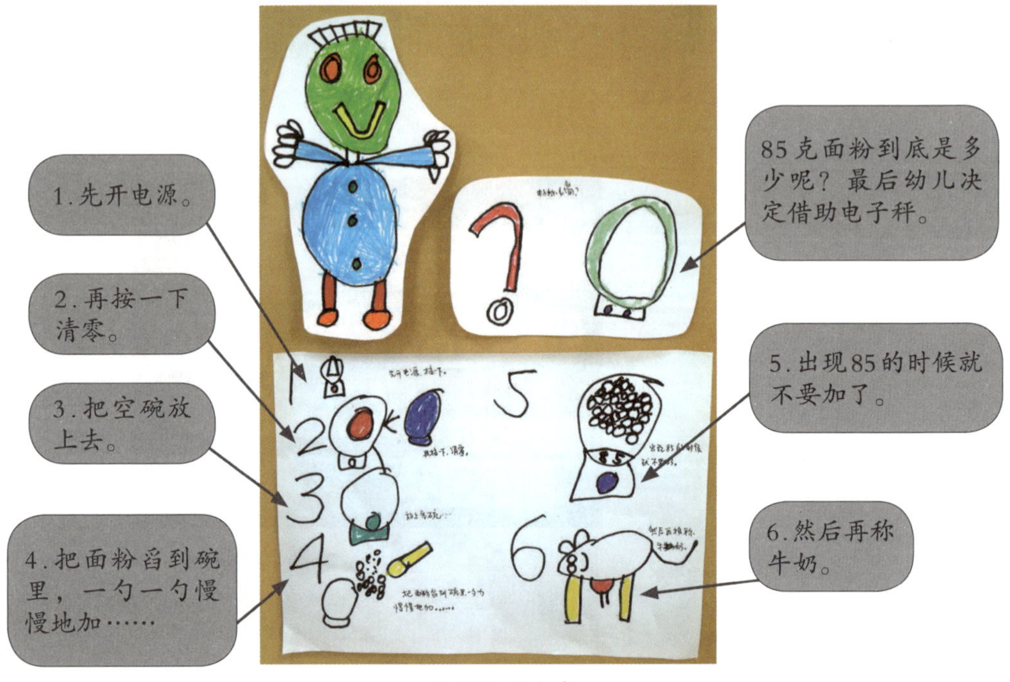

1.先开电源。
2.再按一下清零。
3.把空碗放上去。
4.把面粉舀到碗里，一勺一勺慢慢地加……
85克面粉到底是多少呢？最后幼儿决定借助电子秤。
5.出现85的时候就不要加了。
6.然后再称牛奶。

85克面粉称出来

通过先前的量身高、测桌子长度等一系列活动，幼儿积累了依据“标准”（标准器具、标准单位）来测量的经验，但是幼儿更多涉及的还是长度单位，关于检测重量的经验幼儿还是十分匮乏。此次用电子秤称量面粉，幼儿注意了质量归零的问题（几位幼儿受到之前大班哥哥姐姐在“消防车”“测量轮胎长度”的影响，开始注意测量的前提条件），幼儿学会将长度测量的经验纵向迁移，同时，他们对物体重量守恒的认识也得到发展。

4 蛋清为什么和奶油一模一样？（小组海报）

幼儿在电子秤的帮助下成功获得了精确的配方，于是，他们开始做戚风蛋糕了。可是幼儿又发现了一件奇怪的事，即蛋清用打蛋机搅拌后变成了和奶油一模一样的，这到底是什么呢？

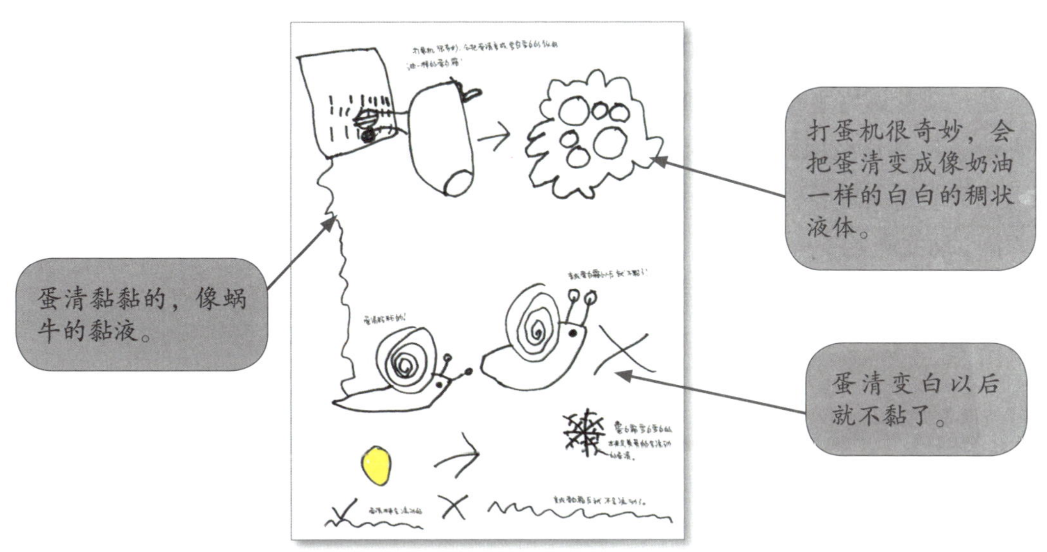

打蛋机很奇妙，会把蛋清变成像奶油一样的白白的稠状液体。
蛋清黏黏的，像蜗牛的黏液。
蛋清变白以后就不黏了。

幼儿在教师的引导下查阅了《百科全书》，在“鸡蛋的秘密”里检索到了“奇妙的蛋白霜”。原来蛋清用打蛋机搅拌后变成的白色稠状叫蛋白霜，和面粉和在一起能做戚风蛋糕，稀奶油用打蛋机搅拌后才叫奶油，抹在蛋糕坯上能让蛋糕更香更好吃。

5 如何将蛋清和蛋黄进行完全分离？（小组海报）

厨师阿姨告诉我们，打蛋白霜的蛋清里不能混杂蛋黄，哪怕是一点点也不行。可是蛋清和蛋黄的绝对分离可是个超级大难题哦，怎么办呢？蛋黄和蛋清分开来的方法有哪些？

怎样把蛋清和蛋黄分离

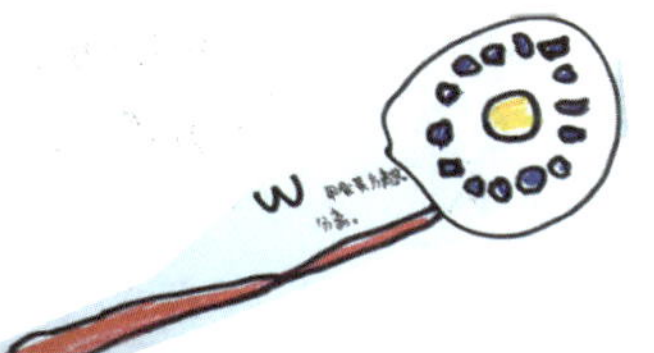
方法一　用分离器

方法二　用调羹分开

方法三　戳个洞

我们是这样分离蛋清和蛋白的。

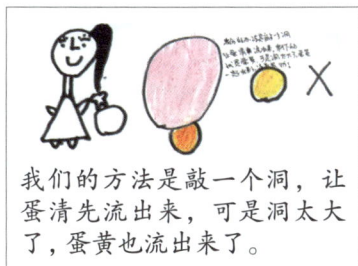

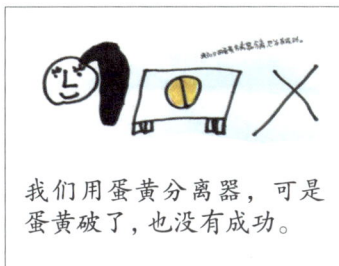

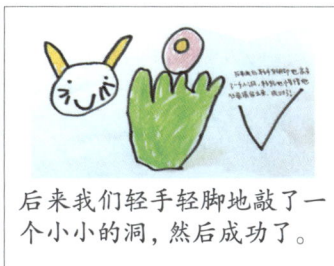

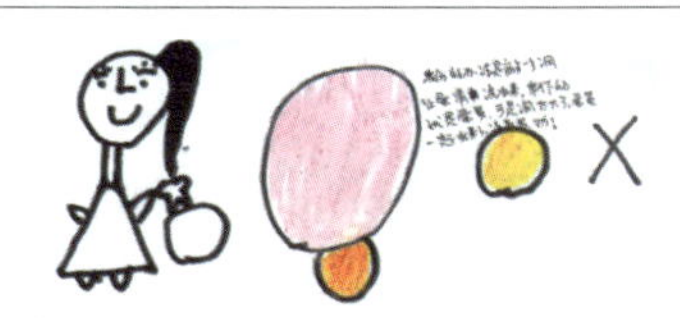
我们的方法是敲一个洞，让蛋清先流出来，可是洞太大了，蛋黄也流出来了。

我们用蛋黄分离器，可是蛋黄破了，也没有成功。

后来我们轻手轻脚地敲了一个小小的洞，然后成功了。

6 蛋糕坯为什么烤坏了？（小组海报）

幼儿辛苦做好蛋糕，满心期待，在打开烤箱的那一刻，却发现蛋糕坯烤焦了，做蛋糕失败了！是什么原因造成的呢？幼儿进行了猜想，推测的原因一可能是烤箱坏了，原因二可能是太冷了，原因三可能是太热了，原因四可能是烤的时间太长了。对照猜想的原因，幼儿开始一一验证。

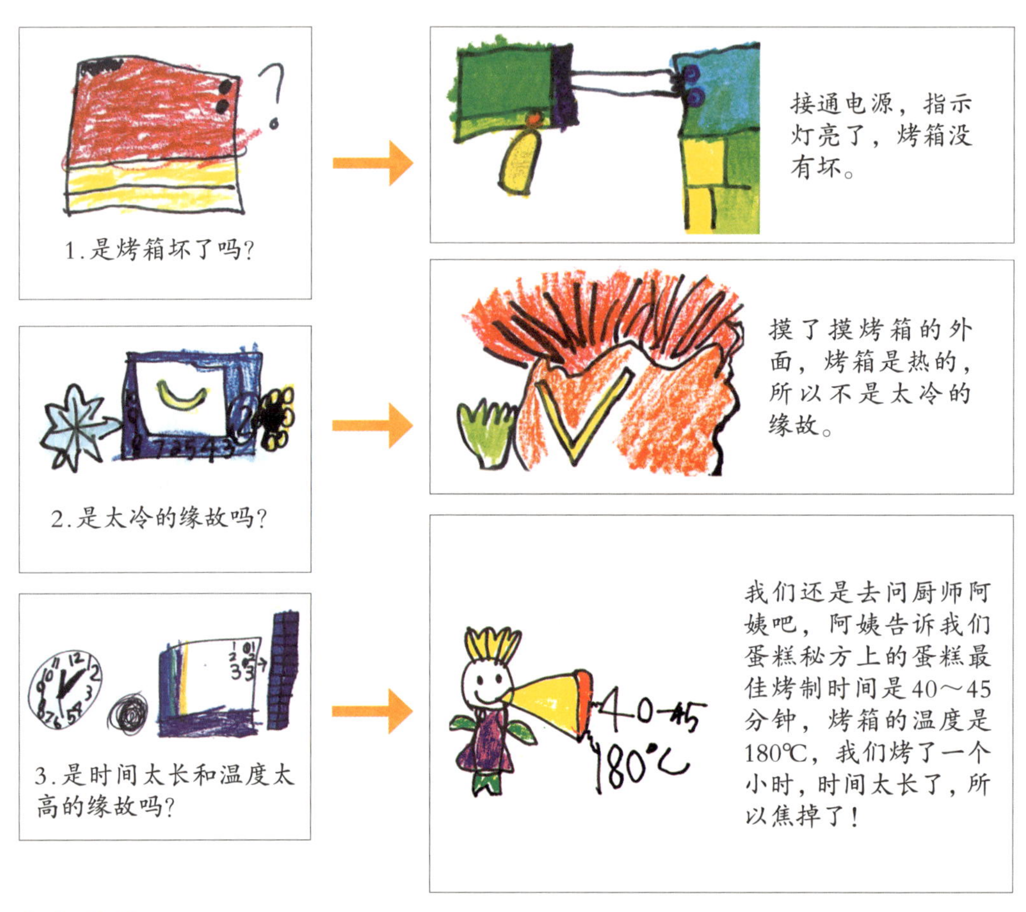

1.是烤箱坏了吗？
接通电源，指示灯亮了，烤箱没有坏。
2.是太冷的缘故吗？
摸了摸烤箱的外面，烤箱是热的，所以不是太冷的缘故。
3.是时间太长和温度太高的缘故吗？
我们还是去问厨师阿姨吧，阿姨告诉我们蛋糕秘方上的蛋糕最佳烤制时间是40～45分钟，烤箱的温度是180℃，我们烤了一个小时，时间太长了，所以焦掉了！
40-45
180℃

教师反思：

中班幼儿的心理发展还处于前运算阶段，儿童还无法在头脑中将新旧知识经验进行重构，这时需要借助儿童海报为载体进行表征和梳理。活动中，幼儿展示出了他们的自主学习能力，幼儿以一个个问题为切入口，用较为夸张的线条、形状和鲜明的颜色突出问题的特点（如将稠状的蛋白霜用蜗牛黏液作表征，将热乎乎的烤箱用深红色的火山喷发场景进行表征），将各种问题进行整合（如准备蛋糕材料时的分工问题、蛋清和蛋黄分离的问题），以海报为媒介进行问题推演分析，并通过集合集体智慧对自己的想法进行论证（如大家头脑风暴分析蛋糕烤焦的原因，并寻求厨师阿姨的帮助来验证假设）。中班孩子的探索学习需要依托具体的实际情景、大量的材料和信息支撑、亲力亲为的实践，幼儿在教师“有准备的环境”的支持下，以海报为汇聚信息的“数据库”，以此为基础进行新旧知识的建构，促进“制作蛋糕”活动的深入发展。

第三板块 蛋糕店游戏开张啦！（巩固经验）

蛋糕做好后，幼儿进行美味大派送，把蛋糕给食堂的叔叔阿姨、幼儿园的保安师傅、医生妈妈、园长妈妈和幼儿园的其他保教人员分享，人家对幼儿做的蛋糕赞叹不绝。

送给中二班

送给医生妈妈

送给园长妈妈

送给小班弟弟妹妹

隔壁中四班的小朋友惊艳于蛋糕的精美与美味，写了一封信，希望用自己的礼物交换蛋糕。

隔壁中四班的小朋友到我们中三班，和我们小朋友商量说，蛋糕太香了，大家都闻到了香味，太想吃了，打算用自己做的纸工、班级里的小礼物交换蛋糕。

小朋友收到的中四班的礼物有：

竹蜻蜓玩具

一张画

旋风陀螺

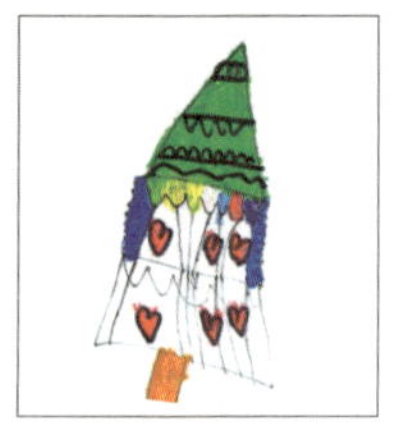

漂亮树的纸工

既然蛋糕这么受欢迎，小朋友们说："我们开个蛋糕店吧，让大家都来买。"于是，我们的蛋糕店风风火火地开张啦！经过集体讨论，蛋糕的标价是1元！

问题来了　（1）买蛋糕没有钱，怎么办？

幼儿决定开蛋糕店了，可是，买蛋糕需要钱的呀，没有钱怎么办？为了解决钱的问题，幼儿开设了"留言银行"，并约定赚钱的规则：一是做蛋糕的蛋糕师、服务员可以领到劳动的工资，一次两元；二是小朋友可以到留言银行说出自己的优点领到优惠券，一个优点可以领到一张一元优惠券；来访老师可以为小朋友留言，一条留言也是一张一元优惠券。

留言银行开张

客人（来访）老师的留言

优点兑换

我们设计的一元钱币

（2）没有我想要的品种怎么办?

在挑选蛋糕的时候，有的顾客说，要是能放上他自己喜欢的东西就好了。于是，幼儿设计了点单卡，可以自主选择，“请你来点单”的活动就展开了。

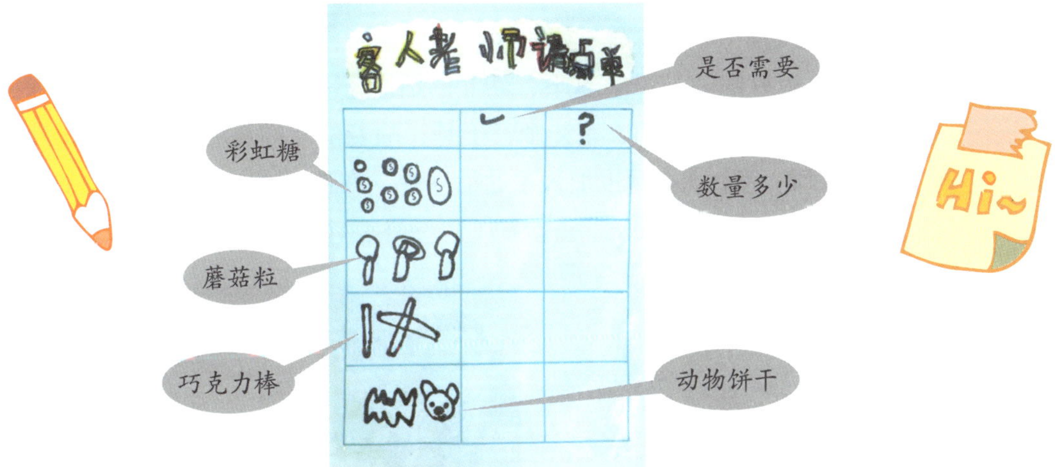

幼儿设计了一张点单卡，根据顾客的意愿进行自主选择，然后，蛋糕师再进行制作。一块块个性化的蛋糕诞生了！

教师反思：

“蛋糕”只是幼儿学习与发展的媒介，由“蛋糕”所衍生出的一系列活动才是幼儿学习的环境。之前制作蛋糕的活动中，幼儿抱着共同的目的进行探索和分工，但是当幼儿参与到目的不一、喜好各异的“蛋糕店售卖”活动时，幼儿之间该如何维系好互动关系，并实践自己的活动目的？这时，幼儿在超市、餐馆、药房、银行中的消费活动经验成为推动活动发展的关键，银行的“积分集点制度”、超市的“优惠满减活动”、餐馆的“定制服务”为幼儿协调各方利益、满足各方的消费需求提供了范例，保证了活动有条不紊地进行。在本次活动中，幼儿最大程度地顺应了活动角色的要求，深刻体验到了商业活动、服务行业的特征，并借助生活经验来巧妙处理“复杂”的经济关系，使得“蛋糕店”的活动成为全园最受欢迎、参与人数最多的活动。

第四板块 活动拓展——我们茶艺师、沙拉师也加入了活动

“小小DIY蛋糕师”的活动是在大主题“勤劳的人们”之下，根据孩子的兴趣进行的。在进行“制作蛋糕”活动的时候，有一次晨间谈话，皮皮说蛋糕很好吃，蛋糕师很好玩。轩轩接话说：“昨天妈妈带我去吃比萨，沙拉也很好吃。”于是，暖暖也接着说：“妈妈星期天和朋友去喝茶，我也去了，妈妈喝的是玫瑰茶，妈妈的朋友喝的是柠檬茶，我喝的是水果茶，也很好喝的。”……这下，幼儿的话匣子一下子打开了。幼儿说除了做小小蛋糕师，还想尝试做沙拉师、茶艺师，于是，顺着幼儿的意愿，“小小DIY沙拉师”“小小DIY茶艺师”两个小主题也加入主题活动中。在选择参加沙拉师还是茶艺师的活动中，幼儿根据意愿自主选择。

选择沙拉师的孩子

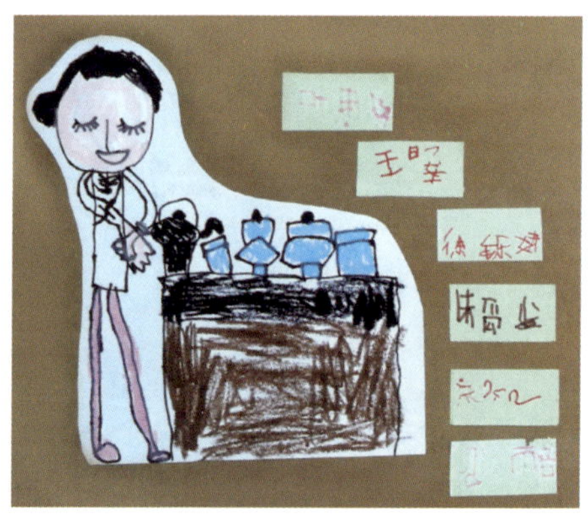

选择茶艺师的孩子

以下是茶艺组小朋友需要购买材料，给园长妈妈的购物申请报告：

您好
5个
40个
40个
亲爱的园长妈妈您好：我们茶艺组需要——茶壶5个，茶碗40个，杯子40个，请您批准！
这是我们园长妈妈的亲笔签名——贾秋美

茶艺组幼儿尝试泡出各种各样的茶。

玫瑰花菊花茶

胖大海茶

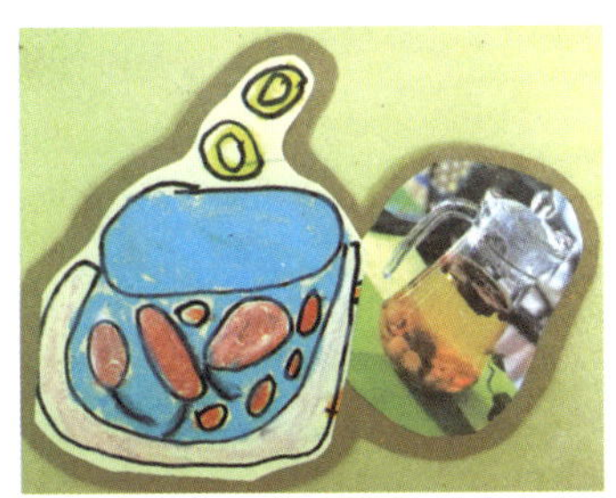

桂圆红枣茶

猕猴桃橘子茶

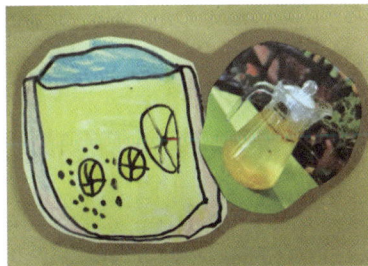

百香果柠檬茶

小小茶艺师还给胖大海茶、桂圆红枣茶、百香果柠檬茶分别取了好听的名字。

胖大海茶

桂圆红枣茶

百香果柠檬茶

给爸爸妈妈和自己选择了适合的茶。

爸爸妈妈

爸爸妈妈可以喝的菊花茶、枸杞茶、茶叶茶。

我们小朋友

我们小朋友可以喝的是各种各样的水果茶，比如梨子茶、西瓜茶等。

水果沙拉师做的沙拉不但好吃而且好看。

我们在专心的制作中。
水果拼盘
我们做的精美的水果沙拉拼盘。

我们的活动：

茶艺师

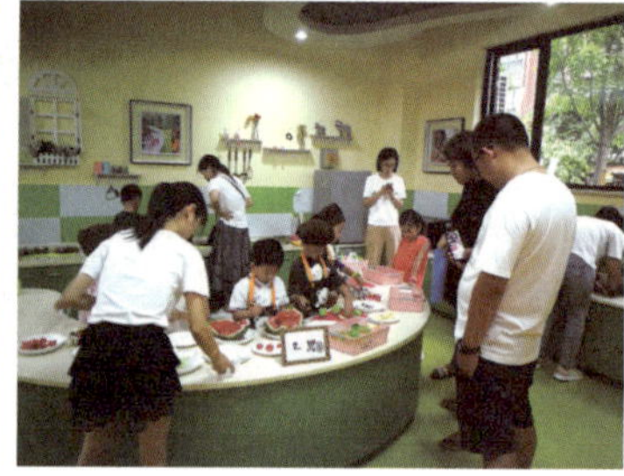
沙拉师

导购台

教师反思：

无论在活动组织上（大家基于每个幼儿的兴趣和特征分工完成活动任务，开展活动游戏，如“蛋糕店”游戏里的“收银员”“烘焙师”“服务员”以及引入的商业活动模式），还是在活动实施上（以问题为切入点、以儿童海报为推手，不断创生，在与同伴的探索中发现问题、解决问题，推动活动不断向前，如面对烤焦的蛋糕，幼儿提出猜想，用直观生动的笔触表征，然后一一验证，直到问题解决），“蛋糕师”活动为幼儿开展类似的活动提供了丰富的学习经验。从“蛋糕师”延伸至“茶艺师”和“沙拉师”，儿童的探索学习更加大胆和自信，一系列的活动首先激发了幼儿长时间的学习热情，其次也巩固和拓展了幼儿相关主题活动的经验，为主题活动的进一步发展埋下了伏笔。

（三）我们的海报长这样

1 儿童海报的整体呈现

1 做蛋糕的经验储备（集体海报）

蛋糕的秘密

决定参观蛋糕店

参观计划

2 制作蛋糕（小组海报、个人海报）

（1）小组海报

做蛋糕需要的材料

水果组去超市选购

85克面粉称出来

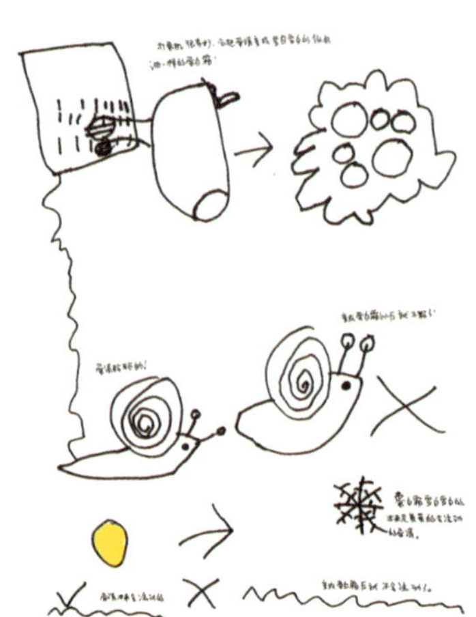

奇妙的蛋白霜

分离蛋白与蛋清绝招

蛋糕怎样烤

(2)个人海报

终于买到了“糖珠”

找不到卖水果的柜台

钱不够了怎么办

3 蛋糕店开张了（小组海报）

美味大派送

留言银行的温馨提示

4 活动拓展——我们茶艺师、沙拉师也加入了活动的行列（小组海报）

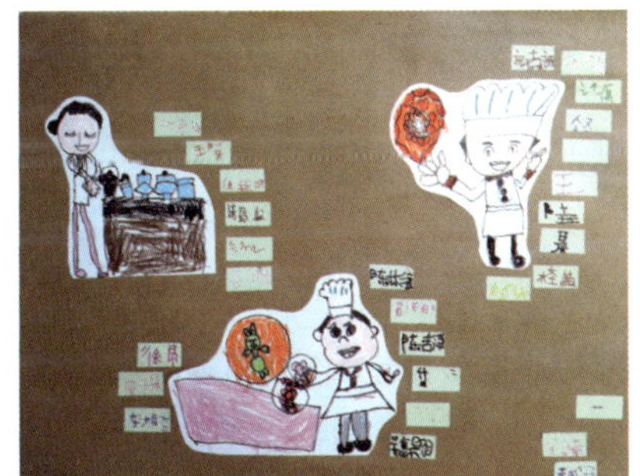

我们的选择

小小茶艺师

沙拉的制作

海报整体呈现：

2 儿童海报的后续互动

整个主题海报呈现的是幼儿们探索问题、解决问题的过程，是对幼儿活动实践的艺术表征。在呈现儿童海报后，幼儿会认真编排和梳理，主动将儿童海报这一活动成果介绍给伙伴、家人，并期待得到大家的反馈，从而对主题海报进行调整和完善。

"小小DIY蛋糕师"主题海报并没有因为蛋糕的制作完成而骤然停止。精美的蛋糕受到了大家的欢迎，幼儿顺势开了一个蛋糕店，主题海报成为了蛋糕店里的"宣传广告"，以生动形象的信息和图案吸引了许多"顾客"。幼儿也会耐心细致地将蛋糕的故事介绍给每一位来访的"顾客"。适逢一些园外的客人来访幼儿园，幼儿更是主动热情，将主题海报中的故事分享给客人听，并邀请客人参与对主题海报的反馈和后续互动中。幼儿主动积极的特性也获得了客人们的点赞、留言。

在期末家长会举行之际，幼儿一致要求自己当小主人，邀请爸爸妈妈到幼儿园，参加我们的"小小DIY蛋糕师""小小DIY茶艺师""小小DIY沙拉师"活动，并将三个活动的主题海报故事讲给爸爸妈妈听，将亲手做的蛋糕、沙拉、亲手泡的茶让爸爸妈妈品尝。

学期末的时候，幼儿带着爸爸妈妈走进大家共同创建的生活馆，和爸爸妈妈一起做蛋糕、品茶。活动中的幼儿充满了成就感，家长也与幼儿度过了难忘的亲子时光。

六、反思：让问题成为幼儿前进的“垫脚石”

儿童海报的发展进程是主题活动的推进过程，也是幼儿获得发展的过程。“小小DIY蛋糕师”主题海报的创设思路是从儿童的视角出发，以问题为导向，步步深入。教师也引导孩子在解决问题的过程中获得自主发展。幼儿被“蛋糕”吸引，想要自己DIY蛋糕，于是，关于怎么做蛋糕的问题就产生了。为了寻找一个满意的答案，幼儿去蛋糕店展开了实地考察，萌生出了一系列新的问题——做蛋糕的东西如此之多，怎么找齐？蛋糕坯没得买，怎么做？奶油、巧克力这些装饰物怎么粘贴上去？……这些棘手的问题既是幼儿活动进程中的挑战，又是幼儿推动活动发展，生成新的知识经验的关键所在。

从儿童海报中我们可以看见主题活动中幼儿的成长历程。

活动初期，做蛋糕需要的材料实在太多，幼儿采用了分类的方法加以区分；为了圆满完成采购任务，幼儿采用了分组合作的形式……幼儿不断尝试，不断调整，寻找最为合适的解决问题的方法。

活动中后期，幼儿在备置好蛋糕材料后，开始研究和设计蛋糕制作的流程。幼儿认真搜集信息，聆听厨师的意见，结合自己亲身观察的结果，创绘了细致生动的制作流程图。幼儿不仅会根据活动实况对制作程序进行调整（如幼儿设计了许多蛋糕制作图，为了防止混乱，孩子统一商定先制作一个“标准”的戚风蛋糕，学会基本蛋糕制作技能后，大家再在后续的活动中创作自己理想中的蛋糕作品），并且幼儿还会执着于制作的细节（如面粉的质量、牛奶的多少、器具的大小等，尤其是蛋糕坯的制作，更是严格按照配方的比例进行）。此外，对中班孩子来说，打蛋机、电子秤、蛋清分离器、裱花嘴等工具的使用还是具有很大的挑战性（中班幼儿手部精细动作发展并不完善，对于精密器具的操作还需要一定的摸索和练习），但由于兴趣使然，幼儿没有退缩的意愿，在活动中不断尝试、失败、再尝试，最终磨砺了学习品质，夯实了实践经验。比如打蛋机的使用需要幼儿稳定好器具后均匀搅拌并克服打蛋机使用中对噪声的恐惧，幼儿在活动中锻炼了手部的抓握能力和上肢协调能力，也逐渐克服了关于“噪声”的心理障碍。又比如为了找出制作过程中“蛋糕烤焦”的原因，幼儿逐步比对制作流程，一一验证是否在流程上出现问题，并且再度大胆猜测，小心求证，在反复操作和尝试中解决了问题。

制作一块精美的蛋糕竟然是如此不易，原来有那么多棘手的问题需要解决。幼儿一路的探索历程，从低谷到成功的情绪波动都由幼儿用灵动的、充满想象力的、真实的笔触记录在了儿童海报上。儿童海报也为教师观察幼儿学习过程，了解幼儿的思维发展提供了可靠的“抓手”。

值得一提的是，在“小小DIY蛋糕师”的活动中，幼儿在解决问题时需要与他人大胆地交流和分享自己的观点和意见。在参观蛋糕店的时候，幼儿发现想要解开自己的疑问，仅仅依靠独立观察是不够的，还需咨询素不相识的蛋糕师；在把蛋糕分给大家品尝时，幼儿需要主动地把蛋糕分享给陌生的来访客人；在开蛋糕店的时候，为了吸引更多“顾客”，幼儿要积极展示，主动沟通，并把自己的蛋糕介绍给大家……刚开始，幼儿在与陌生人的交往中是腼腆而退缩的，但随着活动的深入，幼儿在一种积极主动的氛围中放下了紧张和害羞感，开始大胆尝试与陌生的“顾客”进行交流，并准确地传达自己的信息，表达自己的观点。

纵观本次活动，我们可以发现“问题意识”是幼儿获得发展、活动得以推进的关键所在。教师不需要将幼儿的问题看成需要预防的“麻烦”，而是要鼓励幼儿学会针对自己提出的问题进行思考，探索解决方法，同时也需要为幼儿提供充足的材料和环境支持，启发幼儿学会借助集体的力量，结合已有的经验，在一次次尝试中解决问题。这时，所谓的“麻烦问题”不仅成为促进活动生成的重要推力，也成为幼儿不断前进和发展的“垫脚石”。

七、主题海报的可持续发展

（一）海报创设思路的迁移

从幼儿兴趣的延伸，“茶艺师”“沙拉师”也加入主题活动的行列。“小小DIY蛋糕师”主题海报给“小小DIY茶艺师”“小小DIY沙拉师”主题活动提供了模仿创作的经验。三个活动有着相似之处，对后续活动中幼儿主题海报的创设也有着借鉴意义，这给了幼儿举一反三的学习机遇。比如在“小小DIY茶艺师”海报创设时，幼儿很自然地会问一些问题。茶是什么？白开水？爷爷泡的苦苦的茶？姐姐喜欢喝的饮料？我们怎么来泡茶？我们能否开一家茶艺馆？先前海报活动的创设思路就这样自然而然地迁移到了后续活动中。

（二）海报活动技能的深化

“小小DIY蛋糕师”活动中，幼儿利用海报将活动经验和发现进行串联和梳理，这种以海报为载体的方式使幼儿的艺术表征能力、学习探索技巧、语言表达和交往能力都获得了深入发展。比如在“小小DIY蛋糕师”主题海报的创设中有很多关于孩子与人交往方式的表征。幼儿给园长妈妈、厨师阿姨写信，收到中四班孩子的信等，这种书信交往方式在后面的主题中得到进一步运用，如茶艺组的幼儿给园长妈妈写购物申请，给爸爸妈妈写参加活动的邀请函等。

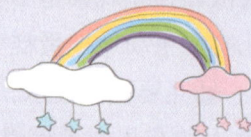

（三）海报表征创造力的提升

主题海报的创设过程中，孩子需要用大量的符号、文本、图像进行具有创造性的表征。然而，中班孩子认识的常用汉字不多，很多书面文字和口头语言无法对应和衔接，需要幼儿将文字用图像进行转化和象征。比如在表达“轻轻”的时候，幼儿用“小白兔轻轻走路”的图画来代替；在表达“冷”的时候，幼儿用“冰块”来代替；在表达“五颜六色”的时候用“彩虹”来代替。这些“不得已”的转换却成为幼儿创设海报时想象力、创造力的源泉，幼儿甚至对应大家的喜好发明出了一套属于中三班的“文字”，这种富有创造力的表征形式引发了全园幼儿的兴趣和注意，也为幼儿后续海报活动的开展提供了无限可能。

玩转帐篷节

江苏省无锡市侨谊幼儿园金科园　朱静燕　大班

一、主题海报思维导图

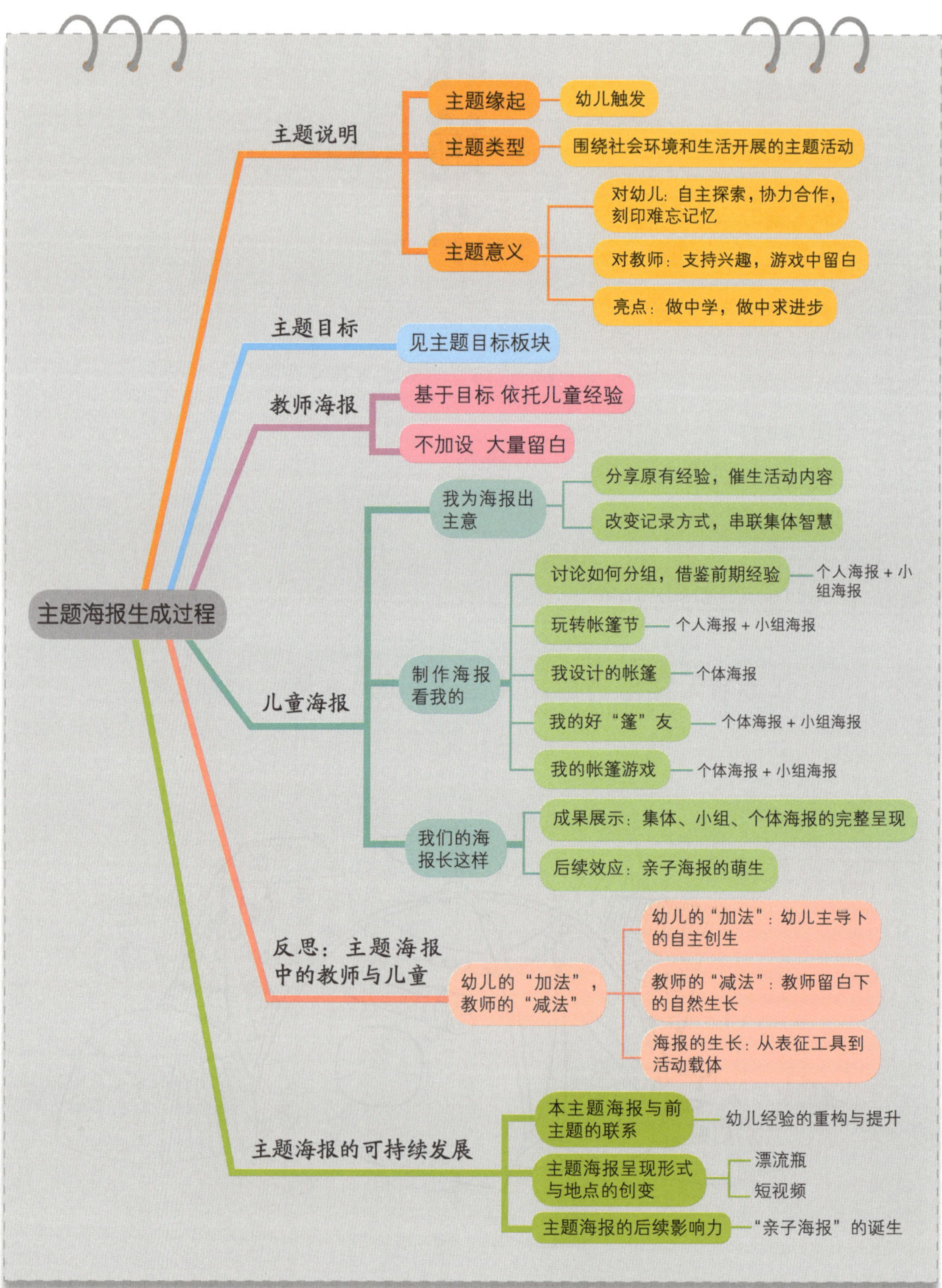
主题海报生成过程
主题说明
主题缘起
幼儿触发
主题类型
围绕社会环境和生活开展的主题活动
主题意义
对幼儿：自主探索，协力合作，刻印难忘记忆
对教师：支持兴趣，游戏中留白
亮点：做中学，做中求进步
主题目标
见主题目标板块
教师海报
基于目标 依托儿童经验
不加设 大量留白
儿童海报
我为海报出主意
分享原有经验，催生活动内容
改变记录方式，串联集体智慧
制作海报看我的
讨论如何分组，借鉴前期经验
个人海报 + 小组海报
玩转帐篷节
个人海报 + 小组海报
我设计的帐篷
个体海报
我的好“篷”友
个体海报 + 小组海报
我的帐篷游戏
个体海报 + 小组海报
我们的海报长这样
成果展示：集体、小组、个体海报的完整呈现
后续效应：亲子海报的萌生
反思：主题海报中的教师与儿童
幼儿的“加法”，教师的“减法”
幼儿的“加法”：幼儿主导下的自主创生
教师的“减法”：教师留白下的自然生长
海报的生长：从表征工具到活动载体
主题海报的可持续发展
本主题海报与前主题的联系
幼儿经验的重构与提升
主题海报呈现形式与地点的创变
漂流瓶
短视频
主题海报的后续影响力
“亲子海报”的诞生

二、主题说明

（一）主题缘起

如今，生活在钢筋水泥丛林中的孩子非常渴求自由，向往大自然中的清新和舒适。每每问及小朋友们自身向往的自然生活时，幼儿都不约而同地提到在节假日中与爸爸妈妈一起开展的户外野餐、帐篷小憩等活动。但是，幼儿的“野心”不局限于对自然的享受，更热衷于挑战自我，亲力亲为设计出自己的户外帐篷。结合幼儿园开阔的户外场地，“玩转帐篷节”的主题活动在幼儿的跃跃欲试中萌生。

（二）主题类型

围绕自然环境和生活生成的主题。

（三）主题意义

1 对幼儿：自主探索，合作共赢

对于即将大班毕业的幼儿而言，三年来的幼儿园生活中什么是最难忘的？通过这次户外露营、品味美食、搭建帐篷等活动，我们尝试启发幼儿拓展自己的游戏活动内容，改变常规的生活模式，在自我劳动、自我探究中丰富生活体验，在与同伴一起拥抱自然乐趣的同时，将这些美好时光驻留在记忆中。

2 对教师：支持兴趣，游戏中留白

在主题开展的过程中，教师基于幼儿的前期经验，鼓励幼儿自主商议和设计整体活动，以幼儿喜欢、感兴趣的方式支持主题活动的开展。当幼儿萌生出各种新问题时，教师始终以观察者、支持者的身份考虑和分析幼儿的行为，始终秉持幼儿自主活动在前，教师适当参与在后的原则。这些活动中的教师留白为幼儿关键经验的生长提供了无限的可能，幼儿的探索欲望、想象力也开始挣脱束缚，创生出一个又一个的惊喜。

3 亮点：做中学，做中求进步

本次主题并非教学计划中的预设主题，而是由幼儿偶然间的谈论衍生出的一系列主题活动。活动全程多采取小组合作的方式，幼儿之间互相协商分组，自主设计帐篷标志、帐篷类型、帐篷游戏等，不断在动手操作中学习新的知识，获得崭新的体验。此外，在小组合作中，幼儿自身经验和同伴经验之间相互碰撞，彼此合作探索，从而触发新的学习方式，在持续的活动实践中相互促进，共同进步。

三、主题目标

1. 学会搭建简易的帐篷，学习打包床上用品，能够适当负重上下楼梯。
2. 能够分组设计帐篷的标记和制作草图，学会与同伴商讨和交流装饰帐篷的策略方法。
3. 体验和同伴在帐篷中露营的快乐，培养勇敢独立、与同伴合力面对困境、合作解决问题的良好品质。

四、教师海报

幼儿的学习是在与自然、社会环境的相互作用中产生的，具有生成性和动态性。当教师对幼儿的活动干预过多时，不仅会使幼儿探索学习的自主性、积极性大打折扣，而且会抹杀掉活动中潜在的学习价值。因此，在本次主题活动的开展中，教师尝试大胆放手，在提前预设了大致的时间线的基础上，将活动全过程的设计、准备、实施的权利交给了幼儿。

关于“帐篷”我们可以开展什么样的活动？怎么开展？持续多久？这些疑惑如果由教师采取教学的方式，幼儿在短时间内就会寻得门路，但是长此以往，幼儿面对难题时就会等着别人告诉自己答案，自主探索和学习的能力就会发展迟钝，也无法将新的知识经验迁移到类似的情景中。因此，教师主题海报的设计中出现了大量留白，至于接

下来要发生什么、做什么，教师和幼儿一样，带着疑问，带着憧憬和好奇心推动活动的进行。教师同幼儿一起记录自己的探索结果，把自己的观点和计划创造性地表征，将积极、活跃的情感以主题海报为载体进行表达。

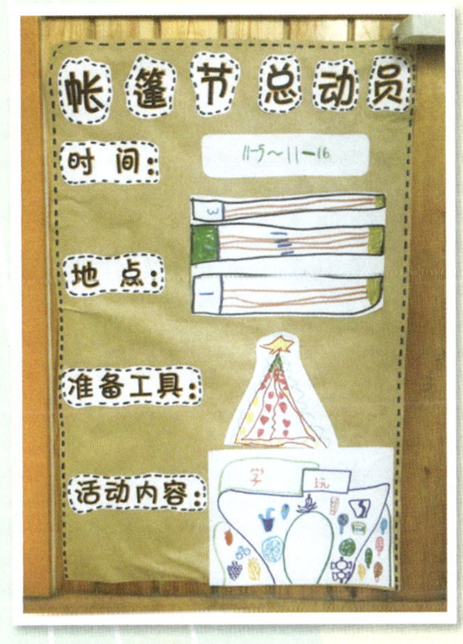

五、儿童海报

（一）我为海报出主意

大量留白下的主题活动是否会导致幼儿寸步难行？作为“总设计师”的幼儿如何从自己的兴趣点出发对活动主题挖掘延伸，并学会记录和表征自己的探索发现？

本次活动中的幼儿有力地回应了以上质疑。幼儿自然地在活动中发现问题、探索问题、解决问题，把自身兴趣点、问题和思虑用可操作的、直观的方式（即儿童海报）进行记录和表达，幼儿在不断探索中推动活动的发展。

1 分享原有经验，催生活动内容

在开展这一主题之前，幼儿都有和爸爸妈妈、朋友一起外出野餐的经历。

轩轩：周末的时候，我经常和爸爸妈妈一起出去野餐，爸爸喜欢带着帐篷过去，这样我们玩累了就可以在里面休息。

月月：帐篷有的大可以睡一家人，有的小只能睡一个人，我家里的就是那种可以睡三个人的，下面还有垫子，那是防潮的。

一一：我的帐篷就很小，只能睡一个人，这样就没人和我一起玩了……

教师：每个幼儿的帐篷都不一样，既然大家都想和小伙伴们一起在帐篷里玩耍，那我们该怎么办呢？

轩轩：没关系的，我可以帮大家设计一个超大的帐篷，之前和爸爸妈妈去大草原上，看到了很大很大的帐篷（边用手尽力比画），和我们教室一样大，可以让我们所有的小朋友都在一起玩耍。

小雨：你只喜欢玩赛车游戏，我们可不喜欢，我不要和你一个帐篷。

教师：咦？小朋友们喜欢在帐篷里做不同的事情，那么这样的话，帐篷里就太乱了，这可怎么办呢？

然然：我们可以和打CS游戏一样，分成小组，在帐篷里玩。

许多孩子说道：我们可以把帐篷里的空间分成一小块一小块，像美工区和阅读区一样……

一一看着户外操场，突然想到说：那么大的帐篷会挡着弟弟妹妹上学的路的！

轩轩：蒙古包的叔叔说，大帐篷搭的时候要钉在很深的地下，这样风才不会吹倒它。但是我们要这样会把操场上挖一个大坑的。

教师：那你们还有什么办法？让我们每个人既能玩自己想玩的游戏，又能在我们的操场上搭建自己的帐篷？

佑佑：我们把帐篷变小就可以啦，我和轩轩一起玩赛车，你们去另外一个帐篷里画画。

晨晨：对，我们可以分成好几个小帐篷，每个帐篷都玩不同的，这样我们就可以互相串门了。

幼儿：那这样的话，我们就可以在学校里露营了，中午午睡就直接睡在帐篷里。我们就在帐篷里吃点心，还可以一起玩游戏，让朱老师也一起在帐篷里睡觉。

晨晨：有的帐篷砰一下就打开了，但是有的帐篷需要用到很多杆子，然后串在一起，伸进帐篷里面，我们该搭什么样的帐篷呢？

教师：对啊，搭成什么样的呢？自己好好想，你们和想一起玩游戏的小伙伴们在一起，做出自己想做的帐篷，你们要想好做什么样的帐篷，还有怎样做好这个帐篷。可以吗？

月月：我们可以先画下来，然后照着画里面的去搭帐篷，我爸爸每回搭帐篷都要看好久的图纸。

于是，幼儿纷纷开始行动起来，在自己的小册子上画下自己的“帐篷草图”……

教师反思：

幼儿对帐篷节这一主题有着浓厚兴趣，围绕着帐篷话题就打开了自己的“话匣子”。幼儿关于帐篷已然有着丰富的经验，教师只要在旁观察整理后，适时点拨幼儿，这样整个主题活动内容就会在看似不经意的交流中浮现。值得一提的是，大班的幼儿不仅面对问题能够学会借助周围的事物进行迁移对比，而且对于自己的学校以及学校里的弟弟妹妹、同伴、事物有着爱护心和责任心，这是非常值得赞扬的。

2 改变记录方式，串联集体智慧

经过一段时间的商量和讨论，幼儿初步确定了大致的活动思路，即从“我设计的帐篷”（画出自己想要做的帐篷）到“我的好‘篷’友”（小组合作搭建帐篷）再到“我们的帐篷游戏”（和小伙伴们一起在帐篷里做自己喜欢的游戏）。随着主题活动的开展，还萌生了各种细节问题，幼儿继续沿用“发现问题—讨论问题—解决问题”的方式把这些问题用各种艺术形式进行表征和记录。一系列问题的铺陈和酝酿，犹如一张网络，将幼儿之间的发现、新生经验以及事物关系进行串联，相互重构产生了新的知识。

但是，幼儿平时记录的小册子，只有八开纸的大小，有的喜欢画画的幼儿已经用完了。另外，小册子只有一本而且是装订在一起，幼儿很容易发生争抢，并且有的幼儿在设计的时候，抱怨画不下自己想画的东西。

于是，我拿着小册子对幼儿说：“宝贝们，我们的小册子不够了怎么办，有的小朋友还画不下。”

“用那个纸！”一一指着门口那个半米高的入园流程图说，“我们可以在上面画大大的帐篷，想塞多少东西就塞多少。”

“我们还可以挂起来！这样每个人随时都可以看，都可以画，不用排队了！”

……

教师反思：

当幼儿遇到问题时，开始尝试主动思考求变，那么，学习就产生了。因为幼儿已有的经验基础，使得我对他们在设计帐篷活动中的协商合作、艺术创作充满自信。但是，当幼儿面对已经习惯的记录册无法满足他们的需求这一问题的时候，我一直纠结是否直截了当地牵引他们转换新的记录方式，但是幼儿却很自然地想起自己所见到的更为合适的记录载体——海报，并且能够把海报的优势与活动结合，尝试着开展自己的活动，这种变化让我更加自信大胆地放手，将活动的主导权交给幼儿。

（二）制作海报看我的

1 讨论如何分组，借鉴前期经验——个人海报+小组海报

在开展帐篷节之前，为了进一步提升幼儿共同协商、团结互助的能力，我们从日常座位安排入手，摒弃了教师分配的方法，而是鼓励幼儿自由组队，创编队名。有的小组在受班级守则启发的基础上，制订小组约定手册，建立起属于自己小组的“契约”。幼儿在活动中遇到问题时，首先想到的是团队协商，将自己的意见表达，并且以投票的方式来决定答案，这种民主的、集体的决策方式无疑反映出了幼儿的亲社会行为已经发展到了较高的阶段。

问题1 如何分组？

幼儿首先找自己喜欢的小伙伴一起组队，接着每人把自己的名字以图画表征的形式进行记录，然后分别进行投票，得票数最高的胜出。胜出的队名分别是红海行动队、爆裂飞车队、爱莎队、十二星座队。

问题 2　规则如何制订?

当所有小组分配完成后，幼儿在制订小组约定时，也遇到了小问题。幼儿有的希望直接准备帐篷节的装饰，不想事先做小组约定，有的这两项都想选。这时小组长的作用就开始显现，每个人喜欢什么任务？可以担任什么角色？他会负责协调分配，引导小组成员各司其职，各尽所能。如此，活动就有条不紊地继续开展。以红海行动队为例，他们的小组约定：(1)每天要早早来园，参加升旗仪式；(2)睡觉时要独立午睡；(3)值日生要做好每天的工作；(4)上课要认真听讲。

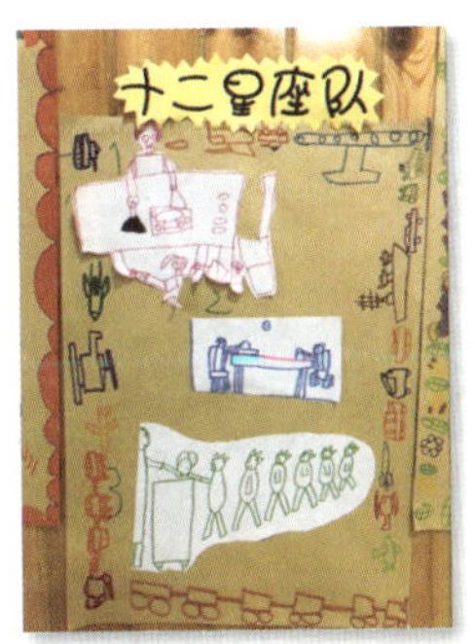

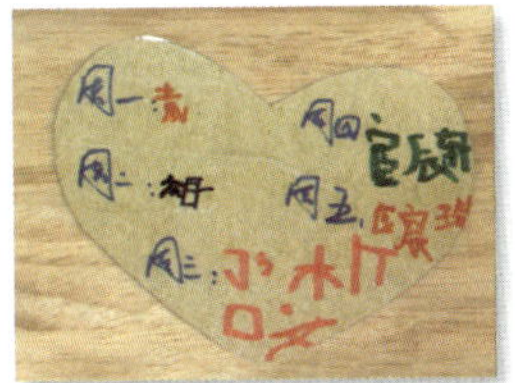

教师反思：

幼儿不是一夜之间突然长大的，而是在日积月累的过程中一点一点成长起来的。无论是小组海报还是个体海报，都是与生活紧密联系的。幼儿接触过的影视、动漫，愉快的活动体验，构想的童话世界，都能成为幼儿进行海报创设的思想源头，随着幼儿思维的发散，我们可以观察到儿童海报记录下的帐篷活动内容、形式，由简单的小组帐篷样式设计升华到围绕着小组帐篷活动规则的制订，儿童的海报已经不再局限于一张张贴的图示，而是成为活动开展路径的重要载体。因此，在“玩转帐篷节”的主题准备阶段，幼儿在教师的支持下开始在团队活动中自主探索活动的开展方式和路径，和同伴共同发现和解决问题，共同实践和维护“小组合约”，儿童海报成为凝聚团队合作、统筹小组智慧和力量的依托，推动活动向幼儿期待的方向发展。

② 玩转帐篷节——个人海报+小组海报

每一个幼儿都可以在活动中实现自己的构想。当教师问及幼儿心目中的帐篷节时，幼儿就将自己之前在小组讨论中产生的帐篷节设计草图呈现在大家面前，并向大家描述自己小组的设计构思、优点、技巧以及各自的工作和职责。值得一提的是，幼儿在分享时学会了相互借鉴。比如“十二星座队”的“签到制度”受到了其他小组的认可和模仿，“爱莎队”的木耳边①、纱窗防虫设计获得了大家的称赞。幼儿不局限于小组内部的头脑风暴，而是博采众长，为自己的设计方案添砖加瓦，这些意料之外的变化让大家都倍感欣喜。

③ 我设计的帐篷——个体海报

在个体海报内容的选择上，幼儿的想象力得以充分彰显。尽管家里、园所内有许多的帐篷实物，但是幼儿还是将自己“心仪的帐篷”绘制在了海报上，无论是一一公主梦中的粉红色花朵帐篷，还是晨晨一直难以忘怀的草原明珠“蒙古包”，抑或是月月童话世界里的小王国靴子帐篷……幼儿将最质朴的梦想和生活中的乐趣融合，一张张原本平白单调的海报在此刻承载着梦想中的“帐篷王国”，幼儿也格外珍惜这些亲手绘制的艺术作品，并骄傲地向自己的同伴、教师、家人介绍着。

④ 我的好“篷”友——个体海报+小组海报

选择自己喜欢的小伙伴一起午睡是非常开心的事儿，露营小组很快就各自组合完成，可是现在他们遇到了难题，帐篷可以从家里带来，可是被子的话从家里带来可麻烦了。师幼共商量后决定用学校的被子，然而新的问题接踵而至，我们在三楼，露营午睡的地方在一楼，怎样把被子拿下去呢？幼儿的脑袋像飞车一样旋转，片刻间就拿出了自己的设计方案。从楼梯上滚下去？会把被子弄脏的；用机械手臂吊下去？好像安装机械手臂更重；用火箭炮发射？万一打到了别的小朋友怎么办，现在高空掉落物最可怕了……最后，幼儿一致决定自己打包被子，分组合力背下去。

注：① 一种儿童画装饰技巧，将事物的边缘剪贴成如木耳边角的波浪形状，可以用于吊饰、墙壁装饰等。

"我们已经长大了，再过不久就是小学生，自己的事情要自己做！"

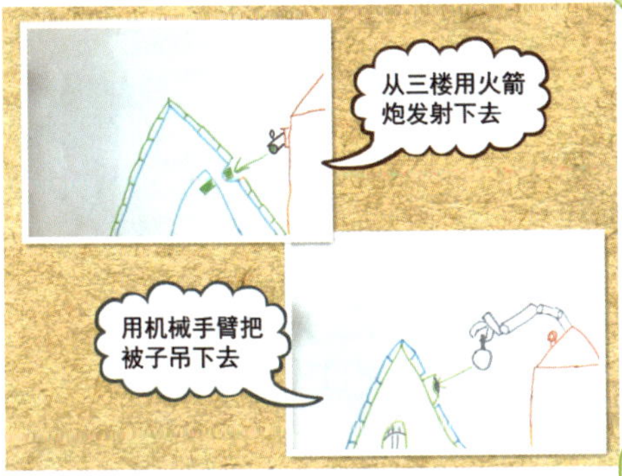

从三楼用火箭炮发射下去

用机械手臂把被子吊下去

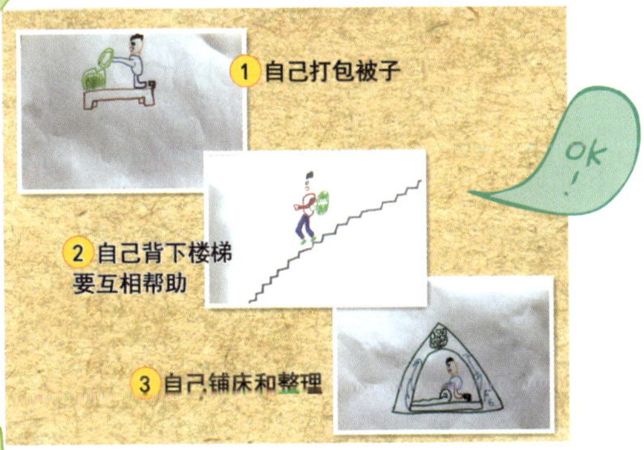

1 自己打包被子

2 自己背下楼梯要互相帮助

3 自己铺床和整理

教师反思：

活动进行到此时，已经不再是单纯的围绕着帐篷的活动。从幼儿的海报上我们可以观察到幼儿对已有经验的迁移和新信息的快速接纳使得帐篷主题活动延伸到了生活的方方面面。幼儿将先前参观工地时看到的吊车、新闻播放中的"高空坠物伤人"等一系列间接生活经验结合实时活动经验代入到海报中，不断拓展和深化。儿童的海报也不仅仅停留在设计、规划层面，而是变为儿童经验总结和情感表达的根据所在。活动中，幼儿并没有直接采取负重上下楼的方式背帐篷，而是先展开想象，提出假设，一一验证，无论结果是否符合自己的假设，幼儿的这种努力尝试、自主探索、举一反三的解决问题意识和求知精神是值得我们赞许和学习的。

5 我的帐篷游戏——个体海报+小组海报

问题1 想要什么样的帐篷游戏呢？

苏联教育家苏霍姆林斯基曾说过："儿童的心灵正在进行创造性的工作，这项工作比任何老师和父母的工作都要珍贵很多。当然这项工作也需要得到成人的理解和支持。"以小组海报为载体，幼儿用画笔尽情地表达自己对帐篷游戏的想法和渴望。他们和同伴积极沟通，相互合作，期许游戏能够按照自己喜欢的方式行进。作为教师应当在更新和补充活动材料的基础上，让幼儿的"可能"变成"可行"。晨晨和几位女生想玩娃娃家，教师为幼儿提供角色游戏的材料，游戏方案需要由她们自己商定；赛车迷轩轩和他的小伙伴要玩爆裂飞车，教师引导他们事先制订好安全游戏的守则，并且小组规定好依次轮流玩耍，将自制的《小组纪律和比赛规则手册》挂在帐篷内；几位幼儿只想在帐篷里美美地睡上一觉，于是教师启发他们用暗色材料把自己的帐篷设置得如夜晚一样，有的幼儿还主动找来荧光材料，点缀上星星和萤火虫……

问题2 怎样分组，制作小组海报？

由于在先前的主题活动中幼儿积淀了丰富的合作经验，因此，本次活动中的幼儿对小组组织、合作与分工自然游刃有余。无论是分组、起队名，还是共商帐篷游戏，幼儿们都坦然地面对问题，合力想出对策，从而获得成长。志同道合的小伙伴聚集在一个帐篷中，一起商量和准备所要带的物品，幼儿制作了一个清单，各司其职，开始如火如荼地忙碌起来……

问题3 帐篷怎么运送？怎样让爸爸妈妈也加入帐篷游戏呢？

关于这两个问题，幼儿都倾向于邀请爸爸妈妈们一起加入帐篷游戏中来，和爸爸妈妈们分享自己的劳动成果，一起体验装饰帐篷和帐篷游戏。同时还可以请爸爸妈妈帮忙一起收拾归还帐篷。

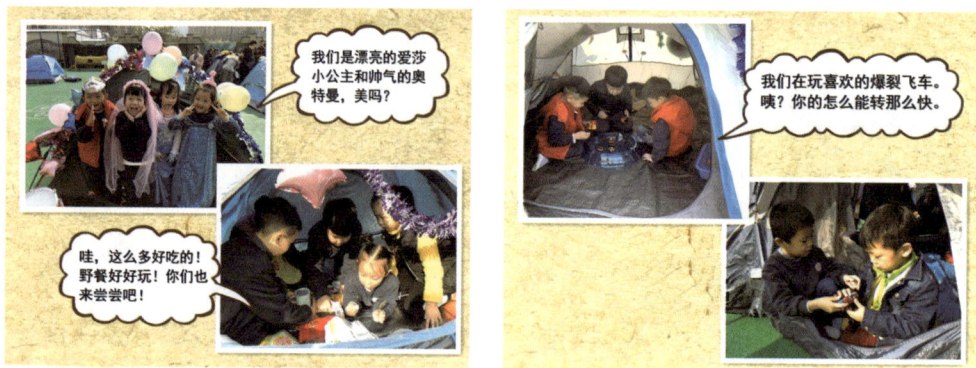

我们的帐篷游戏

教师反思：

幼儿精心制作的帐篷最为乐意的分享对象就是父母，父母的参与会让幼儿获得成就感，幼儿的努力也会获得认可。温馨的家庭时光也正是幼儿所乐于享受的。通过本次活动，我们鼓励父母积极参与到后续的活动中，成为幼儿们的可靠支撑。另外，由父母和儿童共同计划、共同制作的“亲子海报”就是在这种情境下生成的。

（三）我们海报长这样

1 成果展示：集体、小组、个体海报的完整呈现

① 集体海报

集体海报1

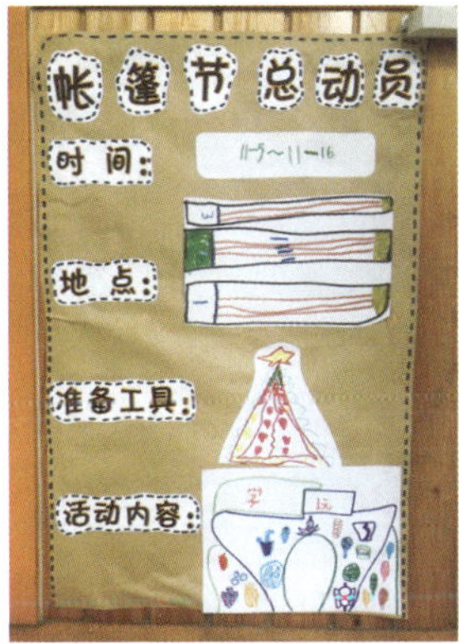

集体海报2

集体海报3

集体海报4

② 小组海报

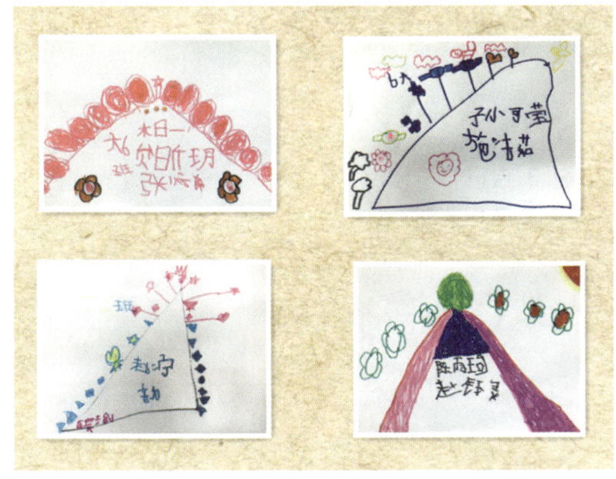

小组海报1

小组海报2

小组海报3

小组海报4

3 个体海报

个体海报1

个体海报2

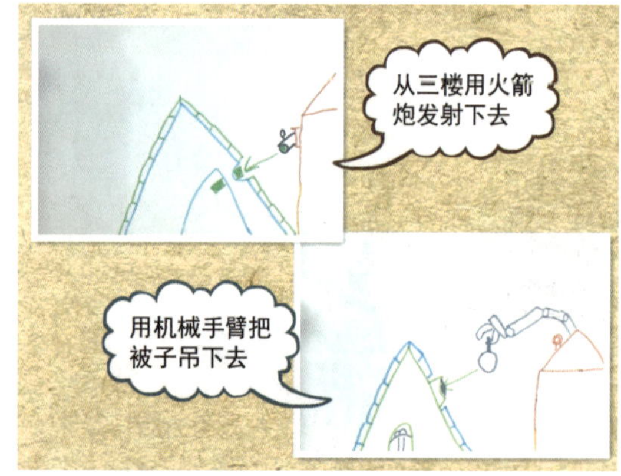

个体海报3

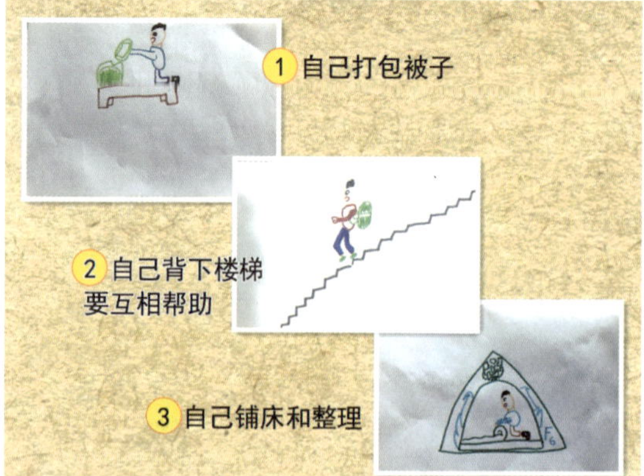

个体海报4

2 后续效应：亲子海报的萌生

当本主题开展结束后，幼儿关于帐篷活动的余热并没有消散。幼儿由园内走向园外，和家长一起外出露营，将自己和家人旅途中的快乐、烦恼等用个体海报进行记录表征，带来教室和同伴一起分享。

“爸爸妈妈带着我坐着房车去露营，房车就像家里一样，是个‘移动的城堡’。”

“带着妹妹一起野餐，她还小，有些事情做不好，我要耐心地照顾她。”

“露营的时候，我遇到了一些和我们年龄一样大的朋友，我和他们一起吃了爸爸做的烧鸡。”

“这次我们露营的帐篷是我带着弟弟搭的，爸爸妈妈没有帮忙。”

……

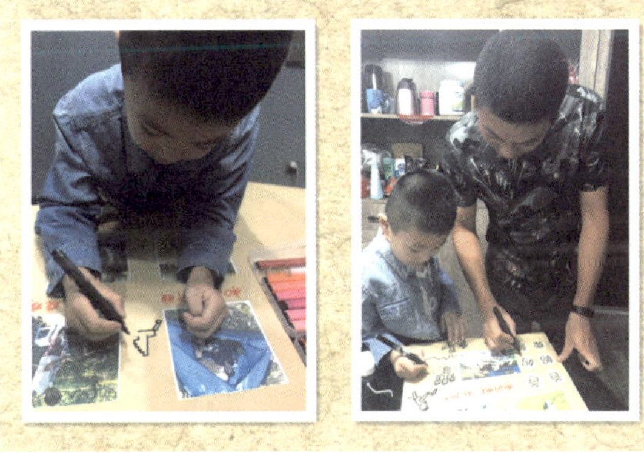

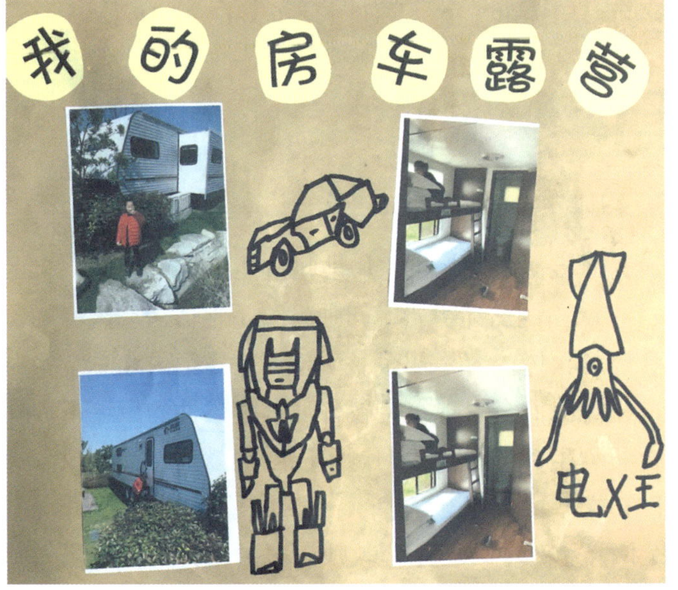

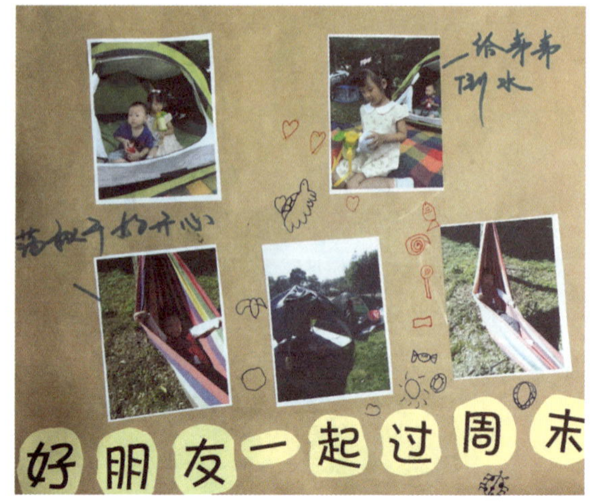

教师反思：

亲子海报的萌生并非偶然。幼儿在本次主题活动中学会了如何直观简洁地表征自己的想法，并且学会制订适合自己的计划，实施自己的计划。许多家长在活动后反映，幼儿学会了和家人商讨，并且会列出自己的计划请父母参考，父母也十分乐意向幼儿提出自己的建议，共同制作出大家都满意的活动方案。而在幼儿所带回的一张张亲子海报中，我们可以感受到幼儿学会了自己独立做事，又认识到了许多新事物、新朋友，学会了照顾弟弟妹妹。随着幼儿的成长，海报也在成长，它从一个简单的活动方案变成亲子活动的重要纽带，而借助亲子海报，幼儿开始和同伴、老师分享自己的课余生活，这种图文并茂的方式也对幼儿语言表达能力的提升有着很大的助益。

六、反思：幼儿的“加法”，教师的“减法”

陈鹤琴先生在《怎样做幼稚园教师》一书中指出：“凡是儿童能够自己想的，自己做的，就让他们自己想，自己做。”本次主题活动伊始，教师就给予整体活动大量的留白。那么，活动开展通向何方？活动的具体内容是什么？活动该怎样记录和总结？对儿童海报的整个呈现过程进行再审视，我们会发现在突破各种预设条件的束缚下，幼儿能够从自己的兴趣出发，不断自我创生、自我卷入，对生成问题献计献策并执着探索，为团队合作倾尽智慧并恪尽职守。

“幼儿的兴趣愈挑战愈浓，做事能力愈锻炼愈强。”教师海报的留白也体现了教师开始摆脱紧张僵化的主题实践模式，与幼儿一起参与到未知的活动进程中。活动中的教师不再手忙脚乱，而是顺势而为，不再战战兢兢地对幼儿的发现、幼儿的提问进行预防，而是在与幼儿的共同努力中使得主题活动的价值得到最大的发挥。综合整体活动，我们可以获得以下思考。

（一）幼儿的“加法”：幼儿主导下的自主创生

在活动中，我们看到了幼儿宝贵的学习历程。首先，幼儿自始至终都是活动的策划者、实践者、推动者，幼儿担负着比以往活动更多的责任，幼儿要明确什么是自己真正感兴趣的，并且寻找与自己兴趣相投的伙伴协商确定活动内容。其次，确定活动内容后幼儿要结合已有经验尝试自主规划活动路径，借助非传统的记录方式——海报来梳理自己的想法，并且结合同伴智慧提出活动设想，验证活动设想，实践活动设想，遇到问题合力探索解决方案，幼儿在整个活动中是不断忙碌着的，但是又在活动中不断自主学习着。最后，幼儿在历经一次次自主探索的磨砺后，获得了真知，想象力得到了飞跃提升，面对新的情境，新的问题，不断创生新的想法，丰富自己的知识经验。

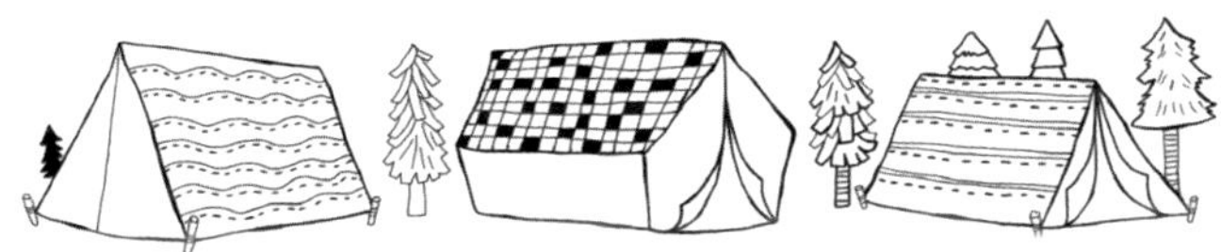

（二）教师的“减法”：教师留白下的自然成长

主题海报活动只是在偶然之间发生的吗？其实并非完全是，教师的角色在活动中也起到了关键的作用。我们可以看到教师在活动中一直大量留白，从对幼儿手把手地引导转向为支持幼儿独立思考。教师不会像先前一样直接干预，而是会尽力支持幼儿解决问题、挑战困境。我们可以观察到在活动中，教师没有对活动进行任何预设，例如：幼儿发现“记录册”不够用了便开始采用海报记录；幼儿小组分工时害怕混乱就制订活动契约；幼儿尝试搬被子的过程中教师不会直接告诉幼儿背着下楼是最为简单的方式，而是留给幼儿充足时间不断猜想、不断试验；在与爸爸妈妈的互动中，幼儿自然地衍生出亲子海报……一个个转折下，教师顺应幼儿的好奇心，鼓励幼儿带着兴趣做自己喜爱的事情，幼儿也乐此不疲地和同伴一起探索学习，在教师的放手和支持下，幼儿自主学习，自然成长。

（三）海报的生长：从表征工具到活动载体

起初，儿童海报只是幼儿在原活动记录册无法满足持续记录需求的基础上采取的更为适切的表征方式。由于海报的篇幅很长，易张贴，幼儿可以直观明了地用自己所喜爱的方式来表达自己的想法，通过活动信息的传递来引起同伴们的共鸣。随着活动的开展，儿童已经不满足利用海报来表征自己的思想，从内容上，海报成为儿童进行活动设计和规划的重要依托，也是儿童进行小组合作、亲子互动的见证；从形式上，儿童海报可以成为帐篷草图、活动方案、帐篷标志、活动记录本等，成为串联整个主题活动的重要载体。儿童海报由主题活动的工具发展为主题活动的重要组成部分，推动着主题活动的持续发展。

七、主题海报的可持续发展

（一）本主题海报与前主题的联系：幼儿经验的重构与提升

在开展“玩转帐篷节”这一主题前，在上一主题中有目的地引导幼儿和同伴分组合作。依托此经验，在实施本主题时，教师大胆地放手，鼓励幼儿运用自身经验，尝试在活动中发现问题，以小组合作的形式来解决问题，感受和同伴一起露营的欣喜，体验和同伴合作解决问题的快乐，从而养成勇敢自立、团结合作的良好个性。

（二）主题海报呈现形式与地点的创变

1 漂流瓶

幼儿主题海报的可塑性极强，可以就某一话题或主题，改变海报的尺寸大小，将其卷起塞入瓶中，在不同的班级甚至年级中“漂流”。幼儿可随时进行增添设计，以此接力传递。另外，漂流瓶也可以放置在学校大厅某一专门地点进行流动传递。

2 短视频

紧跟时代步伐，将幼儿的主题海报拍照整理，配上音乐，以短视频的形式留存纪念，分享给不同的班级、年级，加强幼儿之间的互动，为儿童留下属于自己的“时空胶囊”。

（三）主题海报的后续影响力：“亲子海报”的诞生

在整个主题实施结束后，家长也参与到了主题海报的制作中，“亲子海报”的出现进一步升华了本主题的实施效果和质量。在日后的主题海报制作中，“亲子海报”会成为活动一个重要的着力点。

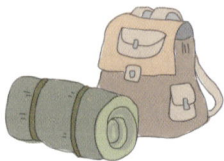

迷你马拉松

江苏省无锡市侨谊幼儿园金科园 沈彧 大班

一、主题海报思维导图

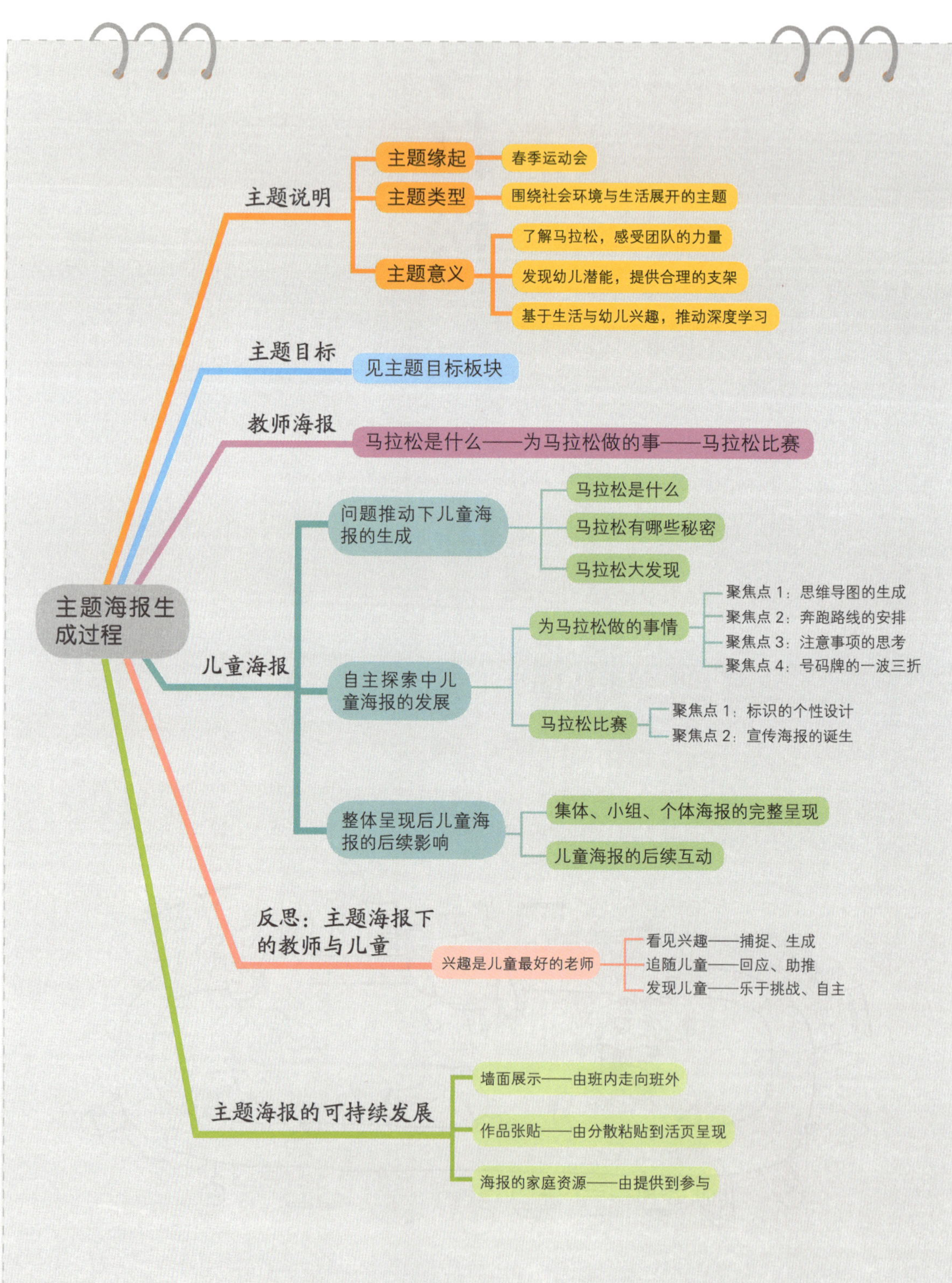
主题海报生成过程
主题说明
主题缘起
春季运动会
主题类型
围绕社会环境与生活展开的主题
主题意义
了解马拉松，感受团队的力量
发现幼儿潜能，提供合理的支架
基于生活与幼儿兴趣，推动深度学习
主题目标
见主题目标板块
教师海报
马拉松是什么——为马拉松做的事——马拉松比赛
儿童海报
问题推动下儿童海报的生成
马拉松是什么
马拉松有哪些秘密
马拉松大发现
自主探索中儿童海报的发展
为马拉松做的事情
聚焦点 1：思维导图的生成
聚焦点 2：奔跑路线的安排
聚焦点 3：注意事项的思考
聚焦点 4：号码牌的一波三折
马拉松比赛
聚焦点 1：标识的个性设计
聚焦点 2：宣传海报的诞生
整体呈现后儿童海报的后续影响
集体、小组、个体海报的完整呈现
儿童海报的后续互动
反思：主题海报下的教师与儿童
兴趣是儿童最好的老师
看见兴趣——捕捉、生成
追随儿童——回应、助推
发现儿童——乐于挑战、自主
主题海报的可持续发展
墙面展示——由班内走向班外
作品张贴——由分散粘贴到活页呈现
海报的家庭资源——由提供到参与

二、主题说明

（一）主题缘起

3月末，校园里的春季运动会上小班年级组筹划并开展了全新的“迷你马拉松”比赛，小班的幼儿在老师的带领下踊跃参与，大班幼儿作为活动志愿者全程观看比赛和维护秩序，他们被小选手们的热血情绪和拼搏精神感染。回到教室后，幼儿还沉浸在马拉松比赛的激烈氛围中，大家围在一起展开了热切的讨论。

在这些讨论的基础上，幼儿以“马拉松”作为切入口，展开了一场关于“迷你马拉松”运动的研究。

（二）主题类型

围绕社会环境与生活展开的主题。

（三）主题的意义

1 了解马拉松，感受团队的力量

幼儿从调查马拉松活动出发，通过搜寻资料、亲身体验、大胆探索，一步步了解马拉松运动的来源、组织方法等。活动中，幼儿与同伴一起行动，体验在团队中参与讨论、合作规划、共同游戏的快乐。

2 发现幼儿潜能，提供合理的支架

整个活动中，教师从儿童立场出发，和幼儿一起作为研究者参与各项活动，为幼儿的学习和发展提供适宜的回应和支持，启发了幼儿新的思考，推动了活动的深入发展。在和幼儿的共同探索中，教师发现了幼儿在主动学习新知识、加强团队合作、用技巧解决问题等方面的潜能，这也为教师放手幼儿自主学习，准备适切的材料支持、适时提供活动指导提供了实践依据。

3 基于生活与幼儿兴趣，推动深度学习

生活是儿童最好的教材。幼儿从日常活动出发，对“马拉松”产生了浓厚的兴趣，并自发地根据每个人的研究兴趣分成了关于马拉松活动的研究小组，幼儿各司其职，合作探索，共同推动活动深入发展，产生深度学习。这种源自生活、基于幼儿兴趣的活动，不仅激发幼儿全身心地投入实践活动中，也会使得整个活动的开展更有挑战性和持久性。

三、主题目标

1. 通过活动，增进对马拉松运动的认识、了解，让运动成为一种习惯。
2. 能主动搜集马拉松运动的各种资料，愿意参与团队讨论，在活动中学会合作、谦让、遵守规则。
3. 体验组织活动所经历的波折、变化、挑战，学会协商并调节各方的需要，推动活动发展。

四、教师海报

为了更好地支架幼儿在活动开展中明晰自己的学习方向，大胆地进行学习探索。教师和幼儿共同商讨了主题活动的大致脉络，从“马拉松是什么——为马拉松做的事——马拉松比赛”三个方面来实施活动主题。

但是，我们必须认识到这种活动思路并不完全是幼儿主导的，它还是带有一定的预设成分。不过，教师海报的呈现目的仅仅只是为活动设计一个大致的时间线，突出活动的主题，至于幼儿在活动中会如何表现，幼儿与同伴、所处环境的互动中生成什么样的学习内容，幼儿以何种形式开展活动，还是需要回归幼儿本身，交给幼儿自己研究、探索。

活动中，幼儿每时每刻都会有新的发现，也会面临各种各样的问题，幼儿主动求变，根据集体的需要和活动的特点，不断生成各种有趣的活动。因此，随着活动中幼儿自主探索能力的日趋成熟，作为在活动中生成并在活动中发展的主题海报不再仅仅是主题环境创设的一部分，更是幼儿学习生活的载体。教师海报也随着幼儿的自主学习、活动推行不断完善和发展，以下即为伴随着幼儿活动发展的教师海报的生成全过程。

观看小中班孩子马拉松比赛，产生兴趣

讨论展示搜集的资料

进入“我想了解的马拉松”环节

制作活动思维导图

规划路线

设置活动场地

思考注意事项

手写号码牌

设计标识

制作宣传海报

出征比赛

五、儿童海报

（一）问题推动下儿童海报的生成

1 马拉松是什么

在前期的讨论中，很多幼儿都对“什么是马拉松”产生了疑问，也正是这个问题，引起了大家浓厚的研究兴致。

“小班的弟弟妹妹很棒，跑的距离都比我们的操场长，是不是凡是比操场长的跑步比赛都叫‘马拉松’啊？”晨晨说道。

“不对不对，‘马拉松’应该是像小马拉着圣诞树跑，你像我们学过的蛙泳就是像青蛙一样游泳，爸爸说好多运动都是学习小动物变来的，错不了的。”尘十肯定地说。

幼儿也都觉得尘十说得有道理，有的幼儿还用之前的模特体验课上学习的“模特步”加以佐证。答案似乎已经尘埃落定，但是，一个质疑声突然出现。

“那为什么没有见到小班的弟弟妹妹和老师像小马一样四只脚在地上跑？而且我们幼儿园里面也没有像圣诞树一样的树吧！”菲菲说。

“会不会是弟弟妹妹和老师们弄错了，要不要告诉他们？”几位孩子开始准备行动。

“等等，要不……我觉得我们还是先问问老师再去吧。”晨晨犹豫着说道。幼儿开始询问我这些问题，我忍住直接公布答案的冲动，试探着说道：“老师觉得大家说得都很对，我们把这个问题当成自己今天回家后的一个小任务，明天回来我们一起来说说‘马拉松’究竟是什么，这样可以吗？”“可以的！”尘十自信地拍了拍手。

其余的小朋友也决定回家再仔细研究研究……

第二天，幼儿带着调查结果来了，有的是网上寻找的资料，有的是打印的图片，有的是根据父母的介绍画的图画，有的带来了视频。于是，一场关于马拉松的分享会开始了。

辰辰："马拉松是一个地方的名字，这个运动就是起源于这个地方。地点在希腊，是一个距离我们很远的国家。"

盈盈："奥运会上也有马拉松。"

菲菲边说边用手比画一个大大的圈："马拉松需要跑很长的路，晨晨说的是对的，爸爸说大概是需要绕无锡跑一圈才能跑完。"

幼儿纷纷觉得不可思议，于是，教师把大家搜集到的资料集中起来，并且展示出已经准备好的动画、绘本以及视频图片，回顾和验证幼儿的新发现。最终，大家总结道："马拉松是一个距离很长，大概从家里到苏州那么远①，一直不停向前跑的运动。"

尘十："我昨天没有想到，爷爷刚刚参加过'无锡马拉松节'，这个马拉松和小班的马拉松应该是一样的！"……

2 马拉松有哪些秘密

幼儿通过上网、请教他人、记录表征、联想的方式寻找到了答案，不仅获得了关于马拉松的基本知识，更借助这个机会锻炼了自己搜集资料并尝试解决问题的能力。幼儿抓住了问题的关键（理清了"马拉松"究竟是什么），在搜寻资料的过程中，幼儿还发现了新的研究亮点，包括"运动员的号码牌怎么制作""跑步时可以喝水吗""中途累了可以休息吗"……这样，由问题助推，幼儿新的探索方向就产生了。

3 马拉松大发现

幼儿希望对马拉松展开一系列的探索活动，但是新的问题接踵而至，幼儿并没有开展过马拉松活动，对跑马拉松要做些什么并不是特别清楚。

"要不要去小班那里学习一下，问问小班的老师呢？"有些孩子提议道。

"但是我们活动开始之前要干什么都没有弄清，这样怎么开始跑马拉松啊？"菲菲说道。

晨晨提议说："我们可以先计划一下马拉松活动之前要做些什么，这样我们就会知道马拉松该怎么跑了。"

老师问道："大家同意晨晨的想法吗？同意的请举一下手。"

幼儿都举起了自己的小手。

教师反问道："看来大家都想在马拉松活动开始之前做充分的准备，之前我们找到了很多关于马拉松的材料，但是我们怎么使用这些材料给我们的活动做准备呢？"

注：① 马拉松全程约42公里，虽然大班幼儿已经掌握了100以内的点数，但是涉及"公里""千克""升"这样较为庞大的计量单位时，由于幼儿的抽象思维和空间知觉并未发展成熟，幼儿无法体验42公里长的马拉松的真正意义，所以教师采用了直观的"等量替换"的方式（无锡到苏州距离41.8公里，在上学期全班曾经一同坐大巴参观过苏州博物馆，这是幼儿已有的距离经验），能够更适切地支架幼儿在头脑中建构起关于"马拉松"的长度联想。

“我们可以先把这些图片集合到一块，大家一起从图片中找到我们想准备的活动内容。”

“我们还可以找更多的图片、动画放在上面，了解更多新的东西。”

教师质疑道：“东西太多，没地方放怎么办？”

“找一些比较大的纸。”“粘起来。”“订成小册子。”“每个人单独做自己的并且整理好。”……儿童海报就在这种师幼之间的提问、解答、反问、再回答的探索活动中自然生成。

（二）自主探索中儿童海报的发展

1 为马拉松做的事

聚焦点1 思维导图的生成（个体海报+集体海报）

在了解了马拉松的相关知识后，幼儿产生了新的探索方向，在解决如何将零散的发现进行集中这个问题时，幼儿想到了以海报为载体进行记录，但是，海报只是将幼儿的问题进行集中整理，如何在整合材料的基础上进一步提炼信息，对幼儿来说，是一个挑战。

一次“飞行棋游戏”的小活动打破了这次僵局。如右图所示，幼儿发现所玩的“小种子日记”有四条活动路线，沿着每条活动路线都会抵达一个新的“知识点”，并且这个知识点也在向前不断延伸和发散。于是，幼儿将这种游戏模式迁移到“马拉松”活动中，以搜集到的信息、已有的经验为中心，衍生出一条条相关的“研究兴趣点”，幼儿尝试将头脑中的联想以海报为载体进行铺展和呈现，形成自己的思维导图。

于是，每个孩子把自己感兴趣的研究内容以思维导图的形式呈现出来，并通过相互之间的讨论，最终将全班研究的重点聚焦到了“服装的考虑”“场地的规划”“口号的设计”“号码牌的策划”等几个关于活动准备的问题上。

1 个体海报：孩子自己决定研究的内容

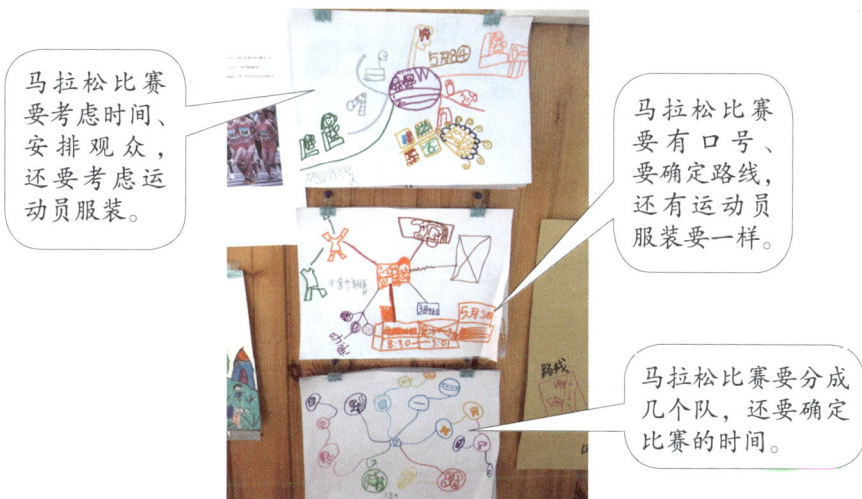

马拉松比赛要考虑时间、安排观众，还要考虑运动员服装。

马拉松比赛要有口号、要确定路线，还有运动员服装要一样。

马拉松比赛要分成几个队，还要确定比赛的时间。

2 集体海报：集体商讨后达成共识的研究内容

马拉松比赛研究的内容有海报、服装、注意事项、路线、口号、号码牌等。

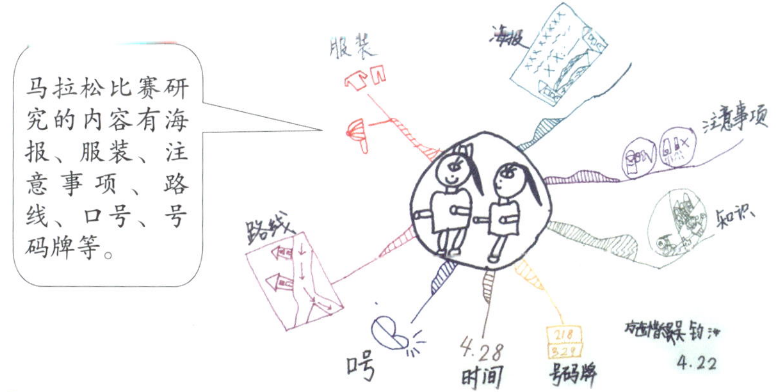

教师反思：

实际上，幼儿在班级里制作思维导图不是第一次尝试。在先前的美工区规划活动中，教师曾引导幼儿借助思维导图归类出水彩画、蜡笔画、线描画三种绘画方式所需的工具，但是，关于先前活动里幼儿对思维导图的运用，一方面，只是对现成的物体进行分类，并没有尝试主动联想和发散思维。另一方面，这次思维导图的参与是幼儿教师牵引的结果，并非幼儿的自主运用。因此，先前活动中思维导图并没有给幼儿留下深刻的印象。但是，幼儿在“飞行棋游戏”中不自觉地唤起了已有的模糊经验，结合所搜集到的“马拉松”信息，幼儿决定将头脑中发散出来的“马拉松活动准备事项图”用个体海报的形式进行表征。

幼儿运用思维导图，直观清晰地梳理出自己的兴趣点，并和同伴一起协商、确定集体的研究内容。整个思维导图串联起了幼儿的集体联想成果，不仅为幼儿进一步的活动探索提供了支架，也为教师有针对性地观察幼儿（幼儿在个体海报的思维导图绘制上展示出了各自的表征特点）、适时地支持幼儿提供依据。

聚焦点 2　奔跑路线的安排（小组海报）

研究重点确立以后，幼儿就开始行动了。幼儿首先选择的是场地安排问题。以往的活动中，都是老师策划场地，幼儿开展活动，忽略了幼儿的想法和需求，这次的场地设计老师放手鼓励孩子自主完成。

幼儿首先观察了小班孩子的马拉松路线，有的提出应该和小班马拉松路线有些不一样，有的说长度可以再长一点，有的说障碍可以多一点。接下来，幼儿在操场上根据讨论的结果自由分组绘制线路，有的小组沿用的是原来的路线，有的小组在原来的路线上多画了一圈，表示跑两圈，有的小组设置了层层障碍……各个组长都介绍了每组创设路线的理由，并着重强调自己小组所设计路线的独特之处。这时，教师鼓励各组幼儿对每组的展示路线进行评价和反馈，相互交流每个小组的想法，再对路线中不合适的地方进行商讨。在不断地调整和整合中，幼儿最终确立了一份全班的路线图。

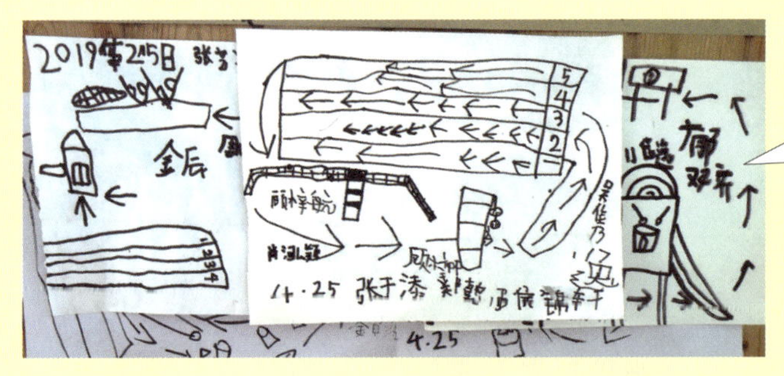

每组幼儿规划的路线图。

围绕幼儿园的墙壁跑一圈，还要经过大型玩具和丛林探险。

路线分成两段：一段是幼儿园前面的路，一段是丛林探险。

从跑道出发，经过攀岩区，再经过林荫小道。
最终确立的路线图，围绕幼儿园跑一圈半，需要经过多重障碍。

教师反思：

值得一提的是，幼儿在设计路线时开始注意到“迷你马拉松”这个活动称号，因为幼儿在规划42公里长的跑步路线时，突然发现这个距离已经超过大家体力极限所能跑的距离，并且先前的活动里小班的弟弟妹妹只围绕着操场跑了一圈，大家这才注意到“迷你”二字。因为之前有过品尝“迷你小饼干”的活动，加上幼儿在动画片里也接触过“迷你”的事物，所以幼儿可以顺利地迁移“迷你”的概念，并针对活动实况调整。

以小组海报的形式计划场地活动，这是幼儿初次对空间规划进行尝试。幼儿在活动中将已有的测量、比较、等距等数学概念进行迁移，并且根据自己的年龄特点（身体发展更为成熟、体力和耐心都比较充沛）对“迷你马拉松”的活动场地（由操场扩大到幼儿园）、活动路线（由一圈变为一圈半，并设置障碍）进行改造升级。总之，路线规划的过程也是幼儿不断进行挑战的过程，幼儿互相合作，提出自己的建议和想法，共同完成了对“迷你马拉松”活动的规划。

聚焦点 3　对注意事项的思考（集体海报）

在模拟练习奔跑的时候，有个别孩子经常会出现一些安全问题，比如摔跤、推搡别人等情况，于是，幼儿提出要制订一些规则，引导大家共同遵守。“比赛注意事项”就这样成为儿童海报的自然延伸部分，幼儿用直观生动的图画和语言对复杂抽象的规则进行表征。

教师反思：

这是幼儿的集体海报，上面的每一张图都是幼儿对已有经验进行回忆、整理，并在模拟活动中观察记录下的创绘完成的“比赛注意事项”。通过一张张幼儿的集体海报，我们发现幼儿会用夸张的手法突出“注意事项”，如跑步时要专心，幼儿就画出巨大的眼睛和同伴细小的脚来体现要专注、要认真观察的态度。通过集体海报，我们可以发现幼儿能够在实践活动后有针对地对问题进行讨论分析，也体现出幼儿具备了初步的“契约意识”（制订规则以协调各方争议），为后续活动的生成提供了机遇。

聚焦点 4 号码牌的一波三折（个体海报）

一天，幼儿在饭后的散步时间闲聊，走到操场时，有小朋友疑惑地问老师：“锡马比赛（‘无锡马拉松’）时，我看见运动员后背都贴了一块布，上面有数字，那是什么？”

有人马上回应：“那是号码牌，我爸爸去参加锡马比赛的时候，也有这块号码牌的，还给我看过呢。”

“这块号码牌是用来记录成绩的，方便裁判们记录成绩。”

于是，为使得活动准备更加完善，幼儿纷纷提议要做一块马拉松比赛的号码牌，设计号码牌的活动也应运而生。

第一次设计，每个孩子联想到大家最常见的数字组合——学号，为了凸显自己号码牌的“与众不同”，幼儿对自己的学号进行艺术设计，变成了代表自己的号码牌。

但是，有的小朋友产生了疑问：“我们这次活动会邀请大二班的小伙伴们参加，万一别的班级也是把学号当成号码牌，那不就有好多个一样的数字了吗？这样裁判员会记错成绩的。”

第二次设计，幼儿展开了讨论，有的觉得把号码纸设置一种颜色，跟其他班级有区别，有的觉得上面标注“大1”。于是，综合大家的讨论，第二种号码牌又产生了。可是没过多久，幼儿又发现了问题，觉得看自己的号码牌很方便，看别人的号码牌有点看不懂，因为都是幼儿的自主创设，看起来太费力，幼儿认为裁判可能也会有这样的感觉，于是，一场“改变”又开始了。

第三次设计，幼儿都认为号码牌应该简单一点，他们在修改前去网上调查了号码牌知识，又把家里“锡马”活动的号码牌拿来进行对比……反复比较和调整中，幼儿又产生了新的方案：为了和小中班有区别，第一个数字用“7”代表年龄，第二个数字用“1”代表班级，后面两个数字就是自己的学号。

第一版

第二版

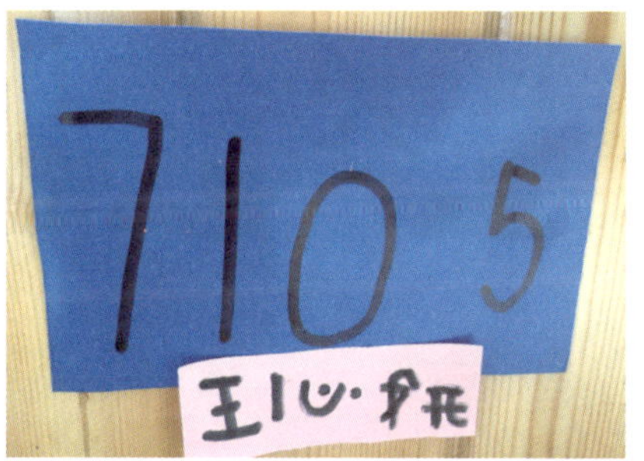

第三版

教师反思：

教师和幼儿完全没有预料到“设计号码牌”的活动会遇到那么多的波折。因为，“数字表征”对于幼儿来说已经是一种信手拈来的技巧（如幼儿熟练地点数并记录、根据学号区分班级同学），但是当涉及人数多、年龄跨度广、需要统一区分和归类的“田径活动”时，幼儿显然不是很适应。活动开始，幼儿依旧通过发散思维创设出自己喜爱的号码牌，不过幼儿注意到五花八门的图案会导致号码识别的混乱，并通过立足于裁判和低龄小朋友的视角佐证自己的看法，最终由个体创设过渡到班级内部协调再调整到基于活动全员统筹，幼儿共同设计出了简洁清晰、全园适用的号码牌。本次活动，我们可以发现幼儿不再一味坚持“以自我为中心”进行创设，而是充分考虑集体的需要以及活动的特点，寻求最佳的活动准备方案，不断推动活动向前发展。

2 马拉松比赛

聚焦点1 标识的个性设计(小组海报)

从小班到现在，教师一直注重对幼儿活动仪式感的引导(包括口号、标志、吉祥物、开幕闭幕仪式)，自然，这次活动，幼儿想到了要设计标识，让自己显得和别的班级的幼儿与众不同。幼儿以分组的形式商量标识的设计，有的画的是“爱心”，有的画的是“勋章”，有的画的是“加油”……每一组都觉得自己的设计独一无二，都能成为代表班级的标识，最终，幼儿以投票的形式选出了班级标识。

教师反思：

通过小组海报制作标识，这是幼儿进行小组协商合作、艺术表征的一次重要体验。各个小组之间既是竞争关系，也是相互学习促进的关系。幼儿不断集思广益(小组内部提议，小组之间互相学习借鉴)并将海报进行形式上的创编(如将方形海报设计成“圆状”勋章)，同时，根据小组特点和活动主题对海报进行裁剪、拼接、组合。活动中，我们可以发现幼儿的艺术创作和表达技巧在逐渐成熟和提升，也能感受到幼儿持续高涨的活动热情。

聚焦点2 宣传海报的诞生(个体海报)

班级中有一个女孩看到以往小班小朋友在马拉松比赛时制作过宣传海报，她提议制作一张宣传海报，让更多的人知道并参与到我们的比赛中，吸引更多的小朋友为我们的比赛加油助威，这个提议得到了教师的认可，于是，教师鼓励她可以尝试制作一份宣传海报。

教师反思：

海报的核心功能就是直观生动地传递信息。一张“马拉松活动”的宣传海报不仅需要具备完整的活动信息（场地、时间、参与人数……），还需要对这些信息进行创造性艺术表征从而抓住他人的眼球。于是，这名女孩从海报整体构图出发，先画出主要的活动信息，用简笔画和亮色标明，然后在画面空余的地方，填充活跃的卡通人物形象以增加画面的吸引力。值得一提的是，这名幼儿在海报制作中利用文字图形，建构起从上到下的视觉流程（第一眼看到海报，我们会被上方的“大一班”“2018.4.28”“8：30”这些显眼的文字图形信息所吸引，并逐渐将视线转移到下方的图画装饰中去），并学会将众多的信息进行详略得当的布局，从而缓解海报整体的拥挤感。

（三）整体呈现后儿童海报的后续影响

1 集体、小组、个体海报的完整呈现

1 集体海报

①思维导图的产生

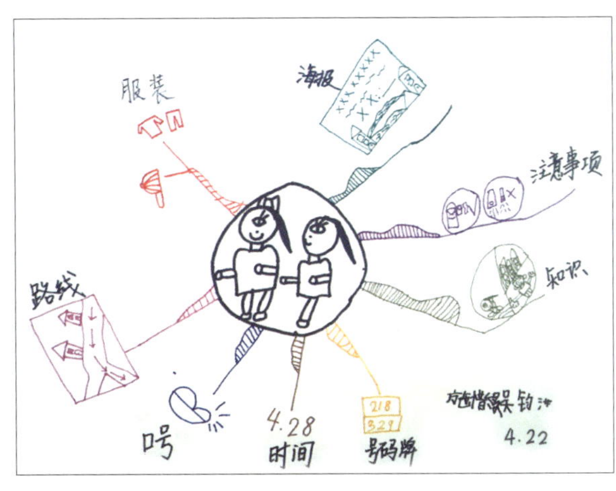

②注意事项的确立

2 小组海报

①路线图安排

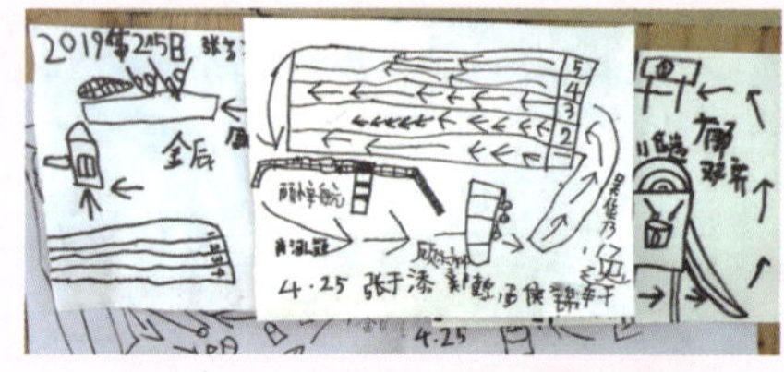

②标识设计

3 个体海报

①马拉松是什么

②思维导图的产生

③号码牌的出现

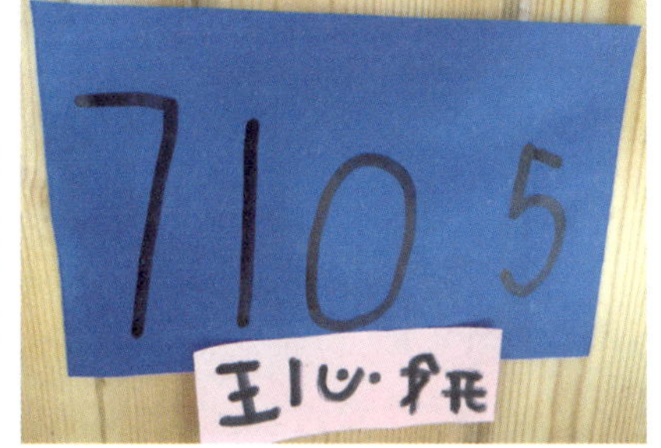

④宣传海报的绘制

4 整体呈现

2 儿童与海报的后续互动——生成新活动，引发新研究

主题海报伴随着活动的推进持续生成和深入，幼儿的话题也随着主题海报的完整呈现愈加深入和广泛。幼儿尝试利用游戏时间、餐后时间、讨论环节等零碎的时间与主题海报进行互动，有的探讨号码牌的改进，有的继续钻研活动中更多的注意事项和细节（如是否需要在赛道周围布置引路牌、设立警戒线等），也有的幼儿追本溯源，和小伙伴一起详细考究马拉松的起源，这一块呈现海报的墙面也成了幼儿乐于驻足的地方，在幼儿们的交谈中，越来越多的生成性话题随之而来，比如：能量补充站是什么？啦啦队可以有哪些助威词……

六、反思：兴趣是儿童最好的老师

（一）看见兴趣——捕捉、生成

这是基于儿童的兴趣，伴随马拉松准备活动的逐步深入而不断开展的活动，从搜集资料、绘制思维导图、安排路线、确定号码牌，再到设计标识、绘制宣传海报，每一个过程都是幼儿自主完成的，幼儿捕捉到了兴趣背后的活动价值，并且抓住活动兴趣，在与同伴的互动交流中生成了一系列的自主探索活动，促进了幼儿主动学习能力、社会交往能力的发展。

（二）追随儿童——回应、助推

活动中，教师看到了幼儿的兴趣与需要，鼓励幼儿细致观察、大胆探索、实地体验。在追随幼儿活动、解读他们言行的过程中，教师给予幼儿启发式的建议和适宜的支架，助推幼儿将认知水平向更高方向发展（如在活动初始阶段，幼儿关于马拉松有着各自的想法，无法对意见进行统一，于是教师在幼儿讨论陷入僵局时针对幼儿的问题提出引导性的反问，启发幼儿们的再度思考，最终帮助幼儿将“马拉松活动准备”作为活动的主要内容）。

教师鼓励幼儿借助生成的主题海报这一活动记录形式探索马拉松活动，为幼儿进行活动观察、反思、创造性表征提供了无限的可能。

（三）发现儿童——乐于挑战、自主

在整个主题行进过程中，幼儿采用了集体海报、小组海报、个体海报相结合的形式，比较完整地呈现了自主观察、探索、反思、再探索的学习轨迹。通过个体海报，我们体会了幼儿收集资料的能力，看到了幼儿在设计号码牌时思维发散的过程和活动方式的变化。在小组海报的实施中，幼儿实地勘察路线，在观察、比较、操作、验证中不断调整路线；设计标识时，为求投票“选举”成功，幼儿意识到要注重团队合作，充分

发挥想象力和创造力。幼儿卸下了“学习=执行任务”的心理负担，愿意以一种积极的心态主动参与活动，并在活动中自主学习，积极寻求合作，在反复尝试中不断达成主题目标，使自身获得充分的发展。

七、主题海报的可持续发展

（一）墙面展示——由班内走向班外

和以往由老师精心装饰布置的主题内容呈现在班级内部的主题墙所不同的是，无论是海报内容的生成与选择，还是海报设计的技巧与形式，一切活动的主导者都是孩子。后续活动中，幼儿希望将自己的发现和探索成果与园内的伙伴、老师以及来访的客人共享。在征得大家同意的基础上，幼儿将海报从室内取出，放置在走廊，走廊宽阔的面积和适宜的高度（走廊的墙面高度要比室内的墙面高度低50厘米，与幼儿的身高相仿），使得主题海报成为全园所幼儿学习和交流的窗口，同时也吸引了其他的小朋友加入主题海报的参与和制作中，推动了活动进一步延伸。

（二）作品张贴——由分散粘贴到活页呈现

幼儿张贴集体的、小组的、个体的海报时，发现墙面的海报过于分散，加上墙面空间的局限，海报难以及时更新，甚至可能会影响到之后的活动呈现。于是，幼儿从绘本和家园手册那里获得启发，用夹子镶嵌活页进行装订，悬挂于触手可及的柜子上和班级外部的走廊上，这样不仅方便幼儿随时取下欣赏，并且可以及时进行修改和调整。

（三）海报的家庭资源——由提供到参与

这次马拉松活动中，幼儿更多依靠在园时间展开马拉松活动的研究。其实，“马拉松”作为一项吸引全民参与、强身健体的体育活动，在社会上的知名度也不断提升。因此，家长的参与也是一个重要的教育资源：有的孩子家长是每年马拉松比赛的参与者，甚至屡获奖牌；有的孩子家长常年热衷于户外体育运动；有的则是体育事业的从事者……教师也积极邀请这些家长来园参与幼儿的活动，共同探索研究，鼓励家长主动与孩子在家制作马拉松活动的研究海报，并带到幼儿园进行分享和交流。这样，幼儿对于马拉松活动的探索就会更加深入，也会使得更多有趣的主题海报生成，更使得“迷你马拉松”这一主题活动经久不衰、影响深刻。

再见了，幼儿园

浙江省绍兴市上虞区第一实验幼儿园 叶心怡 大班

一、主题海报思维导图

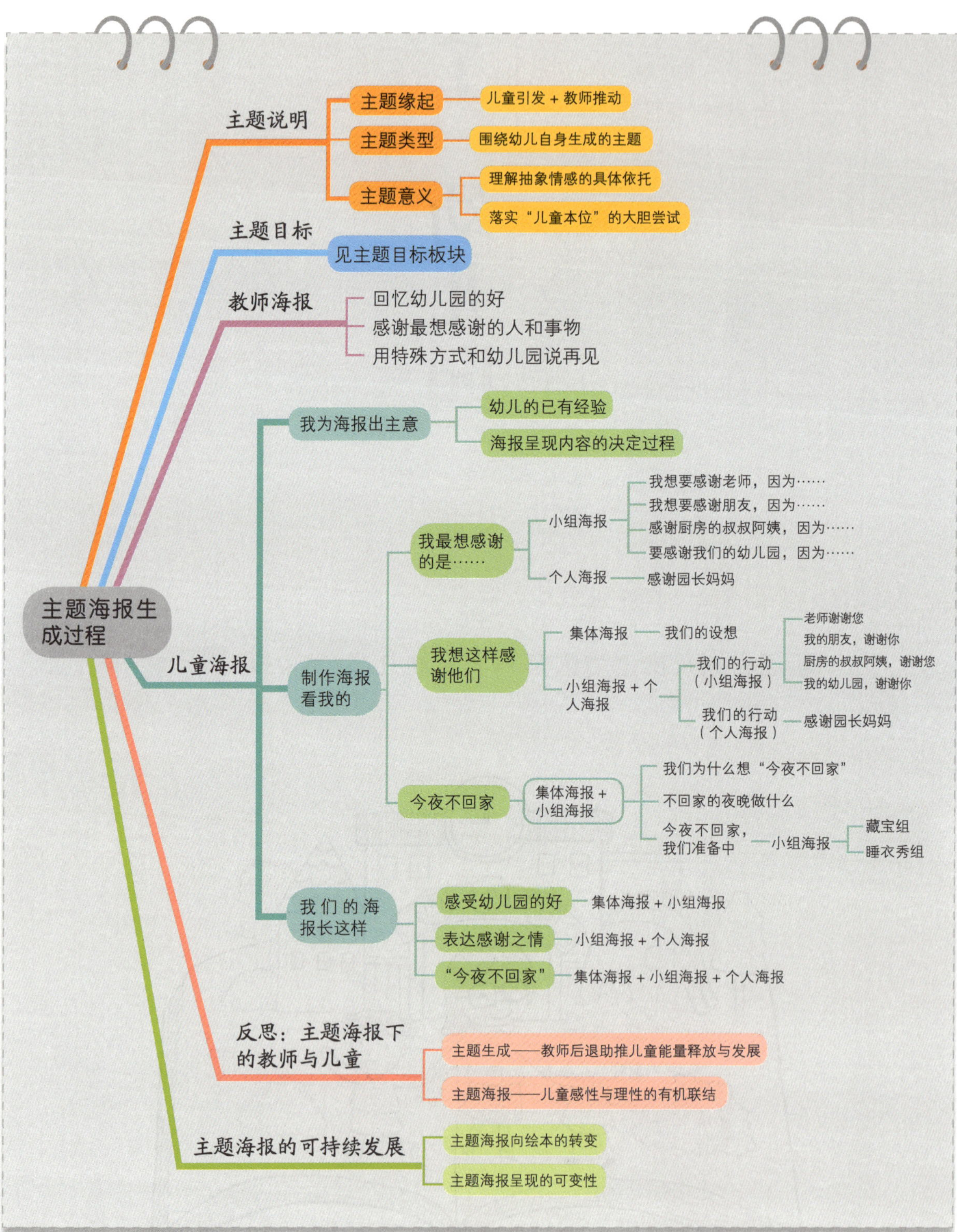
主题海报生成过程
主题说明
主题缘起
儿童引发＋教师推动
主题类型
围绕幼儿自身生成的主题
主题意义
理解抽象情感的具体依托
落实“儿童本位”的大胆尝试
主题目标
见主题目标板块
教师海报
回忆幼儿园的好
感谢最想感谢的人和事物
用特殊方式和幼儿园说再见
儿童海报
我为海报出主意
幼儿的已有经验
海报呈现内容的决定过程
制作海报看我的
我最想感谢的是……
小组海报
我想要感谢老师，因为……
我想要感谢朋友，因为……
感谢厨房的叔叔阿姨，因为……
要感谢我们的幼儿园，因为……
个人海报
感谢园长妈妈
我想这样感谢他们
集体海报
我们的设想
小组海报＋个人海报
我们的行动（小组海报）
老师谢谢您
我的朋友，谢谢你
厨房的叔叔阿姨，谢谢您
我的幼儿园，谢谢你
我们的行动（个人海报）
感谢园长妈妈
今夜不回家
集体海报＋小组海报
我们为什么想“今夜不回家”
不回家的夜晚做什么
今夜不回家，我们准备中
小组海报
藏宝组
睡衣秀组
我们的海报长这样
感受幼儿园的好
集体海报＋小组海报
表达感谢之情
小组海报＋个人海报
“今夜不回家”
集体海报＋小组海报＋个人海报
反思：主题海报下的教师与儿童
主题生成——教师后退助推儿童能量释放与发展
主题海报——儿童感性与理性的有机联结
主题海报的可持续发展
主题海报向绘本的转变
主题海报呈现的可变性

二、主题说明

（一）主题缘起

儿童节快到了，小朋友们高兴地准备节日活动时，沈欣梦总显得有些不开心。

乐乐：“欣欣你怎么了？”

欣欣：“昨天我听妈妈说，这是我们在幼儿园的最后一个儿童节了，马上我们就要离开幼儿园了，我有些不开心，我不想离开幼儿园！”

乐乐：“我也不想离开幼儿园啊！因为我喜欢幼儿园，也喜欢幼儿园的老师！”

经过三年的幼儿园生活，大班幼儿即将告别老师和小伙伴，这是他们第一次感受“离别”，但这也是幼儿成长的必经阶段。在准备儿童节活动先后，我们听到许多类似乐乐与欣欣的对话。面对幼儿对幼儿园、老师、同伴的不舍与爱，我们开始思考幼儿园如何给予幼儿爱的反馈，教师如何帮助幼儿表达、释放情感。我们也开始尝试将课程还给幼儿，以幼儿的讨论与合作推动主题开展进程。

（二）主题类型

围绕幼儿自身生成的主题。

（三）主题意义

1 理解抽象情感的具体依托

幼儿对幼儿园的喜爱与感谢、对老师和同伴的不舍与感恩，在主题进行中得以通过具体的形式表现与抒发。由于主题主要由幼儿推动，他们在回忆幼儿园的人和事、用自己的方式表示感谢、筹备以喜欢的方式与幼儿园说再见的过程中，抽象的情感有了具象的表达形式，这些情感之于幼儿不再是相对缥缈的内容，它们与幼儿间产生了联结。

2 落实“儿童本位”的大胆尝试

“儿童本位”是课程开展中一直提倡的理念，但我们发现在长期的一线工作中其实并未真正将这一理念落到实处。在这一主题中，一个个活动皆由幼儿自主策划、自主行动、自主反思，幼儿自“后台”走向“前台”，而走入“后台”的我们也得以从另一视角观察幼儿，感受与探索“儿童本位”的真正奥秘。

三、主题目标

1. 初步了解人的一生中会有很多次“毕业”，理解“分别”的含义。
2. 体验人与人友好相处而产生的美好情感。
3. 尝试用自己喜欢的方式表达对幼儿园生活的回忆与不舍。
4. 了解幼儿园不同岗位工作人员的工作内容，萌发对工作人员的感恩之情。
5. 尝试为幼儿园做力所能及的事，愿意表达自己对幼儿园的热爱。
6. 初步尝试自主策划、自主筹备、自主开展相关活动。
7. 喜欢用多种方式与同伴分享与交流自己的发现。

四、教师海报

主题海报是主题的重要组成部分，而教师海报又是主题海报的首要环节，它的重要性缘于教师在主题中的不可替代性。儿童在创制海报中的自由、自主、合作离不开教师的支持与支架，贯穿主题始终的师幼互动与交流在教师海报中便初见端倪。下页图中，第一排的蓝色方框为师幼讨论后的预设，其余的内容皆为幼儿生成。由此可见，预设的终极目的实为促进幼儿的生成与探索，教师海报不是固定的计划、目标与规定，而是引发幼儿释放自身能量的引子。幼儿以思考、试验等将点扩展为线，线组合为面，最终获得适宜发展。

回忆幼儿园的好

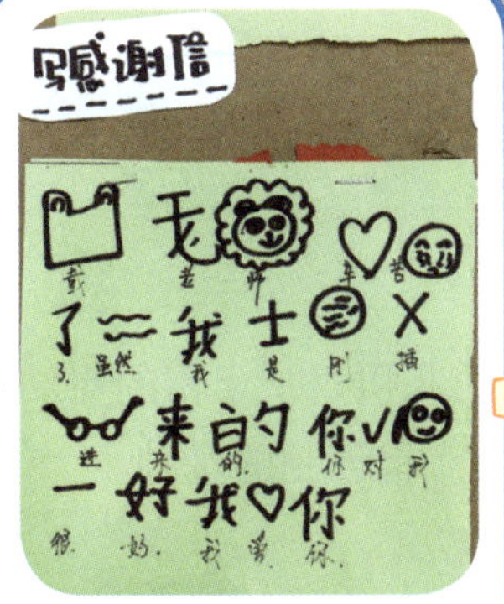

感谢我们想感谢的人、事、物

用特殊的方式和幼儿园说再见

1. 最想要感谢的人

分组行动中

感谢保安叔叔

感谢我的朋友

感谢老师

感谢厨房叔叔

感谢园长妈妈

1. 想用哪些方式与幼儿园说再见（选择活动）

今夜不回家活动

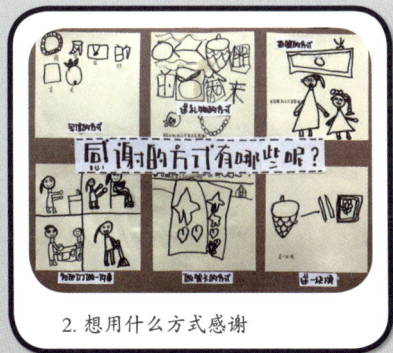

2. 想用什么方式感谢

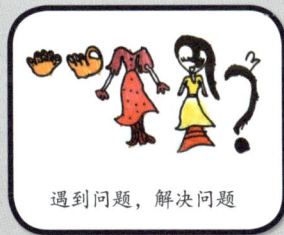

遇到问题，解决问题

2. 小组分工

精彩瞬间

幼儿生成

教师预设

藏宝组

睡衣秀组

五、儿童海报

（一）我为海报出主意

1 幼儿的已有经验

经过三年的幼儿园生活，幼儿积累了丰富的对幼儿园的人与事的记忆，虽是零散和片段式的，但是幼儿进行主题海报创制的基础。

2 海报呈现内容的决定过程

师幼共同创制教师海报后，对应该在自己的海报上放些什么产生了讨论。

欣欣：幼儿园太好玩了，幼儿园的老师太好了，幼儿园的饭菜太香了，我想把所有的都放上去。

蓬蓬：那我们每个人想要感谢的人不一样怎么办呢？

果果：这个不难，我们可以分小组啊！

教师：哎？这是个好主意，可是我们通过什么方式表达感谢呢？

可可：这个我们可以听听大家的意见，然后先把感谢的方式画下来，贴到我们小组海报上，再行动。

于是，志同道合的幼儿便聚在一起以小组的形式展开讨论，决定把自己共同想感谢的人画下来，并且要说明原因。

教师：除了感谢，还有想做的事情吗？

森森：我觉得我们可以做一些我们自己最想要做的事情呀！比如说拍拍照啊，画画毕业信啊，开个毕业会、吃吃冷餐啊。

教师：哇！听起来好棒啊，老师都迫不及待想参加呢。

一番讨论后，大家对海报内容达成了一致，决定从“回忆幼儿园的—说说最想感谢的人、事、物—对幼儿园表达不舍”三方面来创制海报，同时幼儿提出如果过程中有需要，可以在和小组同伴商量后增加或减少内容。

（二）制作海报看我的

1 我最想感谢的是……（小组海报+个人海报+集体海报）

（1）小组海报

①我想要感谢老师，因为……

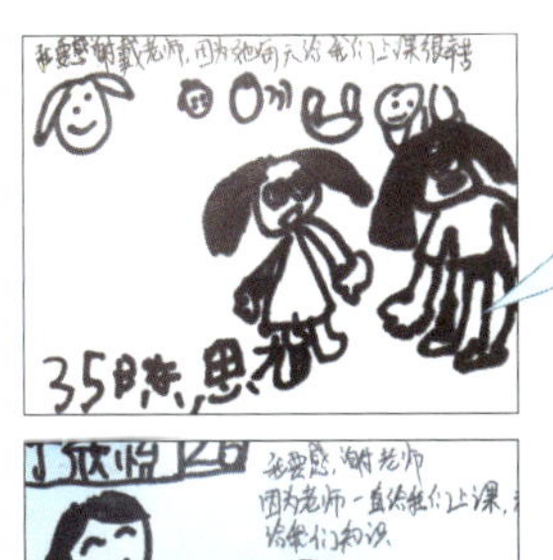

因为老师每天陪我们玩游戏，很辛苦。

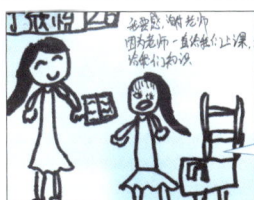

老师每天都要教我们学本领，让我们变得更聪明。

②我想要感谢我的朋友，因为……

我想要感谢我的朋友冯嘉译，因为他经常和我一起打球。

我要感谢倪梓希，因为我遇到困难的时候她经常会帮助我。

③要感谢厨房的叔叔阿姨，因为……

我要感谢食堂的叔叔阿姨，他们每天帮我们做好吃的。

厨房的叔叔阿姨每天都很辛苦，要洗菜烧菜。

④要感谢我们的幼儿园，因为……

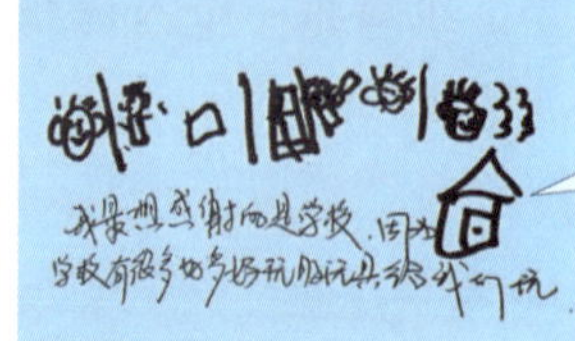

因为幼儿园里有很多好朋友，有好吃的、好玩的。

因为幼儿园里有好多好玩的游戏材料给我们玩。

（2）个体海报

1.感谢园长妈妈

蓬蓬说："哎呀，我们不能忘了我们的园长妈妈。"

我想要感谢园长妈妈，因为园长妈妈给我们买了很多好玩的游戏材料！

我也想要感谢园长妈妈，因为她工作很辛苦。

完整海报

2 我想这样感谢他们

（1）我们的设想（集体海报）

可以用写信的方式，因为这样可以把想说的话写下来。

还可以送给他们礼物，可以送项链、花和自己制作的礼物。

可以和要感谢的人一起拍照，这样可以在想他们的时候拿出来看一看。

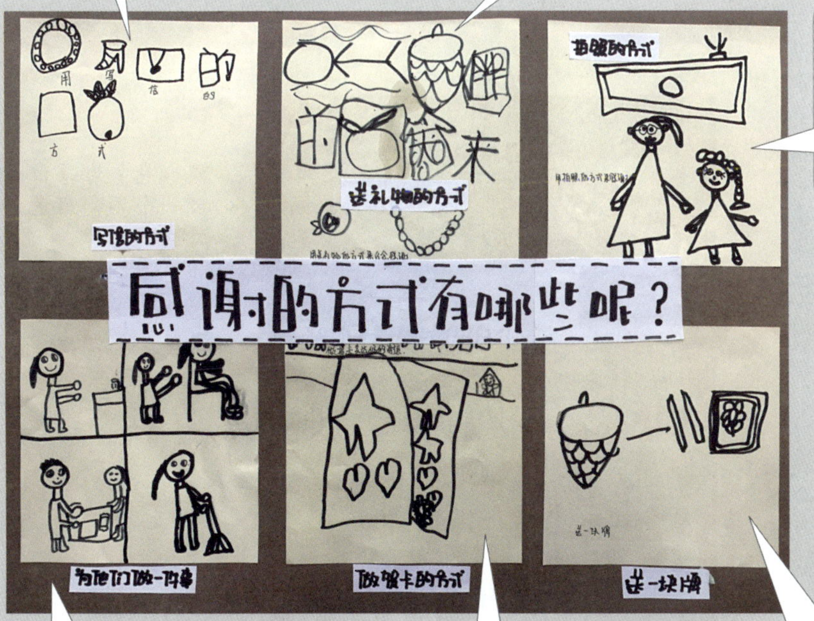

也可以为他们做一件事情，这样可以帮他们分担一点任务。

我们可以送贺卡给他们呀！

送一块纪念牌给幼儿园做纪念，这样幼儿园不会忘记我们啦！

教师反思：

在“感谢”环节，幼儿有许多不同的想法，因此，他们选择将小组、个体、集体海报结合，既考虑共性，也兼顾个性。在主题海报活动的第一环节中，幼儿的自主意识和问题解决能力便有所显现，但或许因为主题伊始，幼儿在开展某项活动时会习惯性地先征询教师意见，我们不会因有尝试全面落实“儿童中心”的预设而在师幼关系中走向“甩手掌柜”的另一极端，而是积极但有所保留地回应幼儿，力求在不影响、不打扰幼儿活动的前提下给予适度支架。

（2）我们的行动（小组海报+个人海报）

①小组海报

A. 老师谢谢您

问题1　我们想送老师礼物，可是送什么呢？

俊俊：“夏天到了，天气也慢慢热起来，老师每天都要给我们上课，教我们学本领，平时还要管我们吃饭、睡觉，真的很辛苦。我们可以送让老师凉快的东西。”送礼物小组讨论了下，认为电风扇和空调都可以，但是空调太大又太贵，可以拿在手里的小风扇最合适啦。

送什么：我们想让老师凉快一些，空调太贵啦，小电风扇使用很方便，价格还比较便宜。

挑颜色：为每位老师挑一个不同颜色的电风扇吧！

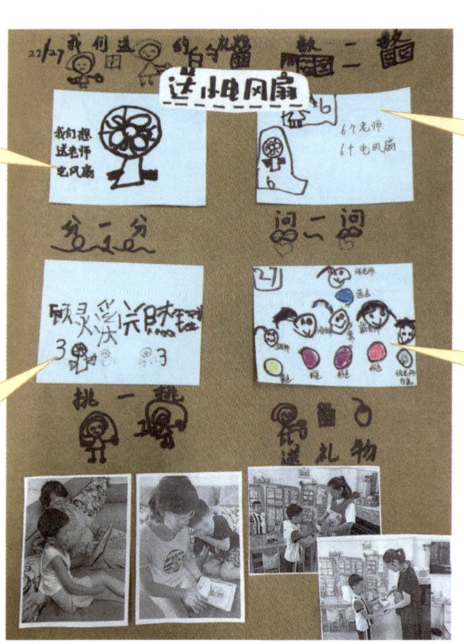

怎么分工呢？我们一共两个人，要送六个老师，那我们每个人送三个吧。

送电风扇啦，老师收到礼物后很开心呢！

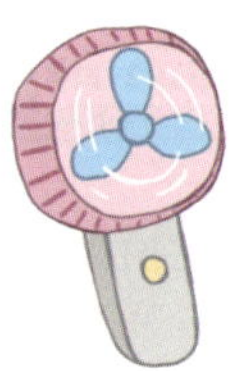

问题 2 除了送电风扇，我们还能做别的吗？

我想帮老师做事情，帮老师敲敲背，因为老师每天都很辛苦，有的时候经常会说，她的背好酸。

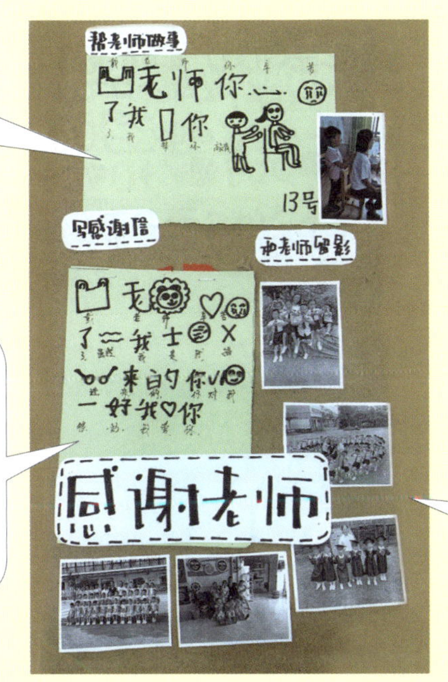

写一封感谢信给老师，内容是：戴老师，辛苦了，虽然我刚到这个班不久，但是你对我真的很好，我爱你。

我想和老师合影，这样以后我想老师的时候就可以拿出来看一看。

B. 我的朋友，谢谢你

航航说：“我和我的朋友们共同度过了美好的幼儿园时光，马上要和我的好朋友说再见了，我很舍不得，我想和我的好朋友一起拍毕业照，还想做一个礼物送给她。”

我给我的好朋友送了自己编织的手链和相册，因为她可以把我送的手链戴在手上。

和我的好朋友一起留影拍照，我想和她留下美好的回忆。

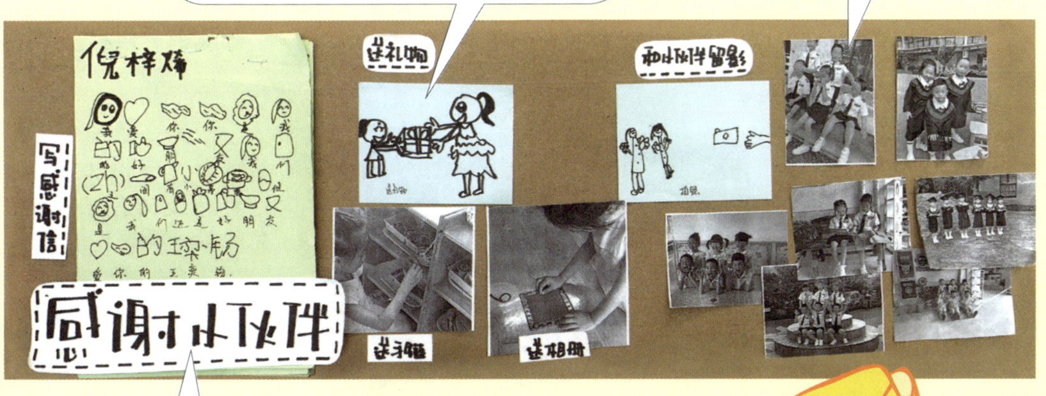

我给我的好朋友写了一封感谢信，想要感谢她在这三年对我的帮助。

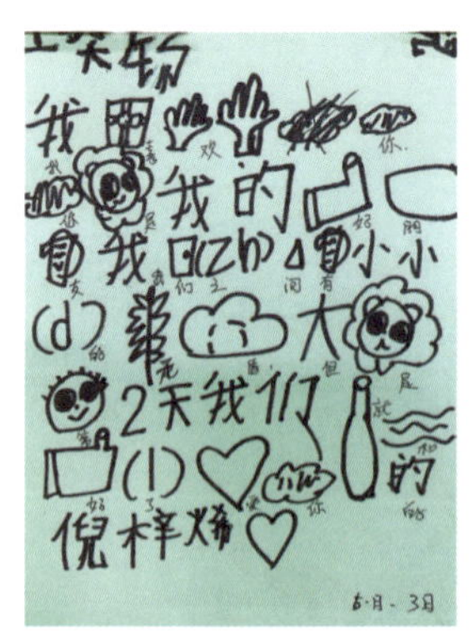

王奕炀：我喜欢你，你是我的好朋友，虽然我们之间有矛盾，但是我们马上就和好啦。

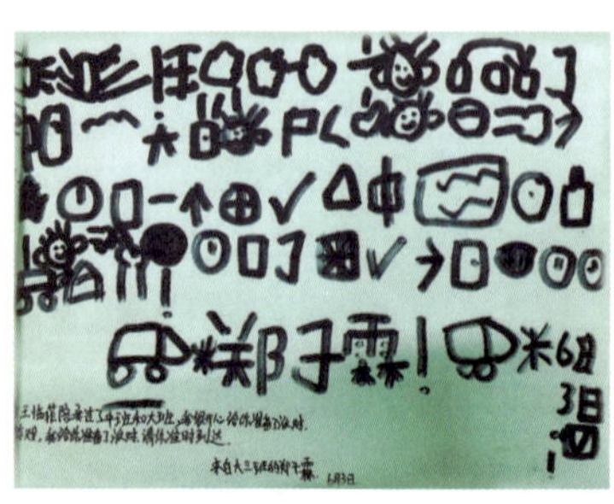

王林菲陪我度过了中班和大班，我很开心给你准备了派对游戏，请你准时到达哦！

我很喜欢你，我的好朋友，虽然我们有的时候会吵架，但是我们还是好朋友。

C.厨房的叔叔阿姨，谢谢您

食堂的叔叔阿姨每天给我们做好吃的中饭和美味的点心，每天还要很早来幼儿园洗菜、切菜，我想要去看一看他们每天的工作，帮他们分担一些事情！那我们可以帮厨房的叔叔阿姨做哪些事情呢？

帮食堂的叔叔洗菜

帮食堂的阿姨洗碗

帮他们打扫卫生

让我们来看一看厨房的叔叔阿姨是怎么工作的。

原来厨房里的东西是这样摆放的，跟我们想的不一样呢！

我是洗菜小能手，我肯定会把菜洗得干干净净。

让我来试一试吧，我来帮助叔叔打扫一下卫生吧！

参观厨房并帮助叔叔阿姨们做些事情后，幼儿也有很多感慨。

“哎呀！我们才做一件事情，就累得手都酸了，原来洗菜这么累啊。”

“厨房叔叔阿姨要做那么多的事情，一天下来真辛苦啊，我们应该好好珍惜他们的劳动成果，不挑食，不剩饭菜。”

“我想给他们写一封感谢信。”

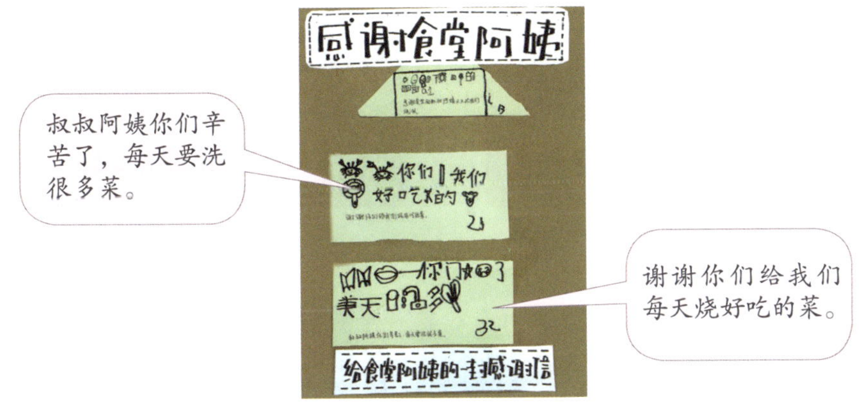

D.我的幼儿园，谢谢你

马瑞芸：“我们组和他们都不一样，我们最想感谢的是我们的幼儿园！因为有了幼儿园我们才能在里面上学，幼儿园有好多好玩的游戏材料，还有美丽的操场、花园，我们真的很喜欢，我们想要送我们的幼儿园一块纪念牌。”

● 我们做纪念牌的原因：

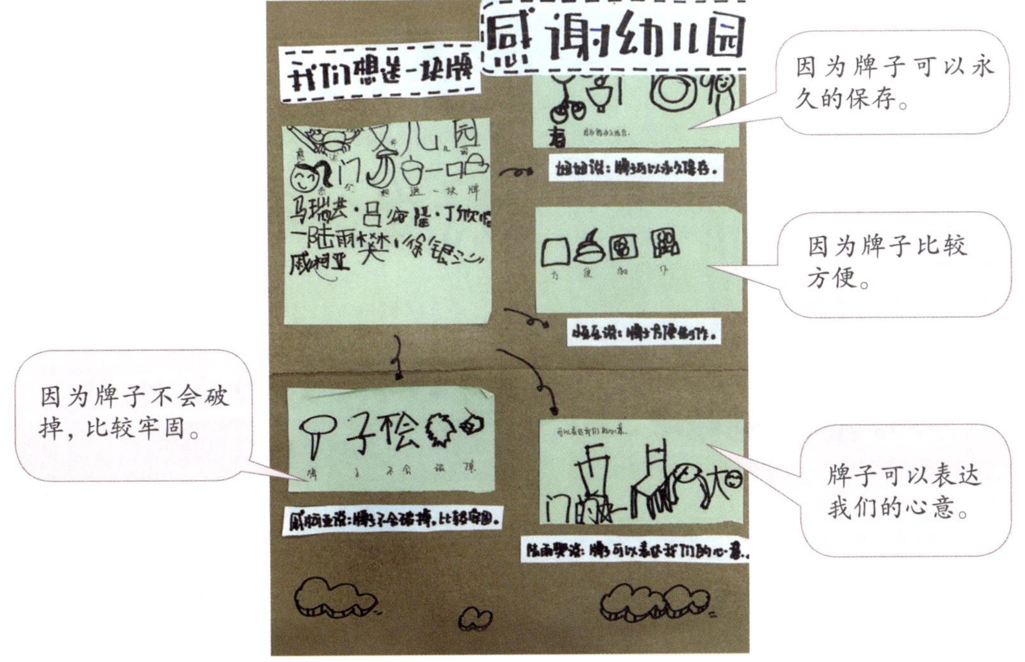

问题 2 用什么材料来做牌子呢？

用纸板做牌子怎么样？

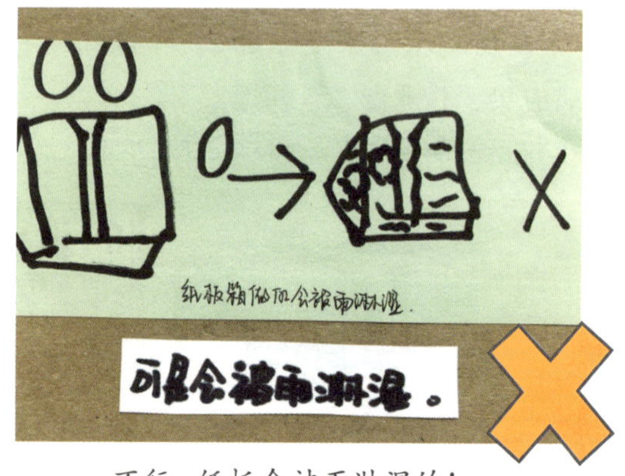

不行，纸板会被雨淋湿的！

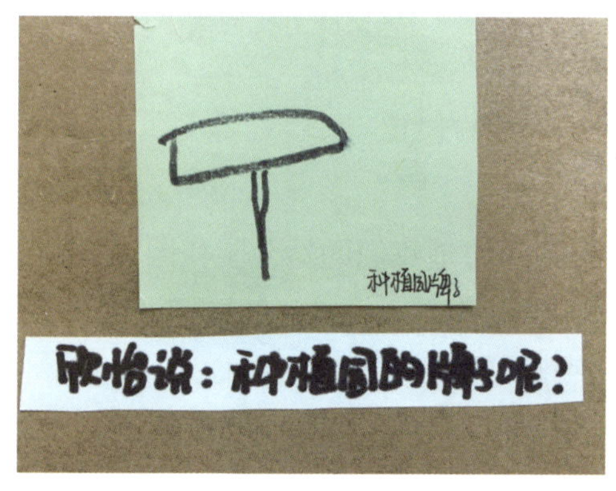

那用种植园的那种牌子怎么样？

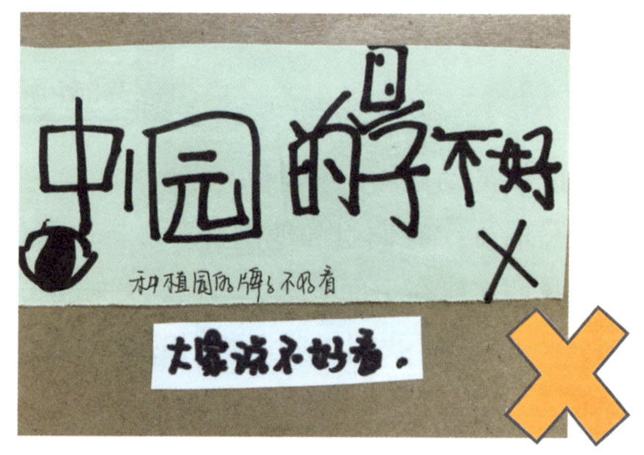

不行，那种太难看了！

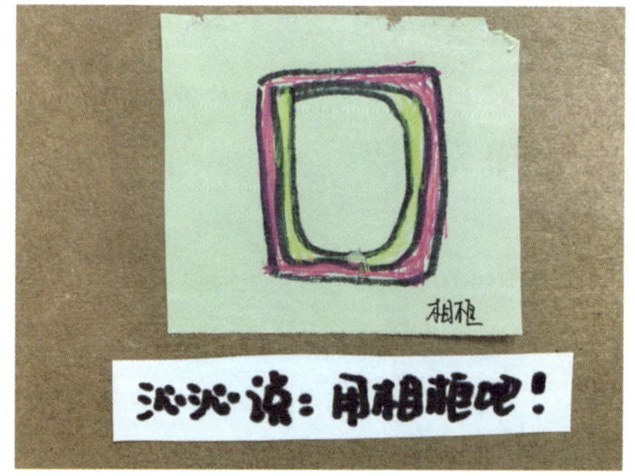

用相框怎么样？

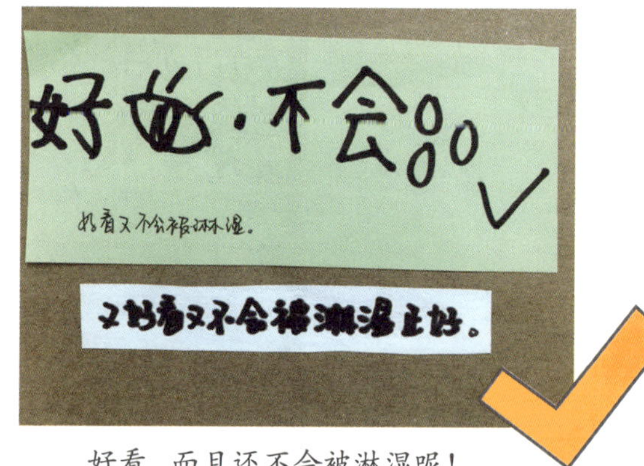

好看，而且还不会被淋湿呢！

- 我们的最终决定：用相框制作纪念牌。

问题 3 纪念牌放哪里更合适呢？

地点一：大门上

我们想挂在大门上，因为挂在大门上每个小朋友上学的时候都能看见。但是不知道可不可以挂在门上。

我们去问一下园长妈妈，征求她的意见，园长妈妈听了我们的想法后说：“可以呀，你们去试试看。”

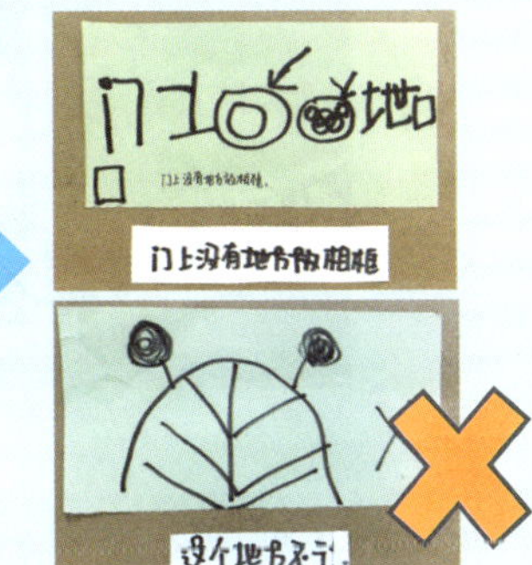

我们发现，门上没有可以绑绳子的地方，放不了相框，那怎么办呢？

地点二：舞台上，因为……

让我们实地考察一下吧！我们打算放在舞台中间的墙壁上。

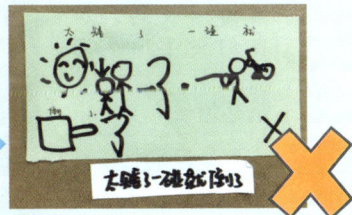

哎呀！我们发现放的地方太矮了，小朋友游戏时容易碰到，还是得换一个地方！

地点三：门厅的潜水艇上

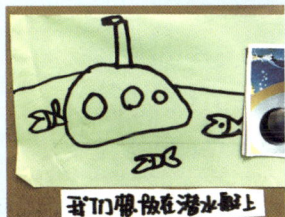

我们打算放在这个潜水艇的最上面，感觉这样好像不错！

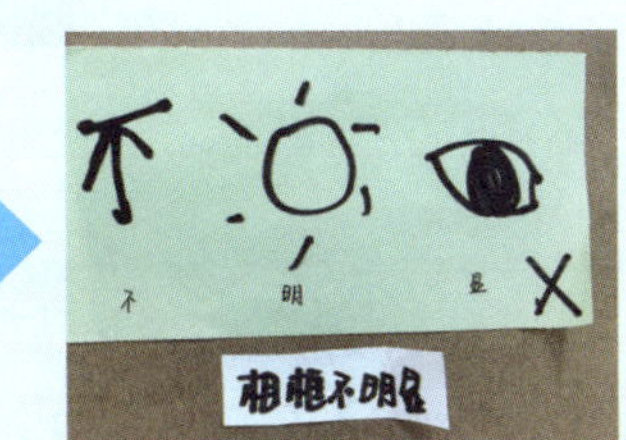

可是当我们走得远一点看，发现一点也看不清楚，不行不行，还得换地方！

地点四：门厅的墙上

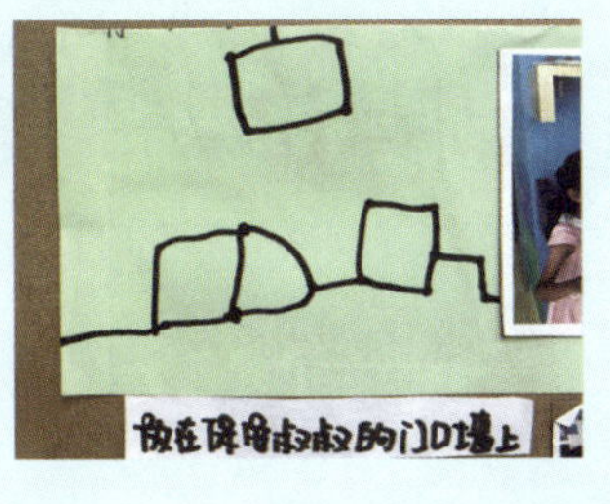

我们发现门厅里好像有几个框框还空着，好像可以放纪念牌。

我们发现这个地方很不错，非常适合放纪念框！

找到合适的地方啦！

(2)个体海报

感谢园长妈妈

我想要送礼物给园长妈妈，可是送什么礼物好呢？

为什么要感谢园长妈妈呢？因为园长妈妈给我们买了很多游戏材料！所以我想感谢她。

那我去问一问园长妈妈，问问她喜欢什么。

原来园长妈妈喜欢百合花，那我就送她一束花！

园长妈妈收到花以后，给我回信了！真开心！

谢 谢 你，园 长 妈 妈 太 感
动 了。就 要 上 小 学 了，我们 开 心 地 说
再 见，别 哭，相 信 你 一 定 能 早
日 戴 上 红领巾，到 时 来 幼儿园 看 看！
〇 妈妈

园长妈妈的回信：
谢谢你，园长妈妈太感动了。就要上小学了，我们开心地说再见，别哭，相信你一定能早日戴上红领巾，到时来幼儿园看看！

教师反思：

随着想做的事情及发现的问题愈来愈多，幼儿逐渐不再把主题看作任务，也更加享受创制主题海报的过程。他们开始对某一问题有不同想法，为解决问题能共同思考分析每个答案的合理性并最终得出成员都满意的结果。幼儿为获得一个最佳结果，经历了“设想—讨论—否定—再设想—再讨论”的过程，为表达想法采用各种形式，这样有着坚持品质、丰富想象、无限创意、缜密思维的幼儿完全融入主题中。这一环节中，被幼儿纳入主题海报的园长妈妈学习幼儿写的回信给了幼儿极大的鼓励。

3 今夜不回家（集体海报+小组海报）

（1）我们为什么想“今夜不回家”

时间一天一天过去，离毕业的日子越来越近，大家决定用自己喜欢的方式和幼儿园说再见。

“我想要和好朋友一起痛痛快快玩游戏！”

“我想要玩一次藏宝游戏。”

“我想要在幼儿园里睡一觉，和所有小朋友、老师一起睡觉，我觉得应该会很刺激的！这是之前从来没有过的！”

“我也想在幼儿园睡！”

听完森森的建议，好多小朋友举手表示赞同，在征求园长妈妈的同意后，今夜不回家的活动诞生了，这个活动究竟可以玩哪些好玩的游戏呢？于是大家出谋划策，通过选票选出自己最想要做的游戏！

（2）不回家的夜晚做什么？

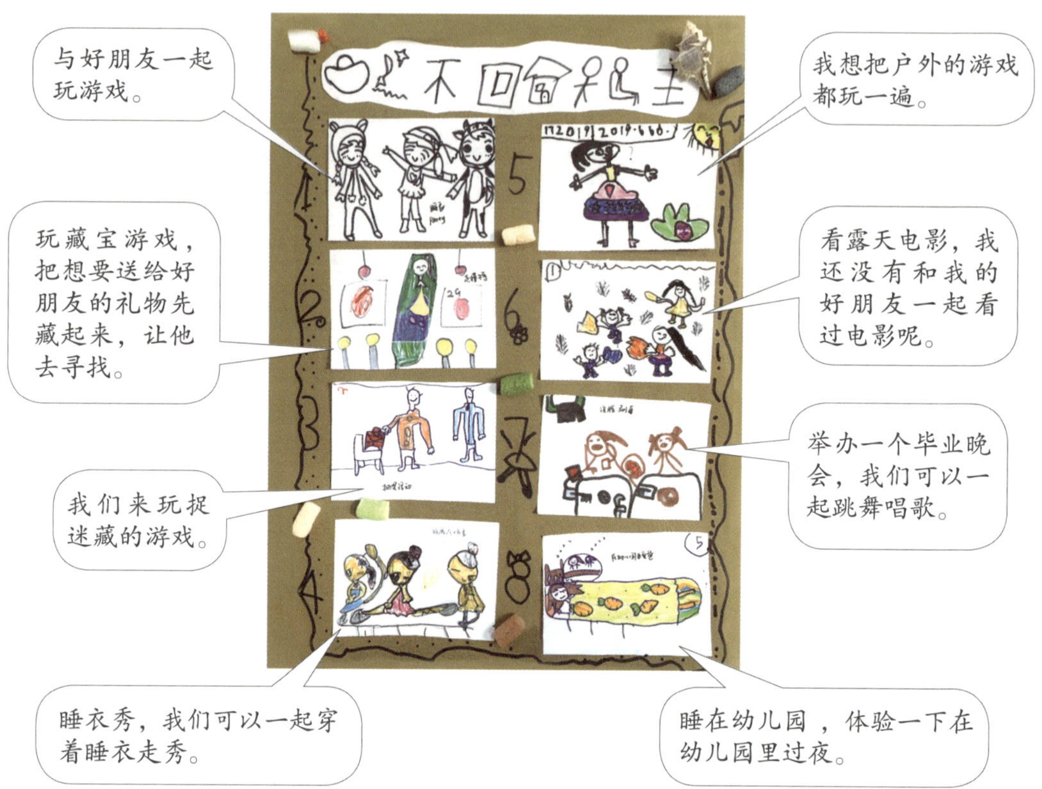

与好朋友一起玩游戏。
我想把户外的游戏都玩一遍。
玩藏宝游戏，把想要送给好朋友的礼物先藏起来，让他去寻找。
看露天电影，我还没有和我的好朋友一起看过电影呢。
举办一个毕业晚会，我们可以一起跳舞唱歌。
我们来玩捉迷藏的游戏。
睡衣秀，我们可以一起穿着睡衣走秀。
睡在幼儿园，体验一下在幼儿园里过夜。

幼儿通过投票的形式，选择出他们最喜欢的几个活动，分别是藏宝游戏、睡衣秀、看露天大电影等。于是，各组纷纷投入到相关活动的筹备中。

（3）今夜不回家，我们准备中

①小组海报1——藏宝组

A.我们要做的事情

寻找可以藏宝的地方

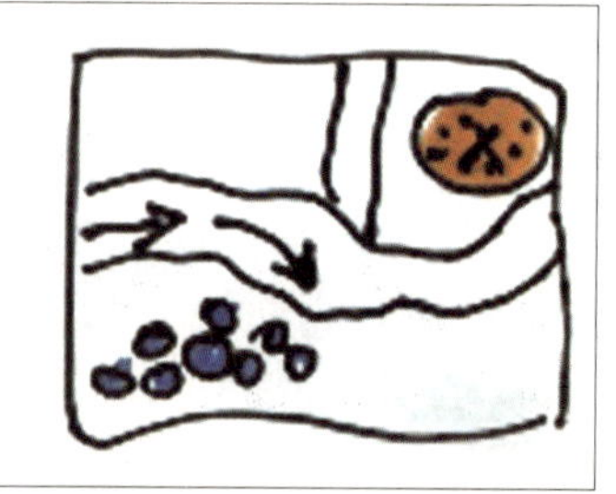
画一画藏宝地图

准备藏宝的礼物

完整海报

B. 幼儿园哪里可以藏宝？

- 寻找合适的藏宝地点

可以藏在轮胎里，因为这里很暗不太看得见。

我想要藏在石头堆里，这里一定不容易发觉。

我觉得藏在楼道里很隐蔽。

藏在小车里好像也不错。

藏在沙池里，因为埋起来了，什么都看不见。

C. 画藏宝图要注意什么？

不要忘记画标志

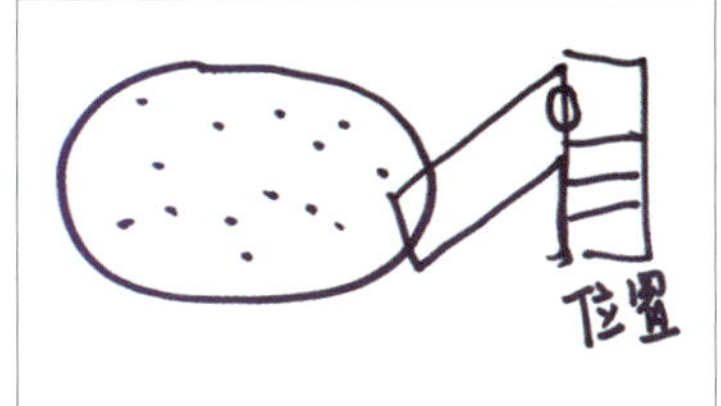

要画出具体的位置

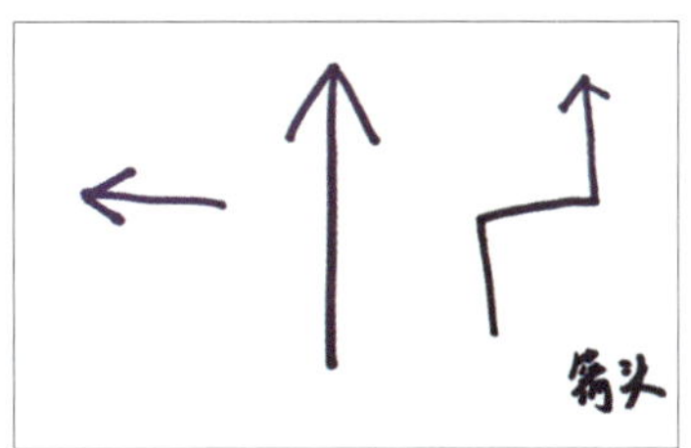

要有指示的箭头

- 我们的藏宝设计

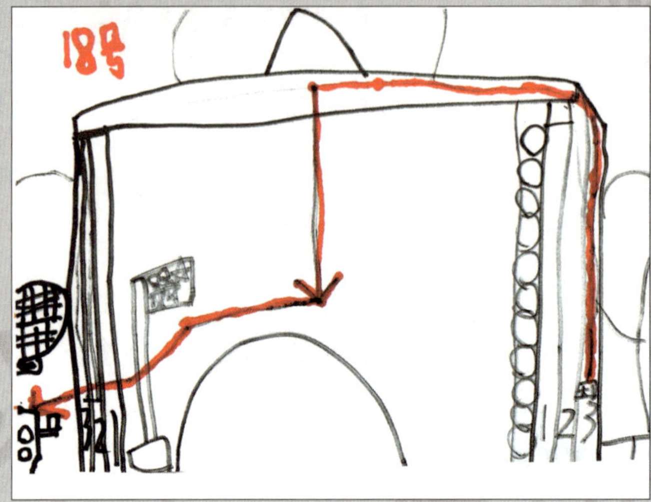

D. 我们可以藏什么呢？

恐龙玩具，男孩子特别喜欢。
钻石贴纸，因为很多小朋友都喜欢。
一封信，我想要把我对好朋友说的话写在这封信上。
一幅画，我想把幼儿园的景色画下来送给好朋友。
娃娃，女孩子都很喜欢娃娃。

E. 玩藏宝游戏时我们要遵守什么规则？

可可：“我们所有的游戏都有游戏规则，那藏宝游戏是不是也要制订一下规则呢？不然到时候有些小朋友在玩游戏的时候乱找宝藏、多拿宝藏可就不好了呀！”那藏宝游戏的规则有哪些呢？

不可以拿手电筒照别人的眼睛

找到了一个宝藏以后不能再找

不可以乱跑

当别人找不到的时候可以去帮助他

完整海报

②小组海报2——睡衣秀组

A.要穿什么样的睡衣?

设计睡衣

制作睡衣

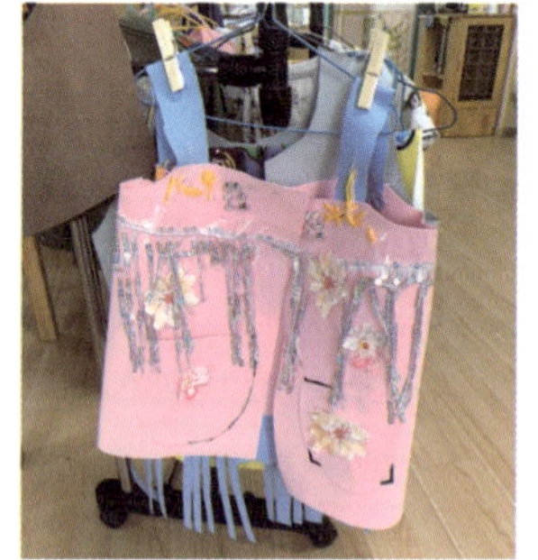

自制睡衣完成

B.不会走模特步怎么办?怎么走才好看呢?

做好了前期准备工作,小模特们开始练起了模特步,可是走了一次,可可和几个女孩子就开始讨论起来:“我们走得好像不是很好看?怎么样才能走得像电视里的模特呢?”

我们可以看一看走秀的视频
我们可以在舞台上做好标记
还可以在家里和爸爸妈妈多练习

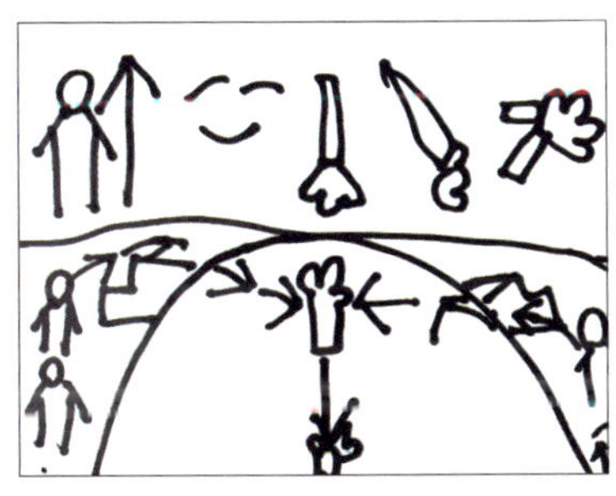

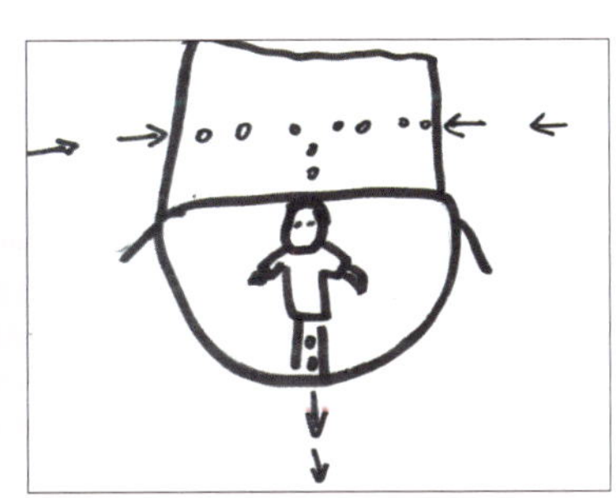

我们设计的走秀标记路线

C.怎么走模特步才能更好看一点呢？

幼儿通过小组讨论的方式，想到了一些解决方法。于是，幼儿每天晚上在家的时候，和爸爸妈妈一起练习模特步，通过一次次地练习，也找到了一些让步伐走得更好看的诀窍呢！

走路的时候手可以摆起来。
走路的时候要大方、自信。
女孩子走路的时候两只脚可以交叉。

那让我们来试试看吧!

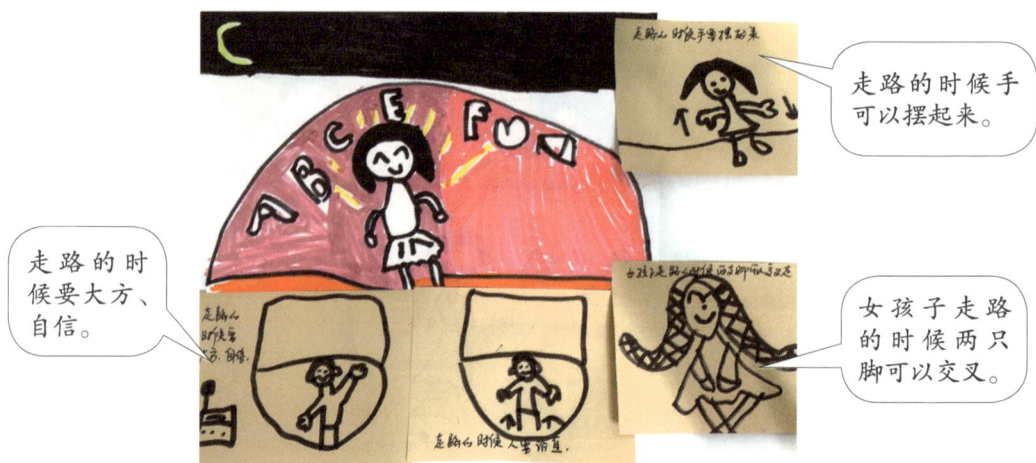

幼儿认真练习中

D.走模特步时可以带什么道具?

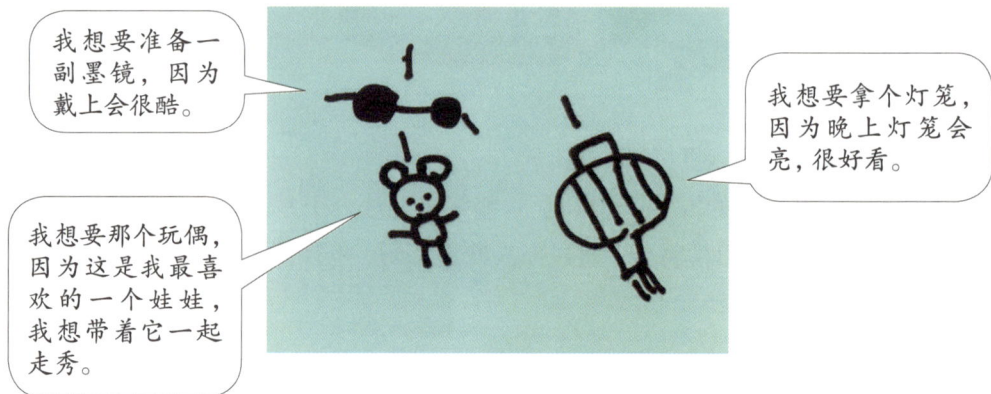

我想要准备一副墨镜，因为戴上会很酷。
我想要拿个灯笼，因为晚上灯笼会亮，很好看。
我想要那个玩偶，因为这是我最喜欢的一个娃娃，我想带着它一起走秀。

我想要带个手电筒，因为手电筒在晚上打开的时候一闪一闪的。
我准备了一把扇子，扇子不仅可以让我们凉快一些，还很好看。

今夜不回家，精彩活动瞬间

教师反思：

当幼儿产生“今夜不回家”的活动设想后，我们再次觉得这些三年前进园时号啕大哭且许多事都依赖老师的娃娃们着实长大了。或者说，他们三年中一直在发展变化，一直有无尽的潜力，而我们却常被刻板印象所支配。“今夜不回家”的准备和开展皆由幼儿主导，他们根据各人兴趣与能力选择自己筹划的内容，而我们只需在必要时给一些建议和鼓励即可。事实证明，幼儿的勇敢、坚持、自由、自主值得教师的尊重与信任，只有这样，幼儿推进的主题才能回归本质。

主题海报较完美地承载了幼儿的创意与想象，尽管它们本身并非传统意义上的“美”。有的海报画风稚嫩，有的海报难以理解，但这些皆是幼儿最真实的表征。如果仔细观察，会发现幼儿为了清楚表达自己，在创制海报时各有不同：同一内容、不同作用以及不同内容、不同作用海报的呈现形式皆有差别。幼儿将自己完全融入主题中，所呈现的内容皆由心生发，所参与的活动皆全心投入，这是否就是“儿童中心”的魅力呢？

（三）我们的海报长这样

第一板块 感受幼儿园的好（集体海报+小组海报）

小组海报：我想感谢的人

集体海报：感谢的方式有哪些

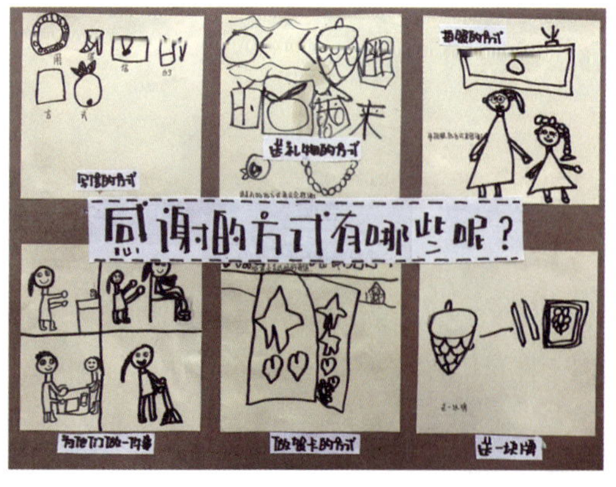

第二板块 表达感谢之情（小组海报+个人海报）

小组海报1：感谢老师组

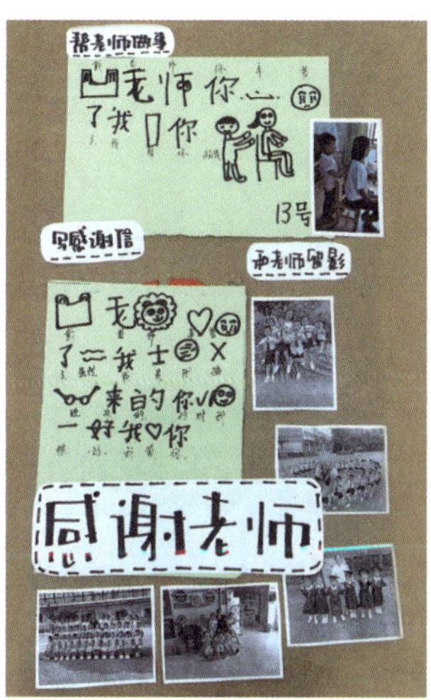

小组海报2：感谢小伙伴组

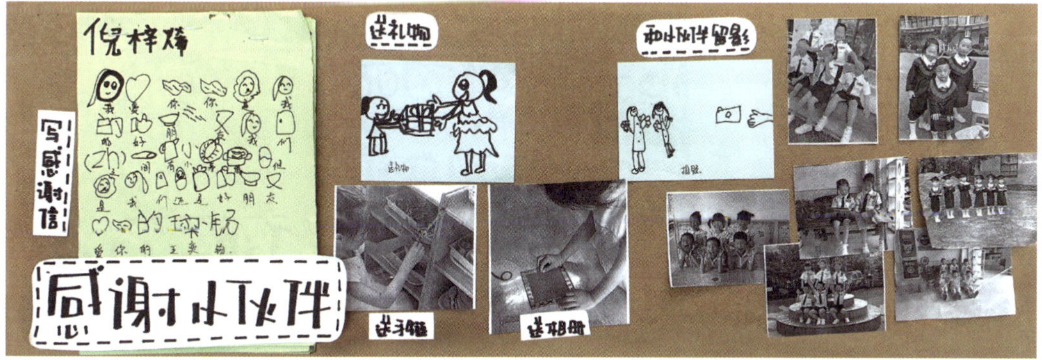

小组海报3：感谢食堂阿姨组

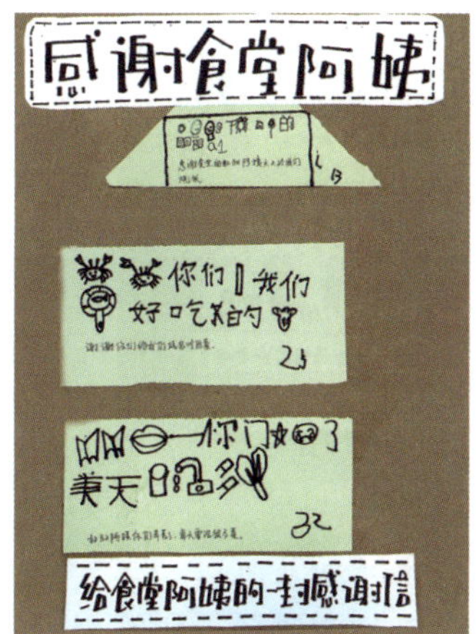

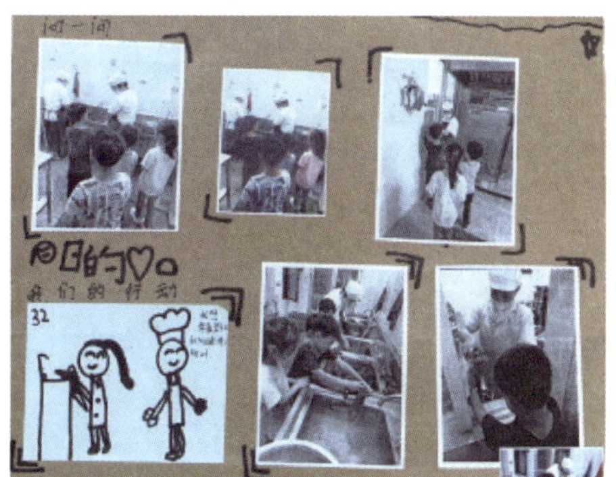

小组海报4：感谢幼儿园组

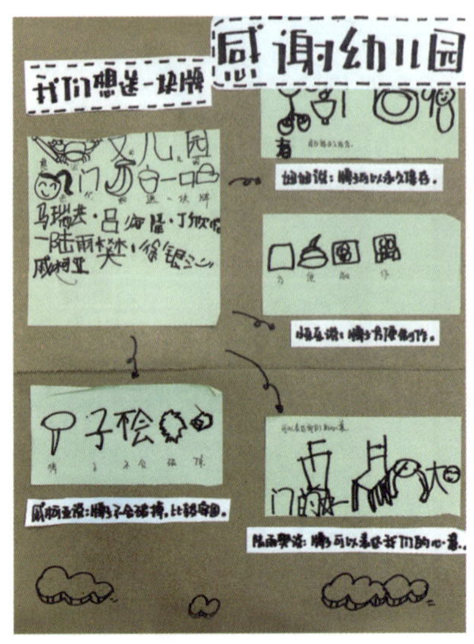

个人海报1：给朋友的感谢信

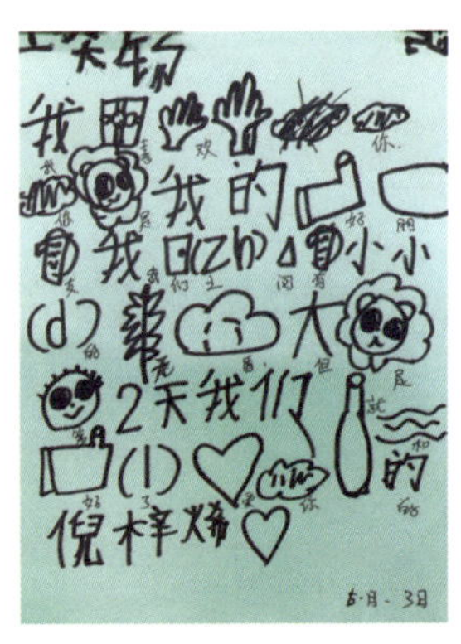

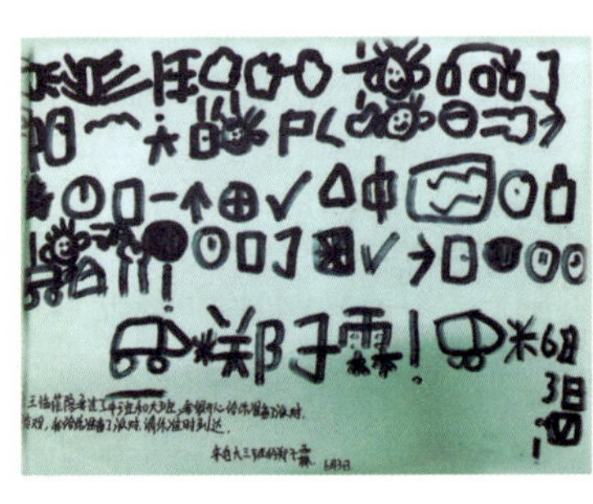

个人海报2：感谢园长妈妈

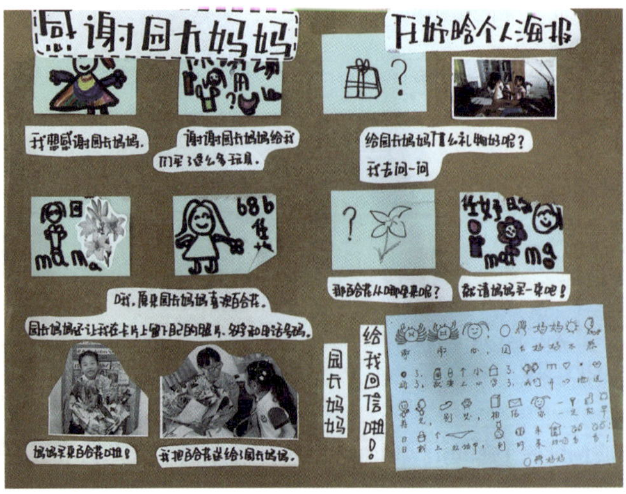

第三板块 “今夜不回家”（集体海报+小组海报+个人海报）

集体海报：今夜不回家大投票

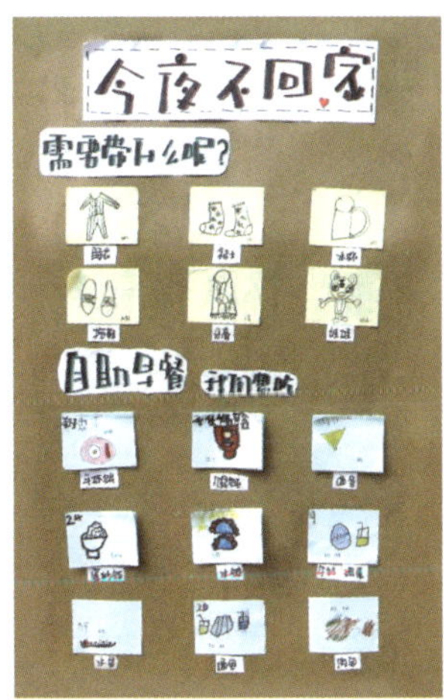

小组海报1：藏宝组

我们应该怎么做

宝藏可以藏在哪里

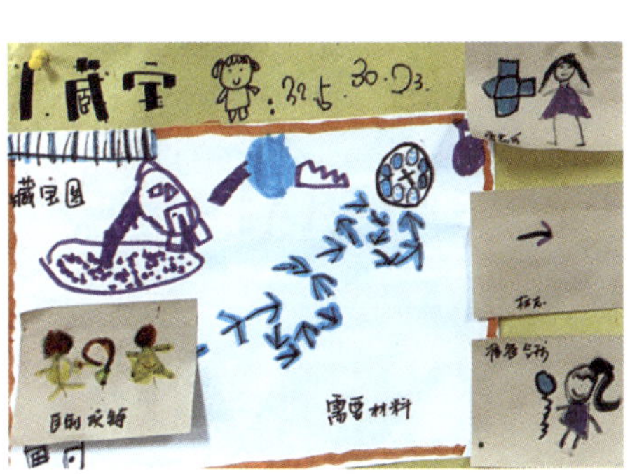

藏宝计划图

画一画藏宝图

我们可以藏哪些东西

藏宝游戏时我们应该遵守哪些规则

个人海报：藏宝路线图

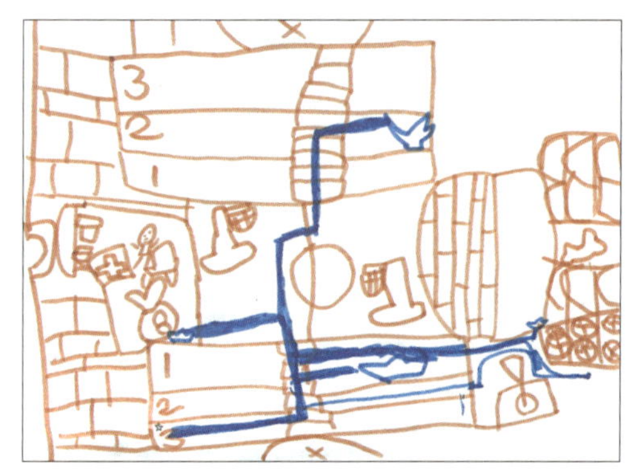

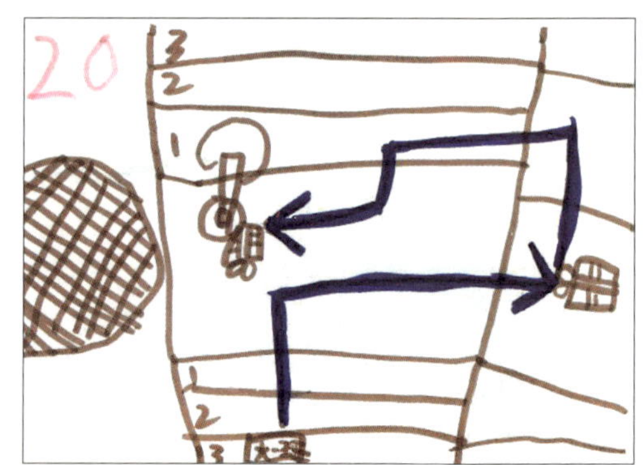

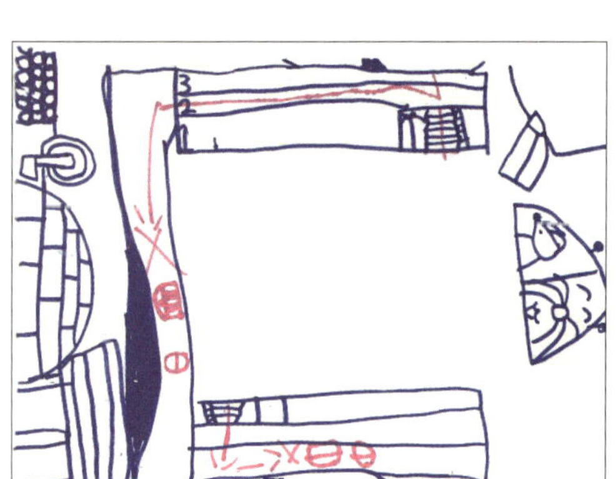

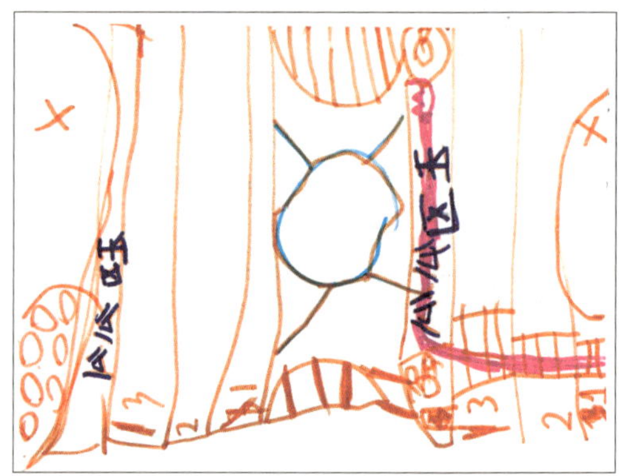

小组海报2：睡衣秀组

我要准备什么样的睡衣

我不会走模特步怎么办

怎么样才能走得好看

练习中

个人海报：我准备的道具

小组海报3：活动精彩瞬间与回忆

六、反思：儿童在主题中，主题在儿童里

（一）主题生成——教师后退助推儿童能量释放与发展

在三年的教学实践中，当进行与“情”相关的主题时，如何切实落实主题目标总令我们困惑。情感层面目标的确立不难，但实施与评价却难以准确把握。“再见了，幼儿园”的主题生发于幼儿对园所、班级、同伴的强烈不舍，他们有许多想说的话和想做的事，也有表达的愿望和能力，于是我们便想尝试教师退后，由幼儿推动主题。尽管以往的主题活动中也重视幼儿自主性，但即使是“重视幼儿自主”，主语仍是教师。我们在本主题中始终提醒自己不争抢存在感，在幼儿思考、行动前，不以自身因素影响幼儿。

（二）主题海报——儿童感性与理性的有机联结

幼儿经验发展的逻辑顺序带动了主题的发展，主题沿着“感受幼儿园的好—产生感谢之情—用特殊方式与幼儿园说再见”的脉络依次展开，每一环节下，幼儿都能主动设想、积极行动、尝试合作、解决问题。为了实现与表达自己的想法，幼儿尝试各种表征方式，不会写字，那就画出来，由教师在旁写字说明；想尝试给教师和同伴写信，就写出会的字，用符号表示不会的字；如果忙着做事情无法及时记录，就由教师拍照辅助。幼儿边想边做边表征，个人、小组、集体海报逐一呈现。主题海报不是主题开展的目的，而是主题发展的自然产物，是幼儿思维的具象化。“再见了，幼儿园”是充满爱与感恩的主题，我们曾担忧幼儿是否能理解离别、不舍、感谢等抽象的情感，也好奇幼儿如何表达连成人都难以言明的情绪。在参与幼儿开展主题及制作海报的全过程中，我们时刻被感动着，一张张海报生动展现了幼儿的感谢之情、不舍之意，幼儿的感性情感与理性表达融合在创制的海报中。

杜威说过，任何一种能力，无论是儿童的还是成人的，如果在意识上满足于一时的和现有的水平，就是放任。这种能力的真正意义在于为达到较高级的水平提供一种推动力。主题海报展现了幼儿的发展潜能、愿望与动力，它们的出现为主题打开另一扇门，也令我们思考：究竟什么是“儿童中心”“儿童视角”？怎样才是“一切为儿童”？幼儿面对主题的行为是“探索”，而教师似乎无意识地“利用”主题甚至幼儿。幼儿的生命里需要成人，但他们需要的是成人对他们想法和行为的尊重、鼓励、保护。幼儿在创制海报中的获得与发展，不是我们都能看得到的，也正是因为其隐藏的无限可能，教师应当也必须适时与幼儿进行“前台”与“后台”的位置转换，听听幼儿想说什么，看看他们要做什么。

七、主题海报的可持续发展

（一）主题海报向绘本的转变

主题海报制作完成并在班级展示时，幼儿经常围在一起讨论、观察，有些幼儿翻看某些主题海报上重叠粘贴的纸张时说：“像翻书一样。”区域活动时也有幼儿询问是否能看自己的海报。于是，在海报展示一段时间后，我们与幼儿商讨并尝试将主题海报投放入本班图书角，也运用于区域活动，并将海报绘本于班级间分享。幼儿不仅在班内与不同组的同伴沟通自己的海报绘本，也将自己制作海报的过程分享、讲述给其他班同伴，每一次的沟通与分享都是经验的梳理与整合，幼儿在这一过程中认知结构得以不断调整完善，语言表达能力也得以发展。

（二）主题海报呈现的可变性

在本次海报呈现的过程中，我们除了在班级中展示，也将海报以展板的形式放置于幼儿园的操场上。让参加“今夜不回家”活动的每一个人都能看到小朋友们的想法。

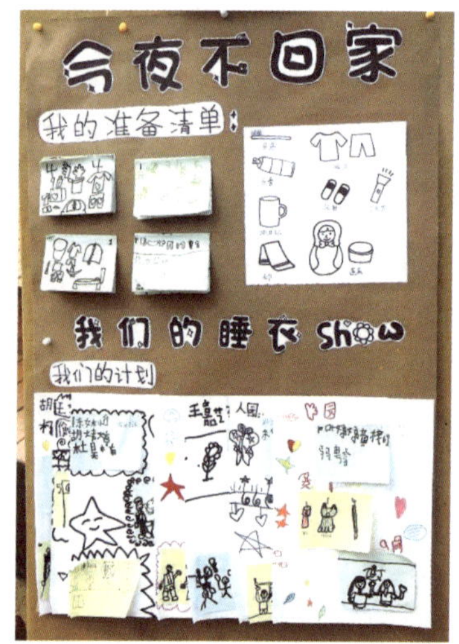

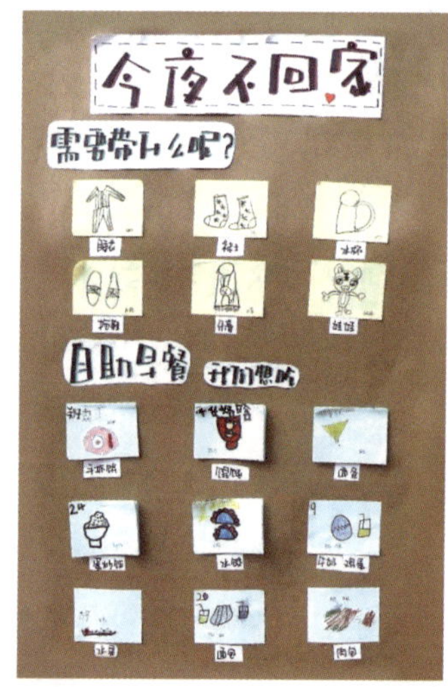

后记

主题海报探索中的未完待续

梨兹·克里莫在《你今天真好看》里画了两条小鱼的故事，我们觉得，小鱼仿若身处“主题墙困境”中的教师与幼儿：幼儿期待对主题、环创的自由参与和自主掌控，却总似居于时间、空间、材料、教师等因素组成的有限空间内；教师或将主题与环创视为任务而给自己划了一个框，或也设想主题与环创的无限可能，但被任务、个人能力拘在一方小天地里。因此，本书中关于主题海报的每一个探索都是我们打破“鱼缸”，释放教师与幼儿的尝试。在主题海报创制中，幼儿不再只是被动执行，更多的是主动参与，他们的兴趣与好奇触发主题开关，他们的问题与尝试推动主题行进，由幼儿表征的一张张图画，即主题海报，随着幼儿探究过程的递进而产生。我们能通过主题海报清晰看出幼儿的思维路径，在“好奇引发问题—同伴讨论学习—多次尝试解决—萌发新问题”的深度学习过程中仿佛能看到跳出“鱼缸”的幼儿周身闪烁着专注与满足的光芒。他们不再只能“求关注”，而是作为独立的人存在。教师在主题海报创制中终于回应了幼儿的“求关注”，他们有时提供材料支持、精神鼓励，有时什么也不做，只在旁聆听与观看。教师不再把课程、主题、环创当作重担背在身上，也不再试图独自做完所有事。教师更清晰地看见与发现幼儿，在关注幼儿、辅助幼儿的过程中感受更为舒服的师幼相处状态。

或许你会发现书中案例给出了一些创制主题海报的套路，这套路仿佛一盘烧制完成且完美装盘的佳肴，只需“拿筷即食”。当然，在对主题海报的初期尝试中，“拿来主义”是不错的选择，但实践总会在某个时刻产出套路不能解决的新问题，令你一时不知如何是好。其实，主题海报是活的，因此问题的不断萌发也未尝不是主题海报的有趣与奇妙之所在。永远有崭新的幼儿，永远有变化的现实，永远有改变的教师，主题海报的发展便会生生不息，充满未知的魔力。

假若本书真的能带给你思考，令你打开视野，让你在一个个小尝试中获得新的工作灵感，我们都会觉得非常开心，因为这就是我们对它的小期望。

本书编者

图书在版编目（CIP）数据

从主题墙到主题海报 / 王海英主编. -- 杭州 : 浙江教育出版社, 2023.5(2023.11重印)
（儿童视角的实践研究丛书）
ISBN 978-7-5722-4341-7

Ⅰ. ①从… Ⅱ. ①王… Ⅲ. ①幼儿园－环境设计－研究 Ⅳ. ①G617

中国版本图书馆CIP数据核字(2022)第236405号

儿童视角的实践研究丛书
从主题墙到主题海报
CONG ZHUTIQIANG DAO ZHUTI HAIBAO
王海英　主编

策划编辑：滕建红　　责任编辑：杨世森　滕建红
美术编辑：韩　波　　责任校对：汤佳颖　戴正泉
封面设计：万方图书　　责任印务：曹雨辰

出版发行：浙江教育出版社
（杭州市天目山路40号　电话：0571-85170300-80928）
图文制作：杭州万方图书有限公司
印　　刷：杭州恒力通印务有限公司

开　　本：787mm × 1092mm　1/16　　印　　张：19　　字　　数：380 000
版　　次：2023年5月第1版　　印　　次：2023年11月第2次印刷
标准书号：ISBN 978-7-5722-4341-7
定　　价：68.00元